Kalisto Media Verlag

Den Menschen gewidmet, die in dem Gefühl leben,
dass unsere Zukunft davon abhängt,
wie wir heute mit uns umgehen.

Seinen eigenen Weg zu finden
beruht auf inneren Gesetzmäßigkeiten.
Sie zu beachten macht durchsetzungsfähig.

Doch nur was von Herzen kommt,
macht auch menschenfreundlich.

Die Gesetze des Herzens
verbinden Erfolg und Menschenliebe.

Schriftenreihe Selbstachtung

Band 1

Selbstachtung

Sind Herzensfragen zukunftsweisend?
Wie gewinne ich jederzeit die Übersicht, um mich richtig zu entscheiden?

Eine Anleitung
zu innerem Frieden
und eigenem Glück!

Uwe Friedemann

Kalisto Media Verlag

Originalausgabe,
veröffentlicht im Kalisto Media Verlag
mit Unterstützung der Forschungsgruppe Gegenwart e. V.
1. Auflage 2006
2. Auflage 2009

Hildastraße 56, 69226 Nußloch,
Tel. 06221 167730
www.kalisto-media.de

Satz in Adobe InDesign auf Apple Macintosh
mit den Schriften: Optima LT, Helvetica LT, Helvetica roundet LT, Transit Print
Druck und Bindung: Druckerei Sonnenschein, Hersbruck

Bibliografische Information der Deutschen Nationalbibliothek: Die Deutsche Nationalbibliothek verzeichnet diese Publikation in der Deutschen Nationalbibliografie; detaillierte bibliografische Daten sind im Netz über http://dnb.ddb.de abrufbar.

ISBN 978-3-939101-01-7

Weitere Informationen zum Thema Selbstachtung unter
www.selbstachtung.eu

Über das Buch

Selbstachtung ist so groß wie das Leben. Sie unterliegt nachvollziehbaren Gesetzmäßigkeiten und ist für jeden geistig wachen Menschen nutzbar. Sie kann dem schwer Traumatisierten helfen, sein Leben neu in die Hand zu nehmen – wie sie dem erfolgreichen Geschäftsmann Mittel an die Hand gibt, seinen Erfolg umsichtig zu nutzen. Sie kann einer Beziehungskrise die entscheidende Wendung geben, wie dem unglücklich Verliebten den Weg zu einem neuen Leben frei machen. Sie kann das Berufsleben aus Langeweile oder Überforderung lösen und zu einer freudenreichen und sinnvollen Entwicklung führen. Auch kann sie am gesundheitlichen Abgrund davor bewahren, noch einen Schritt weiterzugehen; denn sie ermutigt innezuhalten und sich zu besinnen. Sie kann den Wohltätigen davor schützen, sich ausnutzen zu lassen; und den Ausbeuter in seine Grenzen weisen.

Gerade die universelle Anwendbarkeit der Selbstachtung ist auf den ersten Blick kaum zu erfassen, so dass leicht das Urteil entsteht, Selbstachtung sei nur Erfolgreichen vorbehalten oder nur für Erfolglose nötig. Beides ist falsch und verzerrt den Blick für das wahre Wesen der Selbstachtung, die jenseits von „Erfolg" oder „Nicht-Erfolg" immer nur eines im Auge hat: Aus jedem Leben das Beste zu machen. Was dabei als Erfolg gewertet werden kann, lässt sich nur individuell ermessen.

Die Wirksamkeit der Selbstachtung reicht vom einfachen Strukturieren der Gedanken für den Alltag über das umfassende Organisieren komplizierter beruflicher Zusammenhänge bis zum tiefenpsychologischen Eingriff bei unkontrollierten Persönlichkeitsspaltungen, Auflösung von Familiendramen und Gestaltung von Beziehungen. Deshalb ist die Selbstachtung kein Spielzeug, sondern ein Werkzeug, das verantwortungsvollen Umgang erfordert. Wir tun daher sehr gut daran, uns logisch von ihrem Nutzen zu überzeugen und uns auf dieser Grundlage mit der Wirkung der Übungen vertraut zu machen.

Dieses Buch behandelt eine Vielzahl von Gesichtspunkten der Selbstachtung und gibt dem Leser die Möglichkeit, seinen persönlichen Einstieg zu suchen – und zu finden.

Über den Autor

Uwe Friedemann, geboren 1962, studierte Schulmusik mit Schwerpunkt Gesang und schrieb seine Zulassungsarbeit über das Thema Herz und Singen. Dabei stellte er fest, dass alle entscheidenden Vorgänge in der sängerischen Entwicklung gesteuert werden von den so genannten Tugenden. In einer über 25 Jahre währenden Forschungsarbeit trug er das zusammen, was die Grundlage dieses Buches bildet. Er ist Vater von zwei Kindern und lebt als freischaffender Komponist und Autor in Nußloch bei Heidelberg.

Inhalt

1. Hinweise für die Verwendung des Buches

1. Wenn Sie sich beim Lesen des Inhaltsverzeichnisses spontan von einem bestimmten Kapitel angesprochen fühlen, versuchen Sie dort Ihren Einstieg. Diese Vorgehensweise ist immer wieder nützlich. Auf Dauer sollten Sie natürlich das ganze Buch kennen lernen.

2. Um eine schlanke Einführung in die bewusste Selbstachtung zu geben, sind dem Haupttext Endnoten angefügt. Sie ermöglichen dem Leser Zugriff auf weiterführende Hinweise zur Benutzung des Buches, die Besprechung häufiger Missverständnisse und vertiefende Erörterungen. Um sich das rasche Blättern bei Bedarf zu erleichtern, empfehlen sich zwei Lesezeichen.

3. Die fortlaufende Erforschung und Anwendung der Selbstachtung brachte für diese zweite Buchauflage zusätzliche Übungen. Um Verwechslungen zu vermeiden, bleiben die Übungsnummern der ersten Auflage erhalten. Dadurch ist die Abfolge der Übungsnummern unregelmäßig. Um die Übungen rasch aufzufinden, gibt es ein Verzeichnis am Ende des Buches.

4. Zur besseren Übersicht wird jede Übung auf einer Buchseite ganz abgebildet, wodurch die vorangehende Seite teilweise leer sein kann.

5. Zum raschen Auffinden von Textstellen dient ein Stichwortverzeichnis.

6. Die Ausführungen sind das Ergebnis einer Forschungsarbeit und deren Anwendung, die seit 1984 andauert. Räumen Sie sich ein, vielleicht manches erst mit der Zeit zu verstehen. Wiederholtes Lesen ist hilfreich.

7. Das Buch ist so konzipiert, dass die Anwendung der Übungen wesentlicher Bestandteil für die Entwicklung des eigenen Verständnisses ist! Welche Übung jeweils hilft, um eine Herausforderung zu meistern, lernen Sie

dadurch, dass Sie sich nach und nach mit allen Übungen vertraut machen. Schon durch eine einzige Übung können Sie den Nutzen der Selbstachtung erleben. Lassen Sie sich vom Übungsverzeichnis anregen. Wenn Sie eine bestimmte Übung besonders anspricht, suchen Sie damit den Einstieg, um Ihr Thema anzugehen.

8. Wenn Ihnen beim Lesen etwas unklar ist, schreiben Sie Ihre Fragen auf. Je genauer Sie Ihre Fragen formulieren, desto schärfer denken Sie nach und werden wahrscheinlich an anderer Stelle oder bei der Wiederholung oder aus sich heraus Antworten finden. Das Buch erhebt keinen Anspruch, alle Fragen zur Selbstachtung zu beantworten. Vielmehr soll es als Einführung dienen.

9. Falls Ihnen ein bestimmtes Kapitel keinen Aufschluss bringt, auch nachdem Sie es wiederholt gelesen, Ihre Fragen dazu formuliert und die betreffenden Übungen gemacht haben, lesen Sie weiter. Gerade im Gefühlsleben erklären sich viele Phänomene erst aus dem Zusammenhang.

10. Dieses Buch kann bei schwerwiegenden gefühlsmäßigen Problemen keinen Arzt ersetzen. Selbstachtung ist zwar auch Selbsttherapie, doch sie will gelernt sein.

11. Für Ihre individuellen Fragen, auch zu diesem Buch, ist persönliche Beratung möglich; siehe Kapitel „Weitere Einrichtungen und Angebote zum Thema Selbstachtung".

2. Was hat Selbstachtung mit Entscheidungen zu tun?

In aller Kürze: Sich selbst zu achten ist keine Selbstverständlichkeit. Wer von sich behauptet, er habe genug Selbstachtung, der irrt. Denn man kann gar nicht genug davon haben. Nehmen Sie diese Behauptung einfach erst einmal so hin. Sie werden – falls Sie überhaupt an ihrer Richtigkeit zweifeln – später erkennen, worauf sie beruht. Glauben Sie bitte nichts von dem, was Sie hier lesen – sondern prüfen Sie alles vorbehaltlos. Glauben Sie allerdings auch nicht an das, was Sie schon über sich selbst zu wissen meinen. Stellen Sie sich einfach auf den Standpunkt, alles neu kennen lernen zu wollen. Das ist erfrischend und belebt den Geist auf wundersam einfache Weise.[1]

Was heißt achten? Achten sei hier der Sammelbegriff für:

Annehmen
Beachten
Beobachten
Anerkennen
Akzeptieren
Respektieren
Würdigen

und IMMER das Gegenteil von Verachten.

Vielleicht können Sie in der Reihenfolge dieser Begriffe entdecken, dass einer auf den anderen aufbaut. Später mehr davon.

Entscheidungen treffen wir stets auf der Grundlage unseres Wissens und – hoffentlich – auch auf der Grundlage unseres Gewissens. Wir erwägen die verschiedenen Gesichtspunkte und entscheiden schließlich wohl nach unserem Gefühl, was das Richtige sei. Denn schließlich kann keiner alles wissen und ist jeder darauf angewiesen, ab einem gewissen Grad seinem Gefühl dafür, was für ihn das Richtige ist, zu vertrauen. Doch genau da beginnen die Schwierigkeiten. Denn wovon ist unser Gefühl beeinflusst? Einerseits bestimmt von unserem gegenwärtigen Wissensstand. Andererseits von unseren Bedürfnissen, Sehnsüchten, Wünschen und Träumen. Und da ist auch noch unser Lebenslauf, unser Erfahrungsschatz, unsere erbliche Veranlagung. Unwägbare, undurchschaute Einflüsse gibt es dabei zu jeder Zeit, immer wieder aufs Neue. Sollten wir daher nicht besser sagen: Wir verzichten darauf, auf unser Gefühl zu hören – und handeln die Dinge lieber rein verstandesmäßig ab?

Dieser Standpunkt ist aus mehreren Gründen von der Hand zu weisen:

Erstens: Das Gefühl ist älter als der Verstand. Das Kleinkind erbringt höchste Lernleistungen ohne selbstbewussten Verstand, wie Erwachsene ihn haben. Es denkt nicht, lebt ganz in seiner Wahrnehmung und in seinem Willen und lernt die Orientierung in seiner Welt, lernt laufen, lernt seine Muttersprache – sogar zwei, wenn es die Umstände erfordern. Alles rein gefühlsmäßig! Eine solche Menge in so kurzer Zeit lernt kein Erwachsener.

Zweitens: Das Gefühl erfasst auch Bereiche, die uns verstandesmäßig (noch) nicht zugänglich sind. Jeder kann sich hier Hunderte von Beispielen überlegen, wovon er ein Gefühl hat, ohne genau zu wissen, warum.

Drittens: Das Gefühl entscheidet über Glück und Zufriedenheit. Nur wenn wir uns so FÜHLEN, sind wir es wirklich. Wer sich nur glücklich und zufrieden denkt, ist es noch lange nicht. Mit anderen Worten: Wenn wir auf unser Gefühl achten, erfahren wir immer mehr über uns, als wenn wir nur auf Verstandesebene bleiben.

Der Titel dieses Buches spricht von „Herzensfragen"[2]. Damit ist bereits etwas Wesentliches gesagt. Das Herz ist das Zentrum, das darüber entscheidet, ob ich glücklich oder unglücklich bin. Das ist durch nichts zu ersetzen.

Also aufs Denken verzichten? Gewiss nicht. Denn wir brauchen es, um uns vom Verstand her auf unsere Gefühle einlassen zu können – und das ist mit Arbeit verbunden. Es macht Arbeit, sich um seine Gefühle zu kümmern, manchmal wirklich viel Arbeit! Aber das Ergebnis ist eben, dass ich danach klüger bin als zuvor. Ich will ja sinnvolle Entscheidungen treffen. Also muss ich begreifen was ich fühle.

Und nun kommt der ganz ENTSCHEIDENDE Punkt: Wenn ich meine Gefühle nicht oder nur teilweise verstehe (was völlig normal ist) oder wenn ich mir (dummerweise) einbilde, meine Gefühle schon gut genug zu kennen, dann bin ich darauf angewiesen mich in einen Zustand zu bringen (und zwar möglichst gezielt), in dem ich meine Gefühle BESSER verstehen kann. Leichtsinnigerweise glauben wir, dass wir für das Verstehen von Gefühlen keiner besonderen Voraussetzungen bedürfen – es sei denn, wir haben einmal enttäuschend heftig das Gegenteil erlebt. Wenn ich zum Beispiel der Meinung gewesen war, meine beruflichen Neigungen genau zu kennen – bis ich bei der Arbeit feststellen musste, dass ich meine eigenen Gefühle nicht kenne, die etwas anderes wollen, als ich tue.

Tatsache ist, dass wir unsere Gefühle nur verstehen lernen, wenn wir sie erst annehmen. Denn nur so können wir sie unbefangen wahrnehmen. Bereits auf dieser Stufe entscheidet sich, ob unsere Gedanken eine Beziehung zu unseren Gefühlen gewinnen oder bloß wie Räder auf dem Glatteis durchdrehen. Spekulieren über unsere Gefühle irritiert uns nur. Stattdessen brauchen wir eine ungestörte Beobachtung, durch die wir ein klares Bild unserer Gefühlslage erlangen. So schaffen wir es, unsere Gefühle anzuerkennen.

Anerkennen ist der Beginn
vom wahren Erkennen.

Wir wären wohl viel klüger, wenn wir die Fähigkeit des Anerkennens einfach beherrschten. Doch Anerkennen ist mühsam, vor allem wenn es unangenehm ist. Aber in dieser Mühe liegt ein Nutzen, eine geistige Herausforderung für den Verstand, sich auf etwas einzustellen, was ihm noch nicht zugänglich ist.

Damit ist die Antwort auf die Frage dieses Kapitels gegeben: **Ich brauche die Selbstachtung, um meine Gefühle bei Entscheidungen einzubeziehen - denn da sie etwas zu sagen haben, gewinne ich letztendlich durch das Einbeziehen meiner Gefühle in meine Überlegungen mehr Übersicht und kann somit bessere Entscheidungen treffen.**

3. Das Erlernen der bewussten Selbstachtung

Jeder Mensch hat von Natur aus Selbstachtung. Er sorgt auch dafür, dass sie gepflegt wird. Kinder suchen sich regelmäßig Anerkennung in ihrer Umgebung. Es handelt sich hierbei um keinen bewussten Vorgang, es geschieht „von alleine“, rein gefühlsmäßig sozusagen. Je älter das Kind wird, desto mehr ist es darauf angewiesen, sich seine Selbstachtung durch Eigenlob zu bewahren.[3] Denn es will immer unabhängiger von seiner Umgebung werden. Lernen Kinder nicht rechtzeitig Eigenlob, so büßen sie ihre natürliche Selbstachtung ein, OHNE dass an ihre Stelle die bewusste Selbstachtung tritt, um die es in diesem Buch geht. Da bei uns sogar das Sprichwort umgeht, „Eigenlob stinkt“, ist wohl klar, dass wir ein gestörtes Verhältnis dazu haben, uns selbst etwas anzuerkennen. Achten ist natürlich mehr als Loben – doch wenn es schon am Loben mangelt, ist es mit dem Achten noch schwieriger.

Warum soll Eigenlob stinken? Wir brauchen es, um unser natürliches Bedürfnis nach Anerkennung zu erfüllen. Sonst bleiben wir ewig abhängig vom Lob der anderen.

Eigenlob ist eine sehr stille Angelegenheit – im Gegensatz zu Prahlerei… Ebenso still verläuft die Selbstachtung.

Wie erkenne ich den Unterschied zwischen Eigenlob und Prahlerei? Zur Unterscheidung ist es notwendig mir bewusst zu machen, wofür ich Anerkennung suche, warum ich sie suche und wie ich sie bekommen kann. Dafür ist es wiederum erforderlich, mir mein Bedürfnis nach Anerkennung zuzugestehen. Solange ich mich entweder gegen mein Anerkennungsbedürfnis wehre oder es besinnungslos auslebe, ist es sehr schwierig, gut damit umzugehen.[4] Über die bewusste Selbstachtung schaffe ich die Voraussetzungen, mein Bedürfnis nach Anerkennung gut zu behandeln. Dabei lerne ich, den Unterschied zwischen Eigenlob und Prahlerei immer besser zu erkennen. Ich lerne, **dass es notwendig ist, mein Wissen und Können durch Taten unter Beweis zu stellen und das Reden darüber auf das Notwendige zu beschränken.** Ich beweise mein Unterscheidungsvermögen also vor allem durch mein Verhalten und bin darauf bedacht, das eigene Verhalten unablässig zu beobachten – und die Beobachtung mit Achtung statt mit Verachtung zu betreiben.

Für die Bewusstmachung des Bedürfnisses nach Anerkennung hilft eine Fragenfolge, deren Aufbau näher erklärt wird im Kapitel „Anwenden der Selbstachtung im Alltag“ und die Sie an dieser Stelle ohne weitere Vorkenntnisse zum Einstieg in die Selbstachtung nutzen können.

44. Übung:

(Wegen der Abfolge der Übungsnummern
siehe „Hinweise für die Verwendung des Buches")

44.1 Wofür möchte ich Anerkennung?

44.2 Warum möchte ich dafür Anerkennung?

44.3 Wie kann ich Anerkennung dafür bekommen?

Bitte stellen Sie sich die drei Fragen und überlegen Sie, was Ihnen dazu einfällt. Beantworten Sie alle drei Fragen so gut Sie es können. Das Ergebnis sollten Sie sich aufschreiben. Es dient als Grundlage für die weitere Selbstbefragung.

Da die gesamte bewusste Selbstachtung auf Selbstbefragung beruht, ist es erforderlich, diese zu erlernen. Erwarten Sie dabei keine großen Ergebnisse, sondern begnügen Sie sich mit dem, was Ihnen bewusst wird: Entscheidend ist, sich die betreffenden Fragen überhaupt zu stellen – selbst dann, wenn zunächst keine Antworten darauf gegeben werden können! Nach und nach wird die Selbstbefragung zur Selbstverständlichkeit, wenn wir immer wieder versuchen, uns die eigenen Fragen zu stellen. Es sind nicht nur die Fragen des Buches, sondern ebenso Fragen zu dem, was uns ganz alltäglich bewegt und beschäftigt. Je stärker sich unsere Fragen auf den Alltag beziehen, desto besser! An den praktischen Aufgaben des eigenen Lebens gewinnen wir den individuellen Ansatz des Fragens. Im Verlauf dieser Ausführungen werden unterschiedliche Herangehensweisen gezeigt und die Anleitung zum Fragen immer mehr vertieft. Doch entscheidend ist für den Leser, fragend mitzugehen; das ist unerlässlich für das Erlernen der bewussten Selbstachtung.

Einen Überblick über die Entstehung der Lehre der Selbstachtung aus der praktischen Selbstbefragung des Verfassers bietet das Kapitel „Zeitmangel oder Zeit?“; falls Sie es wünschen, lesen Sie das zunächst. Die dort genannte Frage 20.1 „Was möchte ich jetzt am liebsten tun?“ bildete 1984 den Schlüssel, mit dem nach und nach das gesamte System entwickelt worden ist. Die einzelnen Fragen der 20. Übung sind hervorragend geeignet, um die Wirkung und den Nutzen der liebevollen Selbstbefragung kennen zu lernen.

Bewusste Selbstachtung lernen wir entweder durch gutes Vorbild oder durch Einsicht. Dieses Buch will Einsicht in die Bedeutung der bewussten Selbstachtung schaffen mit dem Ziel, dass dadurch mehr Übersicht und dadurch bessere Entscheidungen möglich werden – für jeden Einzelnen.

Wer sich einmal näher mit der bewussten Selbstachtung befasst hat, der weiß, dass sie bestimmten Gesetzmäßigkeiten folgt. Damit wollen wir uns hier beschäftigen. Machen wir uns klar, dass dabei das logische Verständnis der treibende Motor ist, die Selbstachtung anwenden zu wollen. Je mehr wir von der Selbstachtung begriffen haben, desto mehr Verlangen werden wir entwickeln, sie anzuwenden. Andererseits gilt: Je mehr wir die Selbstachtung anwenden, desto besser wird unser Verständnis davon, wie sie funktioniert. Theorie und Praxis greifen also unmittelbar ineinander. Deshalb sind ab hier jedem Kapitel Übungen angefügt, die gemacht werden sollten.

Mancher Leser mag geneigt sein, das Buch erst ganz durchzulesen, um dann im zweiten Durchgang die Übungen einzubeziehen. Es muss jedoch darauf hingewiesen werden, dass es nicht möglich ist, sich ohne eine sorgfältige Auseinandersetzung mit den Übungen ein Urteil über den Inhalt dieses Buchs zu bilden! Nur wer Selbstachtung an seinen EIGENEN Voraussetzungen betreibt, lernt kennen, welche Wirkung sie entfaltet.

Machen Sie sich auch Folgendes bewusst: Alles was wir denken, bewegt etwas in unseren Gefühlen. Fange ich an mit Übungen zur Selbstachtung zu arbeiten, werden Gefühle frei, die ich zuvor möglicherweise kaum wahrnehmen konnte. Höre ich dann wieder auf mit den Übungen, kann es leicht passieren, dass ich unbeholfen mit diesen Gefühlen umgehe. Dadurch belaste ich mich unnötig. Deshalb ist es ein sehr ernst gemeinter Rat: Bearbeiten Sie das Buch entweder richtig oder lassen Sie es ganz bleiben.

Bei allem behalten wir im Auge, dass von unseren Entscheidungen unser Glück und Unglück abhängen; dass wir umso besser entscheiden können, je mehr Übersicht wir haben; und dass wir unsere Übersicht durch nichts gezielter vergrößern können, als durch die bewusste Selbstachtung.

Deshalb heißt die nächste Frage: Wie achte ich meine Selbstachtung? Denn ich will meine vorhandene Selbstachtung schützen. Das tue ich, indem ich sie achte.[5] Die anschließende Frage ist: Warum finde ich meine Selbstachtung gut? Ich will ja, dass ich mir immer wieder klar mache, wofür ich die Selbstachtung brauche.[6] In dem Sinne kann es sehr hilfreich sein, die Kapitel „Was hat Selbstachtung mit Entscheidungen zu tun?“ und „Das Erlernen der bewussten Selbstachtung“ zu wiederholen, denn der logische Einstieg ist absolut unerlässlich. Danach schreiben Sie Ihre Antworten zu den beiden Fragen auf, genau so, wie Sie es empfinden:

1. Übung:

   1.1 Wie achte ich meine Selbstachtung?

   1.2 Warum finde ich meine Selbstachtung gut?

Es geht bei diesen und allen weiteren Fragen des Buches vor allem darum, sie zu stellen. Sollten Sie also keine Antworten haben, können Sie die Übungen auf Kärtchen schreiben und an einem Ort aufstellen, wo Sie immer wieder hinschauen. Vorstellungen über Selbstachtung sind für viele nichts Bekanntes und brauchen Zeit, um sich zu entwickeln. Wichtig ist nur, dass die Fragen tatsächlich gestellt und auch wiederholt werden. Das haben allein Sie selbst in der Hand![7]

4. Das Bedürfnis nach Anerkennung

Das Bedürfnis nach Anerkennung ist ein ganz besonderes Bedürfnis. Normalerweise ist ein Bedürfnis auf etwas anderes gerichtet: Das Bedürfnis nach Essen – Hunger – ist auf geeignete Nahrung gerichtet. Das Bedürfnis nach Schlaf – Müdigkeit – ist auf körperliche und geistige Ruhe gerichtet. Das Bedürfnis nach Luft – Atmenwollen – ist darauf gerichtet, sie in sich zu bewegen und auszutauschen. Das Bedürfnis, anderen zu helfen – Hilfsbereitschaft – ist darauf gerichtet, dass es ihnen gut geht. Das Bedürfnis nach Erkenntnis – Wissbegierde – ist darauf gerichtet, seine Gedanken an bestimmten Themen oder Dingen weiterzuentwickeln. **Allen Bedürfnissen gemeinsam ist, dass sie anerkannt werden wollen, um befriedigt werden zu können. Doch das Bedürfnis nach Anerkennung als solches ist nur darauf gerichtet, dass es anerkannt wird, auf sonst nichts. Es ist somit auf sich selbst gerichtet und will im Mittelpunkt stehen gleich der Sonne.** Ein Bedürfnis, dessen Objekt des Begehrens es selbst ist? Kann es so etwas geben? Beobachten Sie selbst. Wenn ich Anerkennung für etwas möchte, dann will ich immer, dass mein Bedürfnis danach angenommen, beachtet, beobachtet und – dadurch – anerkannt wird. **Es geht um die Zuwendung von Aufmerksamkeit.** Diese Tatsache macht das Bedürfnis nach Anerkennung zu etwas Besonderem. Vielleicht ist das einer der Gründe, warum es so vernachlässigt worden ist. Ein anderer Grund ist allerdings gewiss der, dass man damit enorme Macht ausüben kann, wenn man die Menschen lehrt, sie dürften ihr Bedürfnis nach Anerkennung nicht selbst erfüllen. Denn die Menschen werden dadurch abhängig davon, Anerkennung von außen zu bekommen. Sie werden in einem kindlichen Zustand gehalten; vergleiche das Kapitel „Das Erlernen der bewussten Selbstachtung".

Wie viele Missstände sind darauf zurückzuführen, dass Menschen ihr Anerkennungsbedürfnis nicht achten – und deshalb Dinge tun, um die Anerkennung von außen zu erhalten? Wer anfängt darüber nachzudenken, dessen Weltbild kann leicht ins Wanken geraten… Vor allem deshalb bekommen wir hier riesige Schwierigkeiten, weil das Bedürfnis nach Anerkennung, wenn es unterdrückt wird, seine Erfüllung auf Umwegen sucht, die schwer zu durchschauen sind. Da das Bedürfnis nach Anerkennung ein ELEMENTARES Bedürfnis ist, das sich weder ausschalten, noch ignorieren lässt, entfaltet es mit regelmäßiger Sicherheit grausige und grausame Auswüchse, wenn es schlecht behandelt wird. Die Herausforderung ist so alt wie die Geschichte von Kain und Abel.[8] Wer als Erwachsener seinem Anerkennungsbedürfnis nicht selbst gerecht wird, verhält sich zwangsläufig in gewisser Hinsicht wie ein Kind und sucht die Anerkennung von außen mit allen Mitteln. So entstehen Verhaltenszwänge, denen keinesfalls Entscheidungen aus Übersicht zu Grunde liegen, sondern die auf einem persönlichen Mangel beruhen, den der Betreffende sich in der Regel nicht einmal eingestehen kann. Denn wer sein Bedürfnis nach Anerkennung missachtet, der ist wohl kaum bereit und fähig, die Folgen dieser Missachtung anzuschauen.

Hier kann man natürlich fragen, warum das Bedürfnis nach Anerkennung für den Menschen überhaupt eine Rolle spielt und ob er darauf nicht verzichten kann? Ist es lebensnotwendig, Anerkennung zu bekommen? Wenn ja, warum?

Der Verfasser setzt voraus, dass alle Bedürfnisse berechtigt sind – wie sie gelebt werden, ist gewiss eine andere Frage! – und dass es für uns Menschen nicht darum geht, über die Berechtigung von Bedürfnissen zu diskutieren, sondern darum, wie wir ihnen sinnvoll gerecht werden können.

Tatsache ist, dass es das Bedürfnis nach Anerkennung gibt, so wie es andere Bedürfnisse gibt. Wer diskutiert darüber, ob es berechtigt ist, etwas verstehen zu wollen? Wer stellt in Frage, ob der Mensch Durst haben sollte? Beim Anerkennungsbedürfnis werden solche Diskussionen geführt, doch sie führen zu nichts, denn sie ändern nichts an dem Bedürfnis. Also sollten wir es gelten lassen und zusehen, dass wir gut damit umgehen!

Wenn ein Bedürfnis ständig zu kurz kommt, dreht sich unser Leben über Gebühr darum. Der Verdurstende denkt nur noch an Wasser, der Erschöpfte, Übermüdete nur noch an Schlaf, der Gefolterte nur noch an Barmherzigkeit. Nicht anders geht es einem, der es nicht schafft, sein Bedürfnis nach Anerkennung zu erfüllen.

Beim Anerkennungsbedürfnis ist allerdings die Erfüllung insofern schwierig, als es auf allen Lebensgebieten vorhanden ist. Es kommt also darauf an, im Falle eines Mangels zu erkennen, AN WELCHER STELLE die Anerkennung fehlt. Dieses Unterscheiden muss gelernt werden, wenn es die natürliche Selbstachtung nicht mehr von alleine regelt; ansonsten ist gezielte Erfüllung nicht möglich. Deshalb befasst sich das Buch mit verschiedenen, typischen Mangelzuständen und zeigt Wege auf, wie sie behoben werden können. Voraussetzung ist allerdings, das Bedürfnis nach Anerkennung GRUNDSÄTZLICH anzuerkennen. Damit befassen sich die einleitenden Kapitel.[9]

Aus dem Gesagten geht hervor, dass wir sehr gut daran tun, unser Bedürfnis nach Anerkennung selbst zu achten und sie uns selbst zu geben, statt irgendwelche Dinge zu tun, nur um diese Achtung von außen zu erhalten. Schön ist es, wenn wir uns selbst achten und zusätzlich von außen geachtet werden. Doch auch wenn wir von außen nicht genügend Achtung bekommen, sorgt die Selbstachtung dafür, dass wir unserem Anerkennungsbedürfnis gerecht werden können. Die entscheidende Fragestellung ist hier: Wie achte ich mein Bedürfnis nach Anerkennung? Warum finde ich das Achten meines Bedürfnisses nach Anerkennung gut? Mit diesen Fragen prüfen wir unsere Einstellung zu unserem Anerkennungsbedürfnis und sorgen dafür, dass wir ein positives Verhältnis zu ihm entwickeln.

2. Übung:

2.1 Wie achte ich mein Bedürfnis nach Anerkennung?

2.2 Warum finde ich das Achten meines Bedürfnisses nach Anerkennung gut?[10]

Bearbeiten Sie auch diese und die Fragen der weiteren Übungen, soweit es Ihnen möglich ist, schriftlich – um die Antworten festzuhalten und sich in Ruhe damit auseinanderzusetzen. Sie werden die Ergebnisse später wieder brauchen.

Wichtig ist, dass Sie Ihre Antworten nicht bewerten, sondern so gelten lassen, wie sie sind. Zudem gehört das, was Sie aufschreiben, ausschließlich Ihnen. Verwahren Sie es so, dass allein Sie Zugriff darauf haben. Denn es geht hier um eine zarte Auseinandersetzung, bei der wir lernen, unsere Verletzlichkeit zuzulassen. Das erfordert solchen Schutz.

5. Das Bedürfnis nach Selbstanerkennung (Selbstachtung)

Die Auseinandersetzung mit dem Bedürfnis nach Anerkennung führt zu der Frage, wie wir ihm selbst gerecht werden können. Aus der Einsicht, dass es sinnvoll ist, sich sein Anerkennungsbedürfnis gezielt selbst zu erfüllen, erwächst das Verlangen nach Selbstanerkennung. Wie bereits gesagt im Kapitel „Das Erlernen der bewussten Selbstachtung", greifen Theorie und Praxis hier ständig ineinander. Aus dem logischen Verständnis vom Wesen der Selbstachtung entwickeln wir das Verlangen, sie anzuwenden. Das ist das Bedürfnis nach Selbstachtung. Wir sollten es hüten und hegen als kostbares Gut, gleich einem Samenkorn, aus dem ein wertvoller Spross und später ein ganzer Baum hervorgehen kann. Deshalb hilft uns hier die Fragestellung: Wie achte ich mein Bedürfnis nach Selbstachtung? Warum finde ich das Achten meines Bedürfnisses nach Selbstachtung gut?[11]

Nehmen Sie sich genügend Zeit, um mit dieser Fragenfolge ruhig umzugehen. Stellen Sie sich ein auf etwas, worüber Sie möglicherweise in Ihrem ganzen Leben noch nicht nachgedacht hatten. Lassen Sie es zu, Neuland Ihres Geistes zu betreten, indem Sie sich behutsam spürend vorantasten. **Fragen Sie sich wohlwollend und geduldig, keinesfalls hart drängend.** Es kommt immer auf die Haltung an, die wir unseren Bedürfnissen entgegenbringen. Diese Haltung brauchen wir auch, wenn wir uns Fragen stellen. Machen Sie sich bewusst, dass der Weg das Ziel ist. Auf diesem Weg kommen wir nur vorwärts, wenn wir gut mit uns umgehen; und das ist eine Sache jedes einzelnen Augenblicks!

3. Übung:

3.1 Wie achte ich mein Bedürfnis nach Selbstachtung?

3.2 Warum finde ich das Achten meines Bedürfnisses nach Selbstachtung gut?

Machen wir uns vorsorglich an dieser Stelle etwas bewusst, was aus mangelnder Erfahrung leicht übersehen werden kann. **Es ist ein drastischer Unterschied, ob ich in der Haltung lebe, mir Anerkennung von außen zu holen – oder in der Haltung, mir meine Anerkennung erst selbst zu geben. Außenorientiert stelle ich mich anders ein als innenorientiert. Im einen Fall sage ich: „Ich tue etwas, um Anerkennung zu bekommen"; im andern Fall: „Ich schenke mir Anerkennung und entscheide dann, was ich tun will". Der Verfasser rät: Entscheiden Sie sich für einen der Wege, beide gleichzeitig gehen zu wollen ist verwirrend! Verzichten Sie entweder auf bewusste Selbstachtung oder verfolgen Sie diese mit aller Beharrlichkeit. Ihr Herz wird es Ihnen danken...**[12]

6. Wir leben für die Erfüllung unserer Bedürfnisse

Sind Sie religiös? Sind Sie nicht religiös? Woran glauben Sie? An nichts? Das wäre eine hohe gedankliche Leistung, denn wir glauben alle an etwas. Wenn Sie an nichts glauben, haben Sie Ihr Denken wirklich sehr unter Kontrolle. Dann glauben Sie an das Nichts – an die Unendlichkeit der Möglichkeiten... Denn im Nichts ist alles möglich, sozusagen auch Gott, also außermaterielle Daseinsformen. Glauben Sie hingegen nur daran, dass alles materiell, physikalisch und chemisch bedingt ist, dann glauben Sie nicht an nichts, sondern an die Materie. Also: Woran glauben Sie? Versuchen Sie in aller Kürze diese Frage zu beantworten, sie hat großen Einfluss auf Ihr Leben.[13]

4. Übung:

Woran glaube ich?

Glauben Sie daran, dass Sie für die Erfüllung Ihrer Bedürfnisse leben? Was sind Bedürfnisse? **Körperliche Bedürfnisse sind auf mich selbst gerichtet. Soziale Bedürfnisse sind auf andere Menschen gerichtet. Geistige Bedürfnisse sind auf Themen gerichtet.** Mit diesen drei Bereichen erfassen wir im Wesentlichen alle Arten von Bedürfnissen. Alle Bedürfnisse haben gemeinsam, dass sie nach ERFÜLLUNG suchen. Wie können wir unsere Bedürfnisse erfüllen? Von der Lösung dieser Frage hängt für jeden einzelnen Menschen sein individuelles Glück und seine persönliche Zufriedenheit ab. Wenn Sie dem nicht zustimmen, brauchen Sie hier nicht weiterzulesen![14] Ansonsten beantworten Sie die folgende Frage:

5. Übung:

   Wie kann ich meine Bedürfnisse erfüllen?

Vielleicht sagen Sie: „Ich kann bestimmte Bedürfnisse nicht erfüllen". Das hat einen Grund. Ob Sie es zu Recht behaupten, ist allerdings eine andere Frage. Besser ist, wenn wir uns solche Aussagen verwehren und daran glauben, dass wir unsere Bedürfnisse auf Dauer alle erfüllen können. Fragen wir zur Kontrolle:

6. Übung:

   Wie will ich meine Bedürfnisse erfüllen?

Diese Frage dient dem Zweck, sich nicht selbst zu betrügen, was man alles nicht KÖNNE. Vieles klappt nicht, weil wir es nicht wollen – uns nur einbilden, wir wollten es. Hier ist Ehrlichkeit zu sich selbst gefragt.

Im Idealfall will ich alle meine Bedürfnisse erfüllen. Ansonsten werde ich vielleicht daran festhalten zu behaupten, ich könnte mir bestimmte Bedürfnisse nicht erfüllen. Sind es dann wirklich meine Bedürfnisse; oder sind es nur fixe Ideen, die ich glaube umsetzen zu müssen; oder sind gewisse meiner Bedürfnisse tatsächlich unerfüllbar? Hier fängt es an kompliziert zu werden.

Wir merken an dem Punkt, wo es um das Unterscheiden von tatsächlichen Bedürfnissen und von bloßen Wunschvorstellungen geht, dass wir leicht irritierbar sind. Das ist sehr menschlich. Wir brauchen also die Fähigkeit, Wunschvorstellungen zu unterscheiden von tatsächlichen Bedürfnissen. Oder anders gesagt: **Wunschbedürfnisse entstehen aus Wunschvorstellungen. Lebensbedürfnisse zeigen, was wir wirklich brauchen.** Beide Arten von Bedürfnissen nehmen wir als Bedürfnisse wahr. Doch nur wenn wir sie achten, entwickeln wir die Fähigkeit, sie zu unterscheiden. Denn was passiert dabei?

Durch das Achten meiner Wunschbedürfnisse male ich mir ihre Erfüllung noch mehr aus. Wenn ich mich genügend damit befasst habe, geht mir die Lust an ihnen verloren; sie erschöpfen sich, haben meine Fantasie jedoch gestärkt. Diese kann ich für die Erfüllung meiner Lebensbedürfnisse einsetzen. Hingegen die Lebensbedürfnisse, denen ich meine Achtung entgegenbringe, werden immer deutlicher und greifen früher oder später auf mein Handeln über.

Die Unterscheidung von Wunschbedürfnissen und Lebensbedürfnissen ist nur möglich, wenn wir sie genügend achten! Verbrauchen wir unsere Zeit mit der Erfüllung von Wunschbedürfnissen, so fehlt sie uns bei der Erfüllung unserer Lebensbedürfnisse. Deshalb sollten wir lernen – durch das Achten aller unserer Bedürfnisse – Wunsch- und Lebensbedürfnisse voneinander zu unterscheiden und uns auf dieser Grundlage ausschließlich um die Erfüllung unserer Lebensbedürfnisse zu kümmern.

Bedürfnisse sind gegeben.
Achtung der Bedürfnisse bringen wir bewusst auf.
Dabei lernen wir zu unterscheiden zwischen:

Wunschbedürfnissen:	**Lebensbedürfnissen:**
Sie erschöpfen sich in der Vorstellung und stärken dabei unsere Fantasie	Sie führen zum Handeln, das uns befriedigt und bestimmen unsere Entwicklung

Bedürfnisse haben also ihre Eigendynamik. Unser Verstand muss erst lernen diese Dynamik richtig einzuschätzen. Gelingt ihm das nicht, dann verwickeln wir uns durch FEHLENTSCHEIDUNGEN in Handlungen, die uns nicht gut tun; die uns zumindest daran hindern das zu tun, was uns wirklich Erfüllung gibt.[15]

Wenn ich mir etwas wünsche und nicht nur mit Gedanken spiele, sondern ein Herzverlangen spüre, dann stehen Bedürfnisse dahinter – es können sowohl Wunsch- als auch Lebensbedürfnisse sein, je nachdem, wie durchdacht der Wunsch ist. Einen Wunsch gedanklich zu durchdringen kann mit sehr viel Auseinandersetzung verbunden sein, zum Beispiel wenn ich mich verliebe oder ein berufliches Ziel erreichen will. Der Dreh- und Angelpunkt dabei ist das Achten meiner Bedürfnisse. Davon wird die Auseinandersetzung mit meinen sonstigen Voraussetzungen und den bestehenden äußeren Verhältnissen getragen. Je sorgfältiger ich vorgehe, desto sicherer werde ich auf Dauer zu guten Ergebnissen kommen.[16]

7. Übung:

7.1	Wie achte ich meine Bedürfnisse?
7.2	Warum finde ich das Achten meiner Bedürfnisse gut?
7.3	Wie achte ich meine Selbstachtung?
7.4	Warum finde ich meine Selbstachtung gut?

Hier finden Sie die Zusammenfassung der 1.–6. Übung. Die erste Frage zielt darauf ab, die Selbstachtung auf die Bedürfnisse anzuwenden. Die zweite Frage zielt darauf ab, den Sinn dieser Maßnahme zu prüfen. Die dritte Frage zielt darauf ab, die Selbstachtung als solche zu schützen. Die vierte Frage zielt darauf ab, den Sinn dieser Maßnahme zu prüfen.[17]

Sprechen Sie diese Fragen mehrmals laut hintereinander und versuchen Sie dabei auf Ihr Herz zu achten. Dann schreiben Sie auf, was Sie empfinden. Sie werden merken, wie wohltuend es ist, all Ihre Bedürfnisse gleichermaßen anzunehmen, um dann aus dieser liebevollen Haltung heraus Vorstellungen davon zu entwickeln, welche Bedürfnisse wohin führen. Es gibt in der Selbstachtung eben keinen Ausschluss von Bedürfnissen, sondern Sie suchen im Annehmen Ihrer Bedürfnisse nach der Entwicklung Ihrer Vorstellungen von dem, was Sie sich wünschen und was Sie brauchen. Je länger Sie das üben, desto mehr werden Sie sich das wünschen, was Sie brauchen.[18]

Das Erfüllen unserer Bedürfnisse scheitert vor allem an zwei Hindernissen: dass wir sie uns einerseits nicht genügend bewusst machen und andererseits zu viel auf einmal erreichen wollen, statt sie schrittweise zu erfüllen. Solange wir uns allerdings Dinge wünschen, die wir nicht brauchen, kommen wir nicht einmal dazu, uns das zu wünschen, was uns glücklich macht! Wir verfolgen somit Wünsche, deren Erfüllung uns am Ende unzufrieden lässt.

Folglich geht es darum:

1. unseren Bedürfnissen auf den Grund zu gehen,
2. daraus unsere Wünsche zu entwickeln,
3. kurz-, mittel- und langfristige Ziele ins Auge zu fassen,
4. Entscheidungen zu treffen und diese Schritt für Schritt in die Tat umzusetzen.

Dadurch kommen wir in die Lage, selbst unter schwierigen Bedingungen so zu leben, dass wir unseren Bedürfnissen immer besser gerecht werden. Und wenn wir auf diesem Weg bleiben, werden wir schließlich auch Ergebnisse erzielen, die anderen Menschen zu Glück und Zufriedenheit verhelfen. Es wird uns ein Bedürfnis sein, uns für das Wohlergehen anderer einzusetzen. Die Selbstachtung nährt die Hilfsbereitschaft.

Wenn wir uns zerrissen oder unschlüssig fühlen, gehen Wünschen und Brauchen in unseren Bedürfnissen auseinander. Dann tun wir andere Dinge, als wir wollen, wollen andere Dinge, als wir tun, und befinden uns dadurch in einem leidvollen Zustand. Wodurch unser Leid bedingt ist, erfahren wir möglicherweise zu diesem Zeitpunkt nicht, weil wir nicht die Kraft dafür haben, es zu erkennen. Schließlich ist Erkennen an Bedingungen geknüpft und nicht gegen eine Gebühr wie die Telefonauskunft möglich. Die wichtigste Bedingung für das Erkennen unserer Bedürfnisse ist das Achten der Bedürfnisse. Erst wenn einem diese Tatsache als Verhaltensgewohnheit in Fleisch und Blut übergegangen ist, löst man sich von der unseligen Einstellung, erst Bescheid wissen zu wollen und dann gegebenenfalls zu achten, wie es ist. Es funktioniert genau anders herum: **Erst wenn ich meine Bedürfnisse, Neigungen und Gefühle achte, kann ich lernen sie zu verstehen.**

Da es immer wieder vorkommt, dass das Fragen für überflüssig erachtet wird, mit der Überzeugung, man wisse schon Bescheid, ist es wichtig sich folgendes klar zu machen: Im Fragen denken wir anders als im Urteilen. Fragen bedeutet, mehr lernen zu wollen. Urteilen bedeutet, seinen Standpunkt behaupten zu wollen, ohne ihn zu verändern. In der Regel urteilen die Menschen zu viel und fragen zu wenig. Ein Grund, warum Kinder so viel und so schnell lernen, ist das viele Fragen und das wenige Urteilen. Gerade im Umgang mit Gefühlen behindert mangelndes Fragen das Verständnis außerordentlich. Und wenn das Fragen nicht achtsam geschieht, hilft es uns auch nicht weiter.

Gestehen Sie sich zu, den Inhalt dieses Buches mit einmaligem Durchlesen nur ansatzweise erfassen zu können. Räumen Sie ein, dass erst die Anwendung der Übungen einen tieferen Blick ermöglicht. Wer die Anleitung gewissenhaft verfolgt, kann mit großer Sicherheit lernen, worauf es für ihn jeweils ankommt, um sich mit seinen Gefühlen zurechtzufinden.

7. Das Herz ist die Stelle, wo sich entscheidet, ob wir glücklich oder unglücklich sind

Achten Sie immer auf Ihr Herz. Sie lernen nirgendwo sicherer, was Sie brauchen und was nicht. Warum? Wenn Sie im Kopf zufrieden sind und im Herzen unglücklich, ist das viel schwerer zu verkraften als das Umgekehrte. Und ebenso verhält es sich zwischen Bauch und Herz. Man erträgt so vieles ohne Not, solange das Herz nur Ja dazu sagt. Doch sobald das Herz sich verweigert, wird das ganze Leben zur Last.[19]

Doch nur wenn wir die Sprache des Herzens verstehen und auf ihre feinen Signale zu achten lernen, können wir dem Herzen folgen. Die Selbstachtung dient genau diesem Zweck. Sie hilft dem Kopf, sich auf das Herz einzulassen. Denn **solange der Kopf das Herz nicht genügend achtet, kann er ihm nicht folgen.** Es ist des Verfassers tiefste Überzeugung, dass es

Mangel an Selbstachtung ist, der uns so viele Schwierigkeiten macht; wir können dadurch unsere Entscheidungen nicht genügend an dem ausrichten, was uns Glück und Zufriedenheit im tieferen Sinne bringt. Denn dem Verstand mangelt es doch immer an dem Vermögen, unsere Bedürfnisse genügend wahrzunehmen. Der Verstand ist aber unser wichtigstes Instrument für das bewusste Unterscheiden. Bezieht er dabei das Herz ein, entscheiden wir im Sinne unseres Glücks. Wofür leben wir sonst?

Die große Kunst ist es, äußere Anforderungen und inneres Verlangen so in Einklang zu bringen, dass beiden Seiten Rechnung getragen wird. Kommt eine Seite zu kurz, hat das ungute Folgen. Um dieses Gleichgewicht halten zu können, braucht der Kopf das Herz. An ihm LERNT er das Maßhalten. So ist beispielsweise das maßlose Streben nach Geld auf Kosten einer sinnvollen Verwendung des Geldes immer verbunden mit fehlender Orientierung am Herzen. Der Mangel rührt von unzureichender moralischer Ausbildung her. Wo Tugenden nicht hoch gehalten werden, da sterben die menschlichen Möglichkeiten eines mitfühlenden Umgangs miteinander. An seine Stelle tritt Selbstsucht – oft noch im Mantel des angeblichen Fortschritts versteckt.

Verbrecher – auch wenn sie hochrangige Positionen einnehmen – haben allenfalls aufgesetzte Selbstachtung. Von der Wahrhaftigkeit und Liebeskraft echter Selbstachtung haben sie allenfalls den Glauben, sie nicht erreichen zu können. Oder sie bilden sich ein, auf Kosten anderer alles zu erreichen. Beides zeigt, dass sie am Herzen vorbeigehen.

„Tugend“ bedeutete ursprünglich „Tauglichkeit, Kraft, Vortrefflichkeit“. Unter dem Einfluss der Anschauungen des Christentums bekam das Wort einen sittlichen Sinn, als Gegensatz zu „Laster“.[20] Die Frage ist, WIE umfassend wir die ursprünglichen Bedeutungen des Wortes begreifen und daran unser Verhalten üben.

Wir müssen nicht tatenlos zusehen, wenn an die Stelle des Herzens der Geldbeutel gesetzt wird. Die scheinbare Ohnmacht täuscht! Es gehört zu den wichtigsten Möglichkeiten echter Selbstachtung, negative Entwicklungen innerhalb der eigenen Persönlichkeit umzukehren und es nicht nur selbst besser zu machen, sondern auch auf andere durch positives Vorbild einzuwirken. Wir unterschätzen regelmäßig, dass jeder Gedanke, den wir denken, jede Handlung, die wir vollbringen, auch eine Stimmung verbreiten, die Einfluss auf andere hat. Wer sagt, er könne als Einzelner nichts tun gegen negative Entwicklungen, der hat damit nur bedingt Recht. Denn wenn viele Einzelne an ihrem Platz ihr Bestes geben und nicht verzagen, sondern ihre Herzensfragen achten, entsteht daraus eine große Bewegung. **Der Einzelne kann an seinem Platz viel mehr Gutes vollbringen als meistens geglaubt wird. Das beweisen die vielen Beispiele aus der Geschichte in allen Lebensbereichen. Doch dafür muss ich mich aufraffen mein Bestes zu geben, statt mich mit anderen zu vergleichen!**

Aus dem achtsamen Umgang mit mir selbst entsteht der achtsame Umgang mit anderen. Lasse ich mich auf mein Herz ein, spreche ich damit auch die Herzen anderer an. Sich als willenloses, hilfloses Zahnrad eines Systems zu glauben, ist ein schrecklicher Irrtum. Denn über meine Gedanken kann ich selbst bestimmen, wohin ich sie wende. Entsprechend präge ich mein Verhalten.

Wenn wir auf diesem Wege gehen, werden wir nach und nach mit allem in Berührung gebracht, was in den Untergründen unseres Lebens gegen das Herz gerichtet gewesen ist, ob als Ereignisse oder als Erinnerungen daran. Wir alle leben in einer unvollkommenen Welt mit unseren eigenen Unvollkommenheiten, sind geprägt von mehr oder weniger glücklichen Verhältnissen, denen wir schon in der Kindheit ausgesetzt waren. Dementsprechend werden wir mehr oder weniger Vorbehalte in uns tragen, unserem Herzen jederzeit Gehör zu schenken. Machen Sie sich an dieser Stelle aber (erneut) bewusst, dass Sie Herzdenken entweder ganz oder gar nicht betreiben können. Es gibt keine Zwischenlösungen, es gibt nur Ja oder Nein. Alles dazwischen ist verwirrend und zeugt von unklaren Begriffen vom Wesen der Selbstachtung. Wenn ich beispielsweise sage: „Wenn ich traurig bin, höre ich auf mein Herz; wenn ich Angst habe, dann nicht", unterliege ich einem ängstlichen Irrtum! Ich glaube dann nämlich, dass es Situationen gibt, in denen meine Bedürfnisse keine Rolle spielen und ich sie deshalb außer Acht lassen kann. Gerade aus Angst verhält man sich leicht so. Dabei übersieht man dann, dass es doch die EIGENEN Bedürfnisse sind, die einen dazu antreiben, an der betreffenden Situation etwas ändern zu wollen. Und deshalb bleibt man im Kopf!

Wir müssen uns hier im Klaren darüber sein, dass unsere Fähigkeit, uns richtig zu entscheiden, steht und fällt mit der Bereitschaft, alle äußeren Zwänge in den Gedanken loszulassen und sich in die achtungsvolle Hinwendung zum Herzen zu versenken. Erst wenn wir begriffen haben, dass gerade in Notsituationen dies die ALLERWICHTIGSTE MASSNAHME ist, dürfen wir mit Recht darauf hoffen, diese Situationen vorteilhaft zu nutzen.

Es liegt im Wesen des Lernens, dabei an die eigenen Grenzen zu geraten. An diesen Grenzen entscheidet sich, ob ich es schaffe, meine Selbstachtung aufrecht zu erhalten oder nicht. Nehmen Sie es vielleicht einfach erst einmal hin, wenn hier gesagt wird: **Je größer die Not, desto wichtiger ist die Selbstachtung – und je wichtiger die Selbstachtung, desto mehr Aufmerksamkeit sollte ich darauf lenken. Doch nur wenn ich in der Freude aufmerksam bleibe, erspare ich mir neue Not, die ich selbst wieder schaffe.**

Mit jedem Schritt in der Entwicklung meiner Fähigkeiten brauche ich mehrere Schritte in meiner Selbstachtung:

1. Meine Fähigkeit zu achten, um sie gut nutzen zu können (vergleiche Kapitel „Herzensfragen setzen nicht unter Druck“).
2. Meine Selbstachtung zu achten, um mir ihrer sicher sein zu können (vergleiche Kapitel „Das Erlernen der bewussten Selbstachtung“).
3. Die Grenzen meiner Fähigkeit zu achten, um mich nicht zu übernehmen (vergleiche die Kapitel „Warum kommt optimale Leistung nicht über Leistungsdenken, sondern über optimale Selbstachtung?“ und „Maßvolle Erwartungen als Notwendigkeit für erfolgreiches Arbeiten“).

Wenn wir bedenken, dass diese Gesetzmäßigkeit uns lebenslang begleitet, werden wir aufhören zu glauben, Selbstachtung sei eine gelegentliche Möglichkeit für Überempfindliche, sich zu beruhigen. Stattdessen gelangen wir zu der sicheren Gewissheit, dass im täglichen Üben seiner Selbstachtung des Menschen Kraft liegt, sich sicher und geschickt durchs Leben zu bewegen und dabei wohltätig und vorausschauend zu handeln. Und bis zum letzten Atemzug bleibt dabei das Herz die Stelle, wo sich entscheidet, ob wir glücklich oder unglücklich sind.

Es ist ein täglich neues Spüren im Umgang mit den eigenen Bedürfnissen, es ist ein Verlassen des Weges, auf dem wir bloß funktionieren. Es ist ein wundersames (zuweilen anscheinend chaotisches) Suchen nach der eigenen Identität, nach dem „Ich-will“, dem „So-soll-es-sein“, dem Aha-Effekt: „Ich-bin-fähiger-als-ich-glaubte“.

Sie halten ein Buch in Ihren Händen, das zu nutzen Sie wahrscheinlich mehr Mühe kostet, als Sie aufwenden wollten – doch das Sie um so vieles weiter bringen kann, als Sie vielleicht zu träumen wagen. Warum? Weil es immer um dasselbe Thema kreist: um Ihre Herzensfragen.

Sind Sie skeptisch? Versprochen wird uns viel. Deshalb des Verfassers größte Bitte: prüfen, prüfen, prüfen. Das heißt: fragen, fragen, fragen.

Geht es hier um einen Sonderweg weniger Einzelner? Wer nimmt nicht gerne für sich in Anspruch, etwas Einmaliges zu kennen, aus dem jeder seinen Nutzen ziehen kann? Eines ist sicher: Das Herz ist die Stelle, wo sich entscheidet, ob wir glücklich oder unglücklich sind. Und: ohne Fragen keine Antworten. Also geht es um unsere Herzensfragen. Wer das nicht begreifen will, ist selbst daran schuld. Daraus ergibt sich zwangsläufig die Frage: Wie komme ich an meine Herzensfragen? Indem ich sie achte, sonst hat mein Kopf keinen Zugang zu ihnen. Das ist eine täglich neue Herausforderung.

Ich muss immer wieder bei meinen jetzigen Gefühlen, Aufgaben und Zielen ansetzen, um mich sicher orientieren zu können.

Kann ich mir mit Selbstachtung wirklich gerecht werden? Wenn ich sie auf das anwende, was mich bewegt. Wie finde ich heraus, was mich bewegt? Indem ich andere über meine Gefühle und Träume spekulieren lasse? Nein, indem ich mir das größtmögliche Maß an Wohlwollen entgegenbringe und meine Fragen formuliere, diese Fragen ausspreche und beobachte, was ich dabei empfinde, es ausdrücke und wieder frage.

Selbstachtung ist wohlwollendes Fragen

Wer sich entwickeln will,
ohne genug Wohlwollen
für seine Voraussetzungen aufzubringen,
der ist wie ein Antriebsrad,
das auf dem Glatteis durchdreht
und sich nicht fortbewegt.

Und wer nicht fragt,
was sein Herz bewegt,
ist wie ein Kutscher,
der seine Pferde
nicht zum Laufen bringt.

Selbstachtung ist wohlwollendes Fragen.
Wohlwollen und Fragen,
das sind die Werkzeuge,
aus denen Selbstachtung hervorgeht.

Das Gleichgewicht von
Wohlwollen und Fragen
bildet die Kraft zum Maßhalten.

Dieses Gleichgewicht
ist echtes Selbstvertrauen.

Da aufgesetztes Selbstvertrauen durch falsche Schulung des Verstandes zu Skrupellosigkeit und Selbstsucht führt, kommt es zu Ausbeuterwirtschaft und Zerstörung von Lebensgrundlagen. Brüderliches Wirtschaften ist die

Voraussetzung für Frieden und Erhaltung unserer Erde. Es gelingt nur in dem Maße, wie echtes Selbstvertrauen Einzug hält. Es entsteht durch wohlwollendes Fragen.

8. Anwenden der Selbstachtung im Alltag

Nach dieser Grund legenden Einführung in die Selbstachtung als Gedankenprinzip befinden wir uns nun vor der schönen, doch anspruchsvollen Aufgabe, dieses Prinzip im alltäglichen Leben zu verwirklichen. Dabei stellt sich die Herausforderung, die Selbstachtung jeweils auf das anzuwenden, was uns das größte Bedürfnis ist. Es ist naheliegend, sich immer vorrangig um das größte Bedürfnis zu kümmern. Theoretisch ist das leicht einsehbar, praktisch jedoch oft schwierig umzusetzen. Grund dieser Schwierigkeit ist das fehlende Unterscheidungsvermögen, welches Bedürfnis das größte ist.

Haben Sie schon einmal überlegt, woran es liegt, wenn Sie unzufrieden sind? In wie vielen Fällen konnten Sie feststellen, dass der Grund dieser Unzufriedenheit der ist, dass Sie nicht genau genug wissen, was Sie wollen? Was ist leichter zu ertragen: Wenn ich mein Ziel ganz klar vor Augen habe und dabei mit Widerständen kämpfen muss; oder wenn ich nicht weiß, was ich überhaupt will, weil ich unschlüssig bin, was ich gerade für eine befriedigende Entscheidung brauche? Im erstgenannten Zustand mag es auch große Schwierigkeiten geben, aber trotzdem habe ich das Gefühl, dass ich mein Leben selbst bestimme und meinen Weg gehe – und das ist auch so. Hingegen in zweitgenannten Zustand bin ich gelähmt. Ich bin unentschlossen, unsicher und dadurch unfähig, mein Handeln gezielt auf das zu lenken, was mir wichtig ist. Dauert der Zustand länger an, kann er sogar krank machen. Auf jeden Fall bewirkt er, dass man wenig leistungsfähig ist, und schon gar nicht zukunftsorientiert arbeiten kann. Dadurch wird man unattraktiv. Denn statt Lebensfreude und Tatkraft strahlt man Unsicherheit und Gehemmtheit aus. Der innere Zustand beeinflusst also auch die Anziehungskraft auf andere.

Die sichere Orientierung im Umgang mit den EIGENEN Bedürfnissen ist die unerlässliche Grundlage dafür, sich gezielt behaupten und in ein wünschenswertes Verhältnis zu seiner Umwelt setzen zu können. Diese Einsicht ist durchaus bei vielen vorhanden. Die Frage ist allerdings, wie sie sich in die Tat umsetzen lässt? Das Werkzeug dazu liefert die Selbstachtung. Die Selbstachtung ist keine Selbsteinrede (Selbstsuggestion), sondern Selbstbefragung. Das ist ein großer Unterschied. Machen Sie sich diesen Unterschied bewusst!

Bei der Selbsteinrede befinden wir uns auf einem grauen Gebiet, wo nie wirklich klar ist, was wir tun. Darin liegt eine weithin unterschätzte Gefahr für den Menschen, der damit arbeitet. Die Grundschwierigkeit ist einfach, unscheinbar und allgegenwärtig. Machen wir ein Beispiel: Um eine Aufgabe, die ich mir gestellt habe, zu meistern, rede ich mir ein: „Du schaffst das, du schaffst das, du schaffst das …“ Der so Tätige begibt sich gleich in mehrere Schwierigkeiten.

a) Er konzentriert seine Gedanken darauf, das umzusetzen, was er sich in den Kopf gesetzt hat. Dass das, was er sich in den Kopf gesetzt hat, den Zweck erfüllt, den er erreichen möchte, setzt er einfach voraus.

b) Er klärt nicht, aus welchen Motiven er handelt, er hat nur sein Ziel vor Augen. Er geht folglich davon aus, seine Motive so gut zu kennen, dass er sie nicht hinterfragen muss.

c) Wie er sein Ziel tatsächlich erreicht, überlässt er ebenfalls dem Zufall – ob er dabei sich und andern womöglich Schaden zufügt (auch inneren Schaden) bleibt außer Betracht.

d) Es zählt nur, dass das im Kopf angesteuerte Ziel erreicht wird, natürlich so schnell wie möglich. Manche Ziele sind gut, wenn man sie zu einem ganz bestimmten Zeitpunkt erreicht, ansonsten eher schädlich. (So ist zum Beispiel zu rascher Reichtum meist nicht vom Charakter zu verkraften und verdirbt den Betreffenden, weil er mit seinem Reichtum nicht umgehen kann. Gleiches gilt für Berühmtheit.[21])

Der Schulungsweg der Selbstachtung begegnet den genannten Gefahren mit vier Fragen:

1a Was WILL ich erreichen?
1b Warum WILL ich es erreichen?
1c Wie WILL ich es erreichen?
1d Wann WILL ich es erreichen?

Diese Fragen werden ergänzt durch den Blick auf die Möglichkeiten:

2a Was KANN ich erreichen?
2b Warum KANN ich es erreichen?
2c Wie KANN ich es erreichen?
2d Wann KANN ich es erreichen?

Und schließlich prüfen wir dabei unser eigenes Tun:

3a Was ERREICHE ich?
3b Warum ERREICHE ich es?
3c Wie ERREICHE ich es?
3d Wann ERREICHE ich es?

So gewährleiste ich, dass ich:
WOLLEN (1), KÖNNEN (2), TUN (3)
prüfe hinsichtlich:
Ziel (a), Motiv (b), Vorgehensweise (c) und Ergebnis (d).

Daraus ergibt sich eine Übung, die Sie jetzt oder später machen können. Zunächst dient sie dazu, den Unterschied zwischen Selbstbefragung und Selbsteinrede darzustellen.

Um das Ergebnis der Selbstbefragung zusammenzufassen, sollte nach jeder Wann-Frage geprüft werden, welche weiterführende Frage sich daraus ergibt. Daher endet jede Frageeinheit mit der Frage: „Was ist meine Frage?"

43. Übung:

43.1 Was will ich erreichen?

43.2 Warum will ich es erreichen?

43.3 Wie will ich es erreichen?

43.4 Wann will ich es erreichen?

43.5 Was ist meine Frage?

* * * * * * * * * *

43.6 Was kann ich erreichen?

43.7 Warum kann ich es erreichen?

43.8 Wie kann ich es erreichen?

43.9 Wann kann ich es erreichen?

43.10 Was ist meine Frage?

* * * * * * * * * *

43.11 Was erreiche ich?[22]

43.12 Warum erreiche ich es?

43.13 Wie erreiche ich es?

43.14 Wann erreiche ich es

43.15 Was ist meine Frage?

Ich behalte die ganze Zeit den prüfenden Blick, den inneren Wächter auf mich und meine Umgebung gerichtet und lerne dabei mich so zu behaupten, dass es sozial verträglich ist.[23] Von der unsozialen Selbstbehauptung kann man nur Abstand nehmen, wenn man sieht, welchen Schaden sie überall anrichtet, wo sie gelehrt und angewandt wird! Denn die bloße Selbsteinrede hat nicht unter Kontrolle, wenn sie zerstörerisch wird. Sie kann eine Weile gut gehen, doch auf Dauer läuft sie Gefahr, brutal zu werden. Warum? Weil der Mensch ohne systematisches Fragen im Denken immer enger wird. Wir leiden nicht an umfassenden Sichtweisen, sondern an sturer Fixierung auf Nahziele ohne Beachtung der Folgen unseres Handelns. Die Klimakatastrophe ist das beste Beispiel dafür.

Der Vergleich von Selbstachtung mit Selbsteinrede muss sehr ernst genommen werden, denn an diesem Unterschied entscheidet sich, ob wir in Zukunft nur noch von egoistischen, meist finanziellen Interessen beherrscht werden oder ob wir ein System des Zusammenlebens entfalten, in dem der einzelne Mensch das Gemeinwesen mitbestimmen kann. Die Selbsteinrede leidet unter dem Zwang, dass sie zur Verengung des Denkens führt und daher zwangsläufig zu immer größerer Selbstbezogenheit, sagen wir ruhig auch: Selbstsucht. Diese Entwicklung bewirkt unweigerlich, dass die Anhäufung von Geld und Macht missbraucht wird für die Ausbeutung und Zerstörung gemeinsamer Lebensgrundlagen. Wie unsere Geschichte zeigt, findet das sehr wohl statt inmitten demokratischer Systeme, denen eine Kontrolle durch die direkte Mitbestimmung der Bevölkerung fehlt. Deshalb ist es im Sinne der Selbstachtung, dass wir die parlamentarische Demokratie ergänzen durch die Volksdemokratie, auch direkte Demokratie genannt. Selbsteinrede treibt das Denken weg vom Gemeinwohl und führt dazu, dass an die Stelle eines brüderlichen Wirtschaftens, eines Rechtswesens, vor dem alle gleich sind, und eines kulturellen Lebens in Freiheit bloß eine Wirtschaftsdiktatur tritt – mit immer brutaleren Auswüchsen und mit einer immer menschenverachtenderen Vorgehensweise![24]

Anwenden der Selbstachtung im Alltag bedeutet die Hinwendung zu einem Streben, welches die Durchsetzung der eigenen Interessen auf eine Weise sucht, dass dabei auch an das Wohl anderer gedacht wird. Mit dieser humanistischen Ausrichtung gelingt es, die Vorteile des Kapitalismus und des Kommunismus zu vereinen und deren Nachteile zu beseitigen. Es liegt jedoch an den einzelnen Menschen, in ihrer Selbstachtung so stark zu werden, dass sie in der Lage sind, wirklich aus sich heraus zu denken und zu handeln – statt wie Sklaven hinter dem Geld herzurennen. **Selbstachtung und finanzieller Reichtum sind sehr wohl vereinbar. Denn es kommt immer darauf an, wie jemand zu seinem Reichtum kommt und wie er ihn dann nutzt.** Vergleiche Kapitel „Geldmangel oder Geld?".

Viele Menschen haben das Gefühl, dass sich etwas verändern müsse. Sie nehmen wahr, dass unsere Zeit geprägt ist von einer Aufbruchstimmung, einer Sehnsucht nach etwas Neuem, vielleicht etwas Unbekanntem. Zugleich herrschen in unserer Gesellschaft technischer Fortschritt und – zumindest in gewissen Kreisen – immer mehr Wohlstand. Auf der anderen Seite steht die Frage nach dem Weltfrieden und nach sozialer Gerechtigkeit, verbunden mit ernsthaften Überlegungen, wie wir uns und die Erde gesund erhalten können. Mehr denn je sind Verantwortung des Einzelnen und Freiheiten des Individuums offenkundig. Auch die drohende Gefahr einer Weltdiktatur durch die Mächtigsten ist ins Bewusstsein der Menschen gerückt. Doch worum geht es? Was ist die Herausforderung, die uns alle angeht?

Menschen der älteren Generation empfinden möglicherweise, dass es darum geht, gute Ideen zu haben und sie in die Tat umzusetzen. Menschen der Nachkriegszeit stellt sich allerdings sehr oft die Frage, wie sie die KRAFT bekommen können, gute Ideen zur Tat werden zu lassen. Sie empfinden unter Umständen einen tiefen Mangel an Fähigkeiten, ihr Leben so zu gestalten, wie sie es gerne wollten. Sie schauen unter Umständen mit Wehmut auf ältere Leute, mit welcher Selbstverständlichkeit diese ihren Alltag meistern ohne den Eindruck zu erwecken, dass ihnen das besonders schwer fällt. „Wir wurden halt nicht so verwöhnt", kommt dann leicht als Antwort aus der anderen Richtung. Doch dabei gerät in Vergessenheit, dass die Belastungen äußerlich zwar abgenommen, innerlich allerdings deutlich zugenommen haben. Wer statt mit Familiengesprächen mit Massenmedien aufwächst, verliert dadurch die gefühlsmäßige Geborgenheit in einer Weise, die unvorstellbar ist für Menschen, die solche Kindheitserlebnisse nicht kennen. Es liegt nicht daran, dass es den Nachkriegsgenerationen zu gut geht, sondern dass ihnen etwas ganz Bestimmtes immer mehr fehlt: Verbindlichkeit! Feste Strukturen und Rituale, eindeutige Bezugspersonen und klare Gebote: Wenn sie der Beliebigkeit weichen, führt das zur Entwurzelung der eigenen Fantasiekräfte und hinterlässt das Gefühl, keinen sicheren Halt in der Umgebung zu finden. Die Folge ist innere Vereinsamung, aus der sich sehr schnell Selbstablehnung entwickeln kann. Daran krankt unsere Zeit hinter aufgesetzten Ich-bin-toll-Fassaden mehr als an allem anderen. Leider ist das oft nur schwer zu durchschauen …

Selbstablehnung ist beileibe kein spezielles Problem der heutigen Zeit – doch das Ausmaß, in welchem bewusste Selbstachtung als Ausgleich erforderlich ist, um lebenstauglich zu sein, gehört gewiss zu den größten Erfordernissen der Gegenwart, wenn es nicht sogar – so meint der Verfasser – das bedeutendste Thema überhaupt ist. Es muss aus verschiedenen Blickwinkeln betrachtet werden, um sich seiner Bedeutung bewusst zu werden.

Der Leser möge erfassen, dass es nicht um die Schilderung subjektiver Befindlichkeiten und Verhaltensrezepte geht, sondern um die Darstellung objektiv nachprüfbarer Gesetzmäßigkeiten, wie Selbstachtung bewusst entwickelt wird und sich nach bestimmten Regeln innerlich aufbaut.

Ältere Leser, die den Sinn solcher Übungen nicht einsehen können, mögen sich auf den Standpunkt stellen, dass sie etwas natürlich Gelerntes vielleicht noch besitzen und durch den Besitz nicht sehen, dass dieser keine Selbstverständlichkeit ist. Jüngeren Lesern wiederum möge es Vorbild sein, wenn sie natürliche Selbstachtung bei Älteren beobachten. Was jene noch von alleine bekamen, müssen diese sich nun bewusst erarbeiten.

Wenn wir die Gefühle sich selbst überlassen und die Gedanken nur am Physischen betätigen, brauchen wir uns nicht zu wundern, wenn wir schließlich ein Leben führen, in dem die Gedanken in die eine Richtung laufen und die Gefühle in dic andere. **Nur wenn wir die Gefühle als Tatsachen ebenso ernst nehmen wie die materiellen Verhältnisse, in denen wir leben, können wir ein Verständnis davon ausbilden, was wir für unsere Ausgeglichenheit brauchen. Dieses Verständnis entwickeln wir am achtungsvollen Umgang mit unseren Herzensfragen. Dazu müssen wir sie täglich formulieren.**

Es ist ratsam, jeden Tag zu beginnen mit den Fragen „Was ist meine Frage?“ und „Was brauche ich?“ und eine Liste zu führen, wo die Fragen mit Datum und fortlaufenden Nummern formuliert werden. Bei Bedarf kann eine Frage anschließend in einem getrennten Dokument schriftlich bearbeitet werden. Dieses Verfahren bringt Ruhe und Übersicht in die Gedanken und ins Leben. Oft reicht es schon, wenn die Fragen formuliert sind, dass unsere Gedanken darum kreisen können. Die Gefühle, welche dabei aufsteigen, sollten wir versuchen auszudrücken. Diese Vorgehensweise ist die Grundlage der bewussten Selbstachtung.

Je länger wir in einer solchen Weise leben, desto mehr lernen wir unseren inneren Reichtum kennen. Denn Selbstachtung verschafft den Zugang nicht nur zu den Herzensfragen, sondern anschließend auch zu den Antworten. Viele dieser Antworten liegen in einem selbst – doch erst durch die achtsamen Fragen finden die Antworten ihren Weg nach oben ins Bewusstsein. Andere Antworten können wir von außen finden, weil wir bereit sind sie dort zu suchen. Wer suchet, der findet – das Gute wie das Schlechte. **Um das Gute zu finden, müssen wir gut zu uns selbst sein.**

9. Sein-Wollen und Sein

Der wesentliche Unterschied zwischen Selbsteinrede und Selbstbefragung ist, wie gesagt, dass ich mich bei der Selbsteinrede auf ein Urteil versteife, statt mich gedanklich beweglich zu halten hinsichtlich eines bestimmten Zieles. Wir scheitern nicht deshalb, weil wir unseren geistigen Horizont weiten, sondern weil wir ihn zu eng lassen oder sogar gezielt eng halten. Fragen, die wir stellen, sind Pforten zu neuen Räumen. Urteile sind eher Wände. Zweifellos können wir nicht ständig alles in Frage stellen, doch **letztendlich lebt jede Weiterentwicklung vom Fragen**. Will ich also etwas verbessern, nützt es mir nichts, auf meinen Urteilen sitzen zu bleiben. Vielmehr ist es nötig, die richtigen Fragen zu erarbeiten und mir diese dann immer wieder zu stellen, um dadurch im Auge zu behalten, worum es mir geht beziehungsweise gehen sollte. Schließlich ist Entwicklung nicht nur angenehm. Sie verlangt Verwandlung, Lösung von Altem, Ergreifen von Neuem, Besinnung auf das Wesentliche und das Vertrauen, dass man die Veränderung bewältigt. Was ist dabei wichtiger als Übersicht? Wie soll ich sie anders gewinnen als durch Fragen, Fragen nach demjenigen, worauf es dabei unter den bestehenden Gegebenheiten und für mich ankommt? Lassen wir uns leiten von unseren Herzensfragen, erfahren wir auf unkomplizierte Weise, wie wir unser Verlangen in Beziehung setzen können zu dem, was wir als gegenwärtige Situation vorfinden. Gerade dadurch entwickeln wir die Aussichten, die wir brauchen, um uns unsere Wünsche erfüllen zu können!

Wozu soll ich mir beispielsweise einreden, dass ich gut aussehe? Falls ich Zweifel an meinem Aussehen habe, werden sie kaum verschwinden durch das Einreden. Und falls diese Zweifel tief sitzen, wird es mir auch schwerlich helfen, wenn ich von anderen mehrfach gesagt bekomme, ich sähe gut aus. Warum? Weil die Zweifel eine Ursache haben. Solange diese bestehen bleibt, lassen sich meine Zweifel nicht beseitigen.

Über Geschmack kann man ja bekanntlich streiten – endlos. Denn er ist abhängig von subjektiven Neigungen. Ist mein Geschmack anders als mein Aussehen, stehe ich in einem Zwiespalt, den ich nur überwinden kann, indem ich einerseits meinen Geschmack, andererseits mein Aussehen versuche anzunehmen. Dieser Vorgang findet durch die Selbstachtung tagtäglich auf allen Gebieten des Lebens statt – oder bleibt eben aus.

Im Gegensatz zur Selbsteinrede („Ich sehe gut aus!") hilft die Selbstbefragung („Wie sehe ich gut aus?") weiter. Ich mache mir Gedanken, wie ich aussehen MÖCHTE und wie ich entsprechend meiner Wünsche aussehen KANN. Damit tue ich den ersten Schritt, indem ich konkret überlege, was ich genau will. Dennoch kann es sein, dass ich meinen Wunsch nicht oder nur teilweise umsetzen kann. Trotzdem ist es wichtig, diesen Schritt erst einmal zu tun. Denn in vielen Fällen gibt es Lösungen – die man allerdings nur findet, wenn man sich erst einmal klar macht, was man genau möchte. Kommt man alleine nicht zurecht, kann man sich Hilfe holen. Auf diese Weise schöpft man seine äußeren Möglichkeiten aus.

Doch was ist, wenn ich es trotz aller Anstrengungen nicht schaffe, mit meinem Aussehen zufrieden zu sein; oder wenn ich gerade jemandem nicht gefalle, dem ich unbedingt gefallen will? Hier führt kein Weg vorbei an der Selbstachtung. Ich übe ganz gezielt mein Aussehen anzunehmen. Dabei verfolge ich gleichzeitig zwei Ziele: Meinem Aussehen mehr Achtung entgegenzubringen (die ich mir ja wünsche) und zugleich anderen mit gutem Beispiel voranzugehen (dass sie mein Aussehen mehr achten). Beides geht Hand in Hand, denn Gedanken wirken immer nach innen und nach außen, in der Ausstrahlung wie im Verhalten. Im Sinne der 7. Übung frage ich beispielsweise:

Wie achte ich mein Bedürfnis, gut auszusehen?
Warum finde ich das Achten meines Bedürfnisses, gut auszusehen, gut?
Wie achte ich meine Selbstachtung?
Warum finde ich meine Selbstachtung gut?

Damit achte ich mein Bedürfnis, gut auszusehen, und trage dadurch gewiss dazu bei, meine Möglichkeiten auszuschöpfen, dieses Bedürfnis zu erfüllen.

Andererseits konzentriere ich mich darauf, mein Aussehen bewusst anzunehmen. Denn es ist ja so: **Ich kann etwas umso besser beeinflussen, je mehr ich es annehme**. Dieses Erfolgsgeheimnis ist allerdings mit Arbeit verbunden. Sie drückt sich aus in den Fragen:

Wie achte ich mein Aussehen?
Warum finde ich das Achten meines Aussehens gut?
Wie achte ich meine Selbstachtung?
Warum finde ich meine Selbstachtung gut?

Vielleicht läuft es einem extrem zuwider, sein Aussehen zu achten. Vielleicht ist man gewöhnt es zu verachten. Gründe dafür findet man immer. Es gibt immer genug Gründe, etwas oder jemanden anzunehmen oder abzulehnen. Die Frage ist allerdings, womit man weiter kommt. Das Vorhandene ist keine Selbstverständlichkeit. Wir neigen dazu, unsere Voraussetzungen als selbstverständlich zu erachten – doch das sind sie nicht. Hier helfen diese Fragen weiter – wie gesagt: im Umgang mit sich selbst wie mit anderen.

An diesem Beispiel wird deutlich, dass es darum geht, mein Sein-Wollen und mein Sein durch Selbstachtung in eine Beziehung zueinander zu setzen, in der ich nach beiden Seiten hin handlungsfähig bin. Also: Wie möchte ich sein? Wie bin ich? Machen Sie sich bewusst, dass echte Handlungsfähigkeit IMMER voraussetzt, sowohl ein Bedürfnis, als auch einen Zustand anzunehmen, selbst wenn diese im krassen Widerspruch zueinander stehen. **Wir lernen die Kraft und die Macht der Selbstachtung gerade an Themen kennen, bei denen Zustand und Bedürfnis weit auseinander klaffen. Je größer das Spannungsverhältnis zwischen Zustand und Bedürfnis, umso wichtiger ist die Selbstachtung!** Achte ich mein Bedürfnis nach etwas, dann nehme ich ernst, wonach mir zumute ist – dadurch kann ich lernen, mein Wollen zu erfassen und zu behaupten. Achte ich den Zustand meines Daseins, dann suche ich nach Wegen, das Beste daraus zu machen – dadurch kann ich lernen, das Bestehende zu schützen, um es sinnvoll zu nutzen und weiterzuentwickeln.

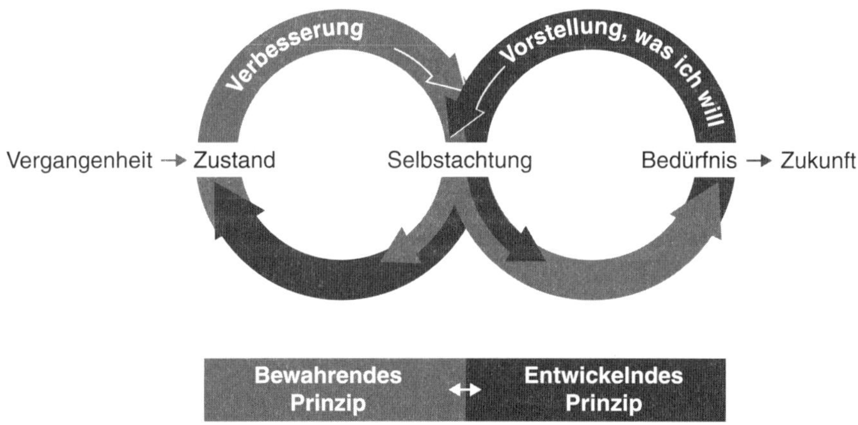

Eine Seite allein zu achten reicht nicht aus. Achte ich nur den Zustand, versäume ich zu klären, was ich damit anfangen will. Achte ich nur mein Bedürfnis, bleibe ich ungewiss, wie ich es unter den gegebenen Umständen erfüllen kann. Zwangsläufig gelangen wir auf diese Weise immer zu einer zweiteiligen Anordnung: **Durch Achtung des Zustandes unterstützen wir das bewahrende Prinzip – durch Achtung des Bedürfnisses verfolgen wir das entwickelnde Prinzip.**

Auf welcher Seite soll ich nun ansetzen: beim Achten meines Bedürfnisses oder beim Achten meines Zustandes? Setzen Sie dort an, wo es Ihnen am meisten entgegenkommt. Sie können auf einer Seite bleiben so lange Sie möchten. Früher oder später werden Sie unweigerlich spüren, dass die andere Seite ruft. Das kann bei verschiedenen Themen ganz unterschiedlich sein.

In jedem Fall gewinnen wir ein System der Fragen mit einer zweiteiligen Anordnung. Folgen wir dem Beispiel vom guten Aussehen, wie es vorangehend abgehandelt ist, würde sich folgendes Schema ergeben:

Wie MÖCHTE ich aussehen?
Wie achte ich mein BEDÜRFNIS gut auszusehen?
Warum finde ich das Achten meines Bedürfnisses, gut auszusehen gut?
Wie achte ich meine Selbstachtung?
Warum finde ich meine Selbstachtung gut?

Wie SEHE ich aus?
Wie achte ich mein AUSSEHEN?
Warum finde ich das Achten meines Aussehens gut?
Wie achte ich meine Selbstachtung?
Warum finde ich meine Selbstachtung gut?

Möchten Sie lieber mit dem zweiten Block beginnen, tun Sie es! Nur gehen Sie gedanklich durch einen Block immer ganz durch, um innere Ruhe und Sicherheit aufzubauen. Sie werden früher oder später merken, dass die Selbstachtung davon am meisten lebt.

Wenn wir das Frageprinzip vom Sein-Wollen und Sein nun verallgemeinern, so dass wir verschiedene Themen einsetzen können, gelangen wir zu folgender Fragestellung:

8. Übung:

8.1 Wie möchte ich sein?

8.2 Wie achte ich mein Bedürfnis so zu sein?

8.3 Warum finde ich das Achten meines Bedürfnisses, so zu sein, gut?

8.4 Wie achte ich meine Selbstachtung?

8.5 Warum finde ich meine Selbstachtung gut?

* * * * * * * * * *

8.6 Wie bin ich?

8.7 Wie achte ich mein Sein?

8.8 Warum finde ich das Achten meines Seins gut?

8.9 Wie achte ich meine Selbstachtung?

8.10 Warum finde ich meine Selbstachtung gut?[25]

Bevor Sie die Übung machen, schauen Sie sich ruhig noch die beiden folgenden Kapitel an, die sich beschäftigen mit „Haben-Wollen und Haben" sowie „Tun-Wollen und Tun". Dort wird dieselbe Abfolge der Fragen verwendet, nur hinsichtlich Haben und Tun. Vielleicht möchten Sie lieber von dort aus ansetzen.[26]

10. Haben-Wollen und Haben

Nehmen wir zunächst das Beispiel Geld. Habe ich weniger Geld als ich haben will? Dann wäre erst einmal zu klären: Wie viel Geld möchte ich haben? Nun sage ich es so, wie ich es empfinde, ob in Zahlen oder Vergleichen ausgedrückt, spielt keine Rolle. Im folgenden Beispiel heißt diese Menge „genügend", Sie können dort Ihre Werte einsetzen.

Wie viel Geld möchte ich haben?
Wie achte ich mein Bedürfnis, genügend Geld zu haben?
Warum finde ich das Achten meines Bedürfnisses,
genügend Geld zu haben, gut?
Wie achte ich meine Selbstachtung?
Warum finde ich meine Selbstachtung gut?

Dem gegenüber steht die Menge meines tatsächlich verfügbaren Geldes.

Wie viel Geld habe ich?
Wie achte ich mein Geld?
Warum finde ich das Achten meines Geldes gut?
Wie achte ich meine Selbstachtung?
Warum finde ich meine Selbstachtung gut?

Auch hier ergibt sich ein Schema, das wir auf andere Dinge anwenden können.

9. Übung:

9.1	Was (wie viel) möchte ich haben?
9.2	Wie achte ich mein Bedürfnis, etwas zu haben?
9.3	Warum finde ich das Achten meines Bedürfnisses, etwas zu haben, gut?
9.4	Wie achte ich meine Selbstachtung?
9.5	Warum finde ich meine Selbstachtung gut?
	* * * * * * * * * *
9.6	Was (wie viel) habe ich?
9.7	Wie achte ich, was ich habe?
9.8	Warum finde ich das Achten von dem, was ich habe, gut?
9.9	Wie achte ich meine Selbstachtung?
9.10	Warum finde ich meine Selbstachtung gut?

Das Thema Haben-Wollen und Haben ist nicht nur in den finanziellen, sondern auch in den menschlichen Beziehungen allgegenwärtig.[27] Alle Streitigkeiten sind verbunden mit dem Gefühl, vom andern nicht zu bekommen, was ich (haben) will. Dabei geht es hier nicht um die Frage, wie berechtigt oder unberechtigt ein Verlangen ist, sondern um die Art, wie ich selbst mit meinem Verlangen umgehe. Dafür brauche ich ein Bewusstsein für das Verhältnis von dem, was ich schon habe, und dem, was ich noch haben will; nur so kann ich vernünftig überlegen, was angemessen ist und wie ich einen Weg finden kann, mich mit meinem Verlangen zu behaupten. Folglich werde ich meinen Anspruch, was ich mit jemandem teilen MÖCHTE, immer wieder in Frage stellen und mich üben in der Unterscheidung, mit wem ich etwas Bestimmtes teilen KANN. Ich werde versuchen nur dasjenige mit jemandem zu teilen, was beiden das Leben leichter statt schwerer macht.

Ich verzichte darauf, meine Ansprüche einfach durchsetzen zu wollen und prüfe stattdessen, welche Voraussetzungen der andere und ich selbst haben, um etwas Erstrebenswertes miteinander erleben zu können – auf welchem Gebiete auch immer! Dadurch entlaste ich die zwischenmenschliche Begegnung und knüpfe meine Bande ersprießlich statt verderblich.

In der Theorie klingt das einleuchtend. In der Praxis fehlt es oft an Besonnenheit. Die Folge ist, dass ich mir einerseits nicht genügend klar mache, was ich tatsächlich vom andern will, warum ich es will und wie ich es bekommen kann. Andererseits wird durch unbedachtes Haben-Wollen oft zu wenig geschätzt, was ich bereits vom andern habe. Dadurch bläht sich Unzufriedenheit in mir auf und ich verliere die Übersicht, verhalte mich ungeschickt und mache dadurch wahrscheinlich die Begegnung schwieriger.

Menschliche Beziehungen sind in hohem Maße darauf angewiesen, dass der Einzelne Haben-Wollen und Haben genau klärt. Unachtsamkeit auf diesem Gebiet führt zu Vereinsamung und unguten Abhängigkeitsverhältnissen. Beides ist leidvoll, aber wir können zumindest danach streben, uns Leiden zu ersparen. Was hält uns davon ab?[28]

Die Unterscheidung von Haben-Wollen und Haben hilft auch maßgeblich, sich neu zu orientieren und sich aus negativen Erinnerungen zu lösen. Wir machen uns hierbei bewusst, wo wir heute genau stehen und worin es sich unterscheidet von einem Zustand, der zwar noch lebhaft in unserer Erinnerung ist und uns deshalb beeinträchtigt, der aber der Vergangenheit angehört! Für unser Denken und Handeln und deren Auswirkung auf unser Befinden ist es von großer Bedeutung, Gegenwart, Vergangenheit und Zukunft gedanklich voneinander zu trennen. Je besser uns das gelingt, desto mehr Orientierung haben wir. Auch traumhafte Zukunftsvorstellungen mit der Gegenwart zu vewechseln kann uns in große Schwierigkeiten bringen. Hier hilft ebenso die Unterscheidung zwischen Haben-Wollen und Haben.

Sie ist natürlich auch wichtig, wenn sich ein Zustand verschlechtert hat und die gegenwärtigen Möglichkeiten eingeschränkter sind als die vergangenen.

Eine häufige Form des Haben-Wollens bezieht sich auf das Erleben: dass man bestimmte ERLEBNISSE HABEN beziehungsweise das Gegenteil nicht haben will. Im menschlichen Zusammenleben kann dies ganz alltägliche Dinge betreffen, beispielsweise eine wiederholte Nachlässigkeit des einen, über welche sich der andere ärgert. Oder dass der andere gewisse Annehmlichkeiten für selbstverständlich nimmt, die den einen große Mühe kosten. Hierfür der Einfachheit halber eine Abwandlung der vorigen Übung:

9. Übung, 1. Abwandlung:

9.1 (1) Was möchte ich erleben?

9.2 (1) Wie achte ich mein Bedürfnis, etwas zu erleben?

9.3 (1) Warum finde ich das Achten meines Bedürfnisses, etwas zu erleben, gut?

9.4 (1) Wie achte ich meine Selbstachtung?

9.5 (1) Warum finde ich meine Selbstachtung gut?

* * * * * * * * * *

9.6 (1) Was erlebe ich?

9.7 (1) Wie achte ich was ich erlebe?

9.8 (1) Warum finde ich das Achten von dem, was ich erlebe, gut?

9.9 (1) Wie achte ich meine Selbstachtung?

9.10 (1) Warum finde ich meine Selbstachtung gut?

Wenn Sie die Übungen mit den Fragen bis zum Kapitel „Wir leben für die Erfüllung unserer Bedürfnisse“ alle wie empfohlen gemacht hatten, waren Sie an den Punkt gekommen, dasjenige Bedürfnis herauszustellen, welches Sie zurzeit am meisten beschäftigt. Sind Sie immer noch am meisten mit diesem Bedürfnis beschäftigt oder ist es inzwischen ein anderes? Prüfen Sie es; und gehen Sie auf jeden Fall von dem Bedürfnis aus, das Sie zurzeit am stärksten bewegt. In der 8.–10. Übung sollen Sie nun versuchen, das betreffende Bedürfnis über die gezielte Wiederholung und Verinnerlichung der genannten Fragen weiterzuverfolgen.

Ein Bedürfnis kann sich auf drei Gebiete beziehen: auf das Sein, das Haben oder das Tun.[29] Das sollten wir jeweils feststellen, um den Blick im Umgang mit unseren Bedürfnissen zu schärfen! Dabei ist Fleiß unerlässlich, denn die Auseinandersetzung kostet Zeit und Mühe. Schieben wir sie nicht unnötig vor uns her. Haben wir wenig Zeit, machen wir lieber immer wieder ein wenig, statt uns so viel vorzunehmen, dass wir gar nichts für die eigene Selbstachtung tun. **Der größte Feind des zügigen Vorankommens sind zu hohe Ansprüche an sich selbst. Damit nehmen wir uns die Lust, konkret zu werden und tun am Ende gar nichts.** Das wäre sehr schade! Haben wir daher Mut, immer wieder ein wenig zu machen und seien es nur fünf Minuten, die wir verwenden für die Bearbeitung einer einzigen Frage einer Übung. Der Mut zur Unvollkommenheit ehrt einen Menschen. Die Angst, nicht vollkommen zu sein, nimmt ihm die Möglichkeit zu lernen.[30] **Entscheiden wir uns, zu den eigenen Grenzen zu stehen und das Machbare zu machen. Das macht ruhig und zufrieden.**

11. Tun-Wollen und Tun

Damit Sie an dieser Stelle der Auseinandersetzung nicht den Mut verlieren, mögen Sie folgenden Rat beherzigen: Wenn wir einmal gelernt haben, Selbstachtung im Alltag beharrlich anzuwenden, dann können wir sagen: Es ist ganz einfach, ich muss nur meine Herzensfragen stellen und mich nie davon abhalten lassen. Selbstverständlich stellen Sie sich Ihre Herzensfragen selbst; danach vielleicht auch anderen, je nach Ermessen und Umständen. Vielleicht sind Sie jetzt gerade an dem Punkt, dass Sie unzufrieden nach der Lösung eines Problems suchen, das Ihnen das Leben schwer macht. Wahrscheinlich halten Sie dieses Buch nicht in Händen, weil Sie rundum zufrieden sind, sondern weil es mindestens ein Thema in Ihrem Leben gibt, bei dem Sie sich sagen: Da will ich etwas verbessern. Genau dieses Thema ist es wahrscheinlich, das Ihnen am meisten abverlangt und Sie an die Grenzen Ihrer Fähigkeiten bringt, Sie deshalb auch verunsichert und Ihnen womöglich das Gefühl gibt, unzulänglich zu sein. Sagen Sie sich in diesem Fall, dass es logisch sein muss, an den Grenzen seiner Fähigkeiten unsicher zu sein. Wie wollen wir unsere Fähigkeiten anders erweitern, als deren Grenzen zu akzeptieren und an diesen tätig zu werden? Mit anderen Worten: alles ganz normal. Wir gehen ganz gezielt an die Themen heran, die Ihnen am meisten zu schaffen machen. Warum? Weil Verbesserung hier echte Erleichterung bringt (statt Ablenkung von etwas, das einen sonst immer wieder einholen wird). Seien Sie also guten Mutes.

Tun-Wollen und Tun gehört zu den Themen der Selbstachtung, da ist Schluss mit lustig, wie man so schön sagt. Hier muss ich mir ins Gesicht schauen oder vor mir davonlaufen. Also brauche ich die Kraft, den Willen, die Einsicht und die Begeisterung, meine Selbstachtung genau dort zu entwickeln, wo ich sie am meisten brauche.

Es geht nicht darum, dem Reichen Unterstützung zu geben, sondern dem Armen. Wir sind auf dem einen Gebiet vielleicht reich, vielleicht zugleich arm auf einem anderen. **Unser Fortschritt liegt vor allem darin begründet, die armen Seiten in uns reicher zu machen...**

Diese Philosophie passt nur bedingt in ein Denkschema, welches sagt: Heb deine Stärken hervor, kehr deine Schwächen unter den Teppich. So sollten wir uns nur verhalten, wenn es darum geht, uns zu präsentieren. Doch im Umgang mit sich selbst ist das Gegenteil gefordert: den Schwächen die größte Aufmerksamkeit zu widmen, um den ersehnten Ausgleich zu schaffen. Hier zeigt sich am deutlichsten, wie viel Liebe ich für mich selbst aufbringe – und ich kann sicher sein: **Je mehr ich es schaffe, meine Schwächen anzunehmen, desto mehr Menschen wird es geben, die an diesen Punkten Verständnis für mich aufbringen und mich dort unterstützen.**

Machen wir nun ein Beispiel, an dem deutlich werden kann, wie schwerwiegend das Verhältnis zwischen Tun-Wollen und Tun Einfluss nimmt auf unser Wohlbefinden: Ein Mann, der in seiner Liebe zu einer Frau sehr enttäuscht wurde, will lernen wieder neues Vertrauen zu sich und zum anderen Geschlecht zu fassen. Obwohl er sich extrem darum bemüht, verfällt er immer wieder in Misstrauen gegenüber seinem eigenen Urteilsvermögen, wie ehrlich es eine Frau mit ihm meint, so dass er es nicht zulassen kann, gefühlsmäßig offen mit ihr umzugehen. Darunter leidet er, sehnt er sich doch danach, sein Leben mit einer Frau zu teilen. Aus Angst vor neuen Enttäuschungen ist er nicht in der Lage, mit der nötigen Unbeschwertheit auf Frauen zuzugehen und muss deshalb – trotz seiner großen Sehnsucht und trotz seines starken Bemühens um ein besseres Verhalten – alleine bleiben. Diese Tatsache erzeugt wiederum Minderwertigkeitsgefühle in ihm, nicht fähig zu sein, seiner Sehnsucht gerecht zu werden. So paaren sich schlechte Erfahrung mit der Erkenntnis, unfähig zu sein, sie zu überwinden. Die Kluft zwischen seinem Verhalten gegenüber Frauen und seinem Verlangen, wie er sich gerne verhalten wollte, scheint unüberwindlich und treibt ihn in die Depression. Ja, es geht sogar so weit, dass er aus Angst nicht in der Lage ist, echte Zuneigung und Liebe, die ihm weiblicherseits entgegenkommt, zu genießen, so dass er sie abwehren muss. Und das, obwohl er sich zutiefst danach sehnt.

Wäre dieses Beispiel nun ein seltener Ausnahmefall, bräuchte es gewiss nicht an herausragender Stelle beachtet zu werden. Doch unter den nach Liebe suchenden Frauen und Männern gibt es erschütternd viele, die dieses Muster kennen, wenn auch in unterschiedlicher Ausprägung.

Unser Beispiel deutet auf die Frage: „Wie möchte ich mich verhalten?" „Offen im Umgang mit Frauen" lautet die Antwort hier. Daraus ergäbe sich folgende Fragenfolge:

Wie möchte ich mich im Umgang mit Frauen verhalten?
Wie achte ich mein Bedürfnis, mich offen
im Umgang mit Frauen zu verhalten?
Warum finde ich das Achten meines Bedürfnisses,
mich offen im Umgang mit Frauen zu verhalten, gut?
Wie achte ich meine Selbstachtung?
Warum finde ich meine Selbstachtung gut?

Dem gegenüber steht die Frage: „Wie verhalte ich mich im Umgang mit Frauen?" Da würde der Mann unseres Beispiels wohl sagen: „verschlossen". Für ihn käme es nun aber darauf an, sein Verhalten zu achten, denn es hat ja Gründe. Er würde sich nicht damit helfen, sich als unfähig zu beschimpfen, damit machte er alles nur schlimmer. Stattdessen sollte er sich fragen:

Wie verhalte ich mich im Umgang mit Frauen?
Wie achte ich mein Verhalten im Umgang mit Frauen?
Warum finde ich das Achten meines Verhaltens
im Umgang mit Frauen gut?
Wie achte ich meine Selbstachtung?
Warum finde ich meine Selbstachtung gut?[31]

Beide Fragenblöcke, im Wechsel gestellt und wiederholt, können dem Mann helfen, auf der einen Seite sein Bedürfnis nach Offenheit im Umgang mit Frauen zu achten, andererseits sein derzeitiges Verhalten so anzunehmen, dass er nicht daran verzweifelt, sondern sich schrittweise entkrampfen kann und nach und nach lernt, seinem Bedürfnis gerecht zu werden.

Der aufmerksame Leser wird bemerkt haben, dass es hier unerlässlich ist, sich selbst innerlich ins Gesicht zu schauen. Hier wird es sehr ernst. Es geht um die Bereitschaft, den größten Hemmnissen seines Lebens mutig ins Auge zu sehen. Doch seien Sie gewiss: Durch das Üben der Selbstachtung entwickeln Sie diesen Mut und werden immer fähiger, Probleme erfolgreich zu lösen, Ihre Wünsche zu erfüllen und Ihre Ziele zu erreichen. Gewiss nicht von heute auf morgen, aber mit Sicherheit auf Dauer. DIESE Aussicht kann Ihnen die Selbstachtung, die SIE üben, in jedem Fall geben. Es sind Wege der Hoffnung.

Ebenso können und sollten Sie das Prinzip Selbstachtung anwenden, um einen erfolgreichen Kurs noch erfolgreicher zu machen. Hier geht es darum, das Erreichte zu schützen und darauf aufzubauen; vergleiche die Hinweise vor der 1. Übung.

Gehen Sie nun daran, eine der Übungen zu machen, die in den Kapiteln „Sein-Wollen und Sein" und „Haben-Wollen und Haben" dargestellt sind oder machen Sie die folgende oder eine ihrer Abwandlungen:

10. Übung:

10.1 Was möchte ich tun?

10.2 Wie achte ich mein Bedürfnis, etwas zu tun?

10.3 Warum finde ich das Achten meines Bedürfnisses, etwas zu tun, gut?

10.4 Wie achte ich meine Selbstachtung?

10.5 Warum finde ich meine Selbstachtung gut?

* * * * * * * * * *

10.6 Was tue ich?

10.7 Wie achte ich mein Tun?

10.8 Warum finde ich das Achten meines Tuns gut?

10.9 Wie achte ich meine Selbstachtung?

10.10 Warum finde ich meine Selbstachtung gut?

Der Einfachheit halber eine Abwandlung der 10. Übung, bei der das Wort „Tun“ durch das Wort „Verhalten“ ersetzt ist und die Fragen entsprechend angepasst sind. Je nach Thema der Selbstbefragung kann diese Variante sinnvoll sein:

10. Übung, 1. Abwandlung:

10.1 (1) Wie möchte ich mich verhalten?

10.2 (1) Wie achte ich mein Bedürfnis, mich so zu verhalten?

10.3 (1) Warum finde ich das Achten meines Bedürfnisses, mich so zu verhalten, gut?

10.4 (1) Wie achte ich meine Selbstachtung?

10.5 (1) Warum finde ich meine Selbstachtung gut?

* * * * * * * * * *

10.6 (1) Wie verhalte ich mich?

10.7 (1) Wie achte ich mein Verhalten?

10.8 (1) Warum finde ich das Achten meines Verhaltens gut?

10.9 (1) Wie achte ich meine Selbstachtung?

10.10 (1) Warum finde ich meine Selbstachtung gut?

Bei der 8.–10. Übung handelt es sich um solche, die Sie innerhalb vom Thema auswählen (Sein, Haben oder Tun) und die Sie, wie bereits gesagt, so machen sollten, dass Sie innerhalb der Übung blockweise vorgehen, also entweder mit dem Achten des Bedürfnisses bei Unterziffer 1 oder mit dem Achten des Zustandes bei Unterziffer 6 beginnen. Folgen Sie aufmerksam Ihrem Herzen…

Als Thema der Befragung nehmen Sie bitte das, was Sie in der 7. Übung als Ihr gerade wichtigstes Bedürfnis empfanden und aufschrieben! Gehen Sie möglichst schriftlich vor und wiederholen Sie die Fragen laut sprechend. Beschreiben Sie dann, was Sie dabei empfinden. Sie sind jetzt mitten drin in der Selbstachtung… Bearbeiten Sie jede Frage einzeln, ohne sich dabei unter Druck zu setzen. Seien Sie freundlich zu sich selbst! Geben Sie sich Mühe mit Ihren Bedürfnissen. Auf keinen Fall sollten Sie sarkastisch, ironisch oder gar gehässig sein; denn damit würden Sie Ihre Gefühle nur verunsichern, so dass sie nicht emporkommen könnten. Machen Sie die Übung so gut Sie können und belassen Sie es dann erst einmal dabei. Falls Sie sich ärgern, schreiben Sie Ihren Ärger jetzt auf, ebenso Angst oder Unsicherheit. Wagen Sie es.

Sollten Sie an diesem Punkt das Gefühl bekommen, dass das Thema des Buches zu sehr ins Theoretische abgleitet, dann ist die Frage, ob Sie die genannten Übungen wie empfohlen gemacht haben. Oder haben Sie die Übungen bisher nur durchgelesen? Das Buch ist zwangsläufig Theorie. Die Praxis ist individuell, jeder kann sie nur selbst entwickeln. Selbstachtung können nicht andere für mich betreiben! Wer zu viel auf einmal will, findet nicht die Bereitschaft für die einzelne Übung... Vergleiche Kapitel „Maßvolle Erwartungen als Notwendigkeit für erfolgreiches Arbeiten".

Hier kann auch die Anwendung der 10. Übung auf das Verstehen weiterhelfen, indem das Wort „Tun" ersetzt wird durch das Wort „Verstehen" beziehungsweise „Verständnis". Sie können diese Abwandlung der 10. Übung vielfach und am besten laut sprechen. Dadurch wird der Erwartungsdruck gemildert und zugleich die Bereitschaft erhöht, auf die Bedingungen des Erlernens der Selbstachtung einzugehen. Oft hilft es bei schwierigen Themen, sie beim Laufen in Wald oder Feld gedanklich zu bewegen. Das gilt besonders dann, wenn es um das vielfache Sprechen der Fragen geht. Versuchen Sie Erfahrungen zu sammeln, wie Sie Ihre Fragen am besten entwickeln und verfolgen können.

10. Übung, 2. Abwandlung:

10.1 (2) Was möchte ich verstehen?

10.2 (2) Wie achte ich mein Bedürfnis, etwas zu verstehen?

10.3 (2) Warum finde ich das Achten meines Bedürfnisses, etwas zu verstehen, gut?

10.4 (2) Wie achte ich meine Selbstachtung?

10.5 (2) Warum finde ich meine Selbstachtung gut?

* * * * * * * * * * *

10.6 (2) Was verstehe ich?

10.7 (2) Wie achte ich mein Verständnis?

10.8 (2) Warum finde ich das Achten meines Verständnisses gut?

10.9 (2) Wie achte ich meine Selbstachtung?

10.10 (2) Warum finde ich meine Selbstachtung gut?

Wenn Sie sich gehemmt fühlen, achten Sie Ihre Gehemmtheit, doch geben Sie ihr auf keinen Fall nach, sonst verlieren Sie die Möglichkeit, die Ursache dieser Hemmung zu begreifen. Dieses Buch will Schritt für Schritt an diejenigen Themen des Lebens heranführen, die einen jeweils am meisten behindern beim Streben nach Glück, Erfolg und Leistungsvermögen.[32] Dazu müssen Sie das Wohlwollen und die Geduld im Umgang mit Ihrer eigenen Persönlichkeit aufbringen, den Hindernissen so sorgfältig nachzugehen, dass Sie lernen damit umzugehen. Auf dieser Grundlage lassen sie sich wahrscheinlich verringern und auf Dauer vielleicht sogar beseitigen!

Falls Sie sofort Ergebnisse erwarten, setzen Sie sich damit selbst unter Druck. **Es gibt bei der Selbstachtung viele rasche Ergebnisse; doch es gibt auch Angelegenheiten, die der beharrlichen Übung bedür-**

fen, bevor wir eine Verbesserung erleben. Entwickeln Sie deshalb die Fähigkeit, unbeirrt einen Schritt nach dem anderen in die richtige Richtung zu machen. Hadern und Jammern hilft nicht!

Unzufriedenheit schleicht sich rasch ein, wenn ich nicht von der Stelle komme oder nicht sehe, dass ich von der Stelle komme. Im zweiten Fall gilt es das Bestehende mehr wertzuschätzen (bewahrendes Prinzip), im ersten Fall ist es erforderlich, meine Bedürfnisse ernster zu nehmen (entwickelndes Prinzip). Vergleiche Kapitel „Sein-Wollen und Sein". Erst wenn ich mich in diesem Wechselspiel des Lebens zurechtfinde, werde ich fähig, meine Entscheidungen den Umständen gemäß zu treffen, also weder stur noch verzagt zu leben. Es gehört Übung dazu, zielstrebig und doch gelassen durchs Leben zu gehen; und einige Lebensjahre der Übung können einen hinterher staunen lassen, wie viel man gelernt hat – vorausgesetzt, man hat es aufmerksam, achtsam getan!

Ich brauche keine Erfolge zu erwarten, wenn ich der eigenen Trägheit nichts im Denken entgegensetze! Und ich brauche auch keine liebevollen Erfolge zu erwarten, wenn ich sie lieblos erstrebe. **Nur liebevolles Denken führt zu liebevollem Handeln.**

Da es Zeit braucht, seine Fragen zu entwickeln, seine Gedanken zu ordnen und sich in das Prinzip Selbstachtung hineinzudenken, ist das beste Mittel, wenn es einem nicht schnell genug geht, mehr Zeit einzusetzen, um das Gelesene und Geübte zu wiederholen. Natürlich können Sie auch das ganze Buch überfliegen. Doch die Erfahrung lehrt, dass der rascheste Erfolg durch das sorgfältige, ruhige, schrittweise Vorgehen kommt.

Wenn Sie mehr Beispiele möchten, machen Sie die Übungen. Das einzige Beispiel, das wirklich überzeugt, ist die eigene Persönlichkeit. Durch die Anwendung der Übungen an sich selbst wird das Buch erst verständlich.

Der Glaube, bei der Selbstachtung erst alles theoretisch verstehen zu können, beruht auf dem Irrtum, ohne das ÜBEN von Achtung in die Zusammenhänge des menschlichen Gefühlslebens eindringen zu können. Es gilt aber der Grundsatz: ERST DAS ACHTEN, DANN DAS VERSTÄNDNIS! Dieser Grundsatz ist keine menschliche Erfindung, sondern ein geistiges Gesetz. Es besteht gleich einem physikalischen Gesetz - welches auch niemand ändern wird, das sich aber jeder selbst beweisen kann. Deshalb kann auch nur derjenige zu einem zutreffenden Urteil über die Bedeutung der Übungen gelangen, der sie gewissenhaft an sich selbst anwendet. Das letzlich Entscheidende an der Selbstachtung sind die Übungen.

Kennen Sie die Erfahrung, etwas bereits Gelesenes zu einem anderen Zeitpunkt erneut zu lesen, und plötzlich geht Ihnen ein Licht auf? Bei der Selbstachtung ist das ein allgegenwärtiges Phänomen. Denn **das Verständnis ist extrem abhängig von den persönlichen Voraussetzungen**. Durch die Übungen werden einem die persönlichen Voraussetzungen bewusster und können dadurch GEZIELT weiterentwickelt werden. Diese Tatsache unterscheidet die Lehre der Selbstachtung von Werken, die allein durch das Lesen verstanden werden können. **Bei der Selbstachtung ist grundsätzlich das eigene Fragen erforderlich. Und auch dieses führt nur dann weiter, wenn es achtungsvoll ist.** Dazu leiten die Übungen an.

Wenn Ihnen beim Lesen etwas unklar ist, schreiben Sie Ihre Fragen auf. Je genauer Sie Ihre Fragen formulieren, desto schärfer denken Sie nach und werden wahrscheinlich an anderer Stelle oder bei der Wiederholung oder aus sich heraus Antworten finden. Das Buch erhebt keinen Anspruch, alle Fragen zur Selbstachtung zu beantworten. Vielmehr soll es als Einführung dienen.

Falls Sie auf ärztliche Hilfe angewiesen sind, um gefühlsmäßige Probleme zu lösen, sollten Sie die ärztliche Hilfe unbedingt in Anspruch nehmen.

Selbstachtung ist zwar auch Selbsttherapie, doch das will gelernt sein. Ein gewissenhafter Arzt ist durch kein Buch zu ersetzen!

Andererseits wird Ihnen die Selbstachtung mit der Zeit ermöglichen, Probleme alleine zielsicher zu lösen. Schließlich möchten die Menschen ja gerne unabhängig voneinander sein. Der Verfasser muss dennoch ausdrücklich davor warnen, aus Verlangen nach Unabhängigkeit bestehende Probleme nicht rasch genug behandeln zu lassen, weil jemand meint, er müsse alles alleine können. **Schwimmen lernen kann man nicht, wenn man am Ertrinken ist!** Da braucht man einen Rettungsring, oder jemanden, der einem aus dem Wasser hilft.

In diesem Sinne soll die vorliegende Anleitung zur Selbstachtung genommen werden: Als sichere Möglichkeit, sich nach und nach und dauerhaft durch eigene Übung so zu entwickeln, dass Gesundheit, Erfolg, Glück und Zufriedenheit unser Leben ausmachen. Doch der Weg dorthin gelingt umso besser, je bereitwilliger wir uns eingestehen, wo wir alleine nicht weiterkommen und auf die Fähigkeiten anderer Menschen bauen sollten. Gerade beim Verhältnis zwischen Tun-Wollen und Tun sind die Menschen am meisten auf ihre Selbstachtung angewiesen, weil es dabei um ihren Lebenswillen geht. Gleichzeitig ist die Hilfe von außen hier besonders wichtig, denn wer kann schon alles?

Wenn ich in dem Gefühl lebe, in meinem Tun nicht genügend gewürdigt zu werden von anderen – ein großes Konfliktfeld zwischen den Menschen – obliegt es mir, mein Tun und Verhalten selbst mehr zu achten (Übung 10.6 bis 10). Ansonsten werde ich früher oder später davon abhängig, dass andere mir Zuspruch geben, obwohl sie es vielleicht aufgrund fehlender Übersicht gar nicht können!

Wenn ich hingegen in dem Gefühl lebe, dass ich nicht tun kann, was ich will, weil es die Verhältnisse nicht oder anscheinend nicht erlauben, ist es umso wichtiger, dass ich das Bedürfnis achte, was ich gerne tun würde (Übung 10.1–5). Es reicht nicht, mir von anderen zu wünschen oder von ihnen zu erwarten, dass sie mein Bedürfnis achten. Dabei würde ich wahrscheinlich vor allem Enttäuschungen erleiden. Es kommt immer darauf an, selbst mit gutem Vorbild vorauszugehen, um andere überzeugen zu können, ganz im Sinne der 18. Übung.

Die Wirkung meines Verhaltens kann ich nur in dem Maße begreifen, wie ich mein Verhalten beobachte. Wenn ich also zu sehr mit meinem Tun-Wollen beschäftigt bin, fehlt mir die Kraft, mein Tun in seiner Wirkung genügend zu beobachten. Wie wirkt mein Verhalten auf mich, wie wirkt es auf andere? Menschen, die stark nach Entwicklung drängen, brauchen die Beobachtung ihres Verhaltens ganz besonders, um damit das rechte Maß zu finden. **Je mehr ich will, desto mehr Selbstprüfung benötige ich, auch in der Verständigung mit anderen; das liegt in der Natur der Dinge und sollte kein Grund für Selbstzweifel sein, sondern mich dazu anhalten, mein Tun umso mehr zu achten!** Wer als Kind für sein Verhalten häufig abgelehnt oder lieblos kritisiert wurde, ist als Erwachsener umso mehr darauf angewiesen zu lernen, sein Verhalten zu achten.

Das Achten meines Tuns bedeutet nicht, alles was ich tue, gut finden zu müssen. Sondern es bedeutet, dass ich mir die Voraussetzungen schaffe, mir über mein Tun sinnvolle Gedanken machen zu können, statt bloß darin zu leben.[33] So gewinne ich die Fähigkeit, mich mit meinem Verhalten genügend auf die bestehenden Verhältnisse einzustellen, ohne deswegen meine Ziele aus dem Auge zu verlieren. Auch lasse ich mich durch Anfeindungen nicht davon abhalten, mein Verhalten immer wieder zu prüfen und mich jeweils zu entscheiden, ob ich es beibehalten oder ändern will. Es gibt genügend Gründe zu resignieren, zu verzagen, zu verzweifeln; wenn ich sie finden will, werde ich sie finden. Ich kann aber genauso die Gründe suchen, dem Leben das Beste abzugewinnen und immer wieder darauf bauen, dass jeder Schritt in die richtige Richtung innere Stärkung bedeutet und mich immer wieder in die Lage versetzt, mein Leben im Einklang mit meinem Gewissen zu führen. Gibt es etwas Wertvolleres?

12. Hemmnisse und ihre Überwindung

Es gibt eine ganze Reihe von Hemmnissen, die uns das Leben schwer machen:

Mangelnde Motivation
Mangelnde Fähigkeiten
Zeitmangel
Kraftmangel
Geldmangel
Ärger
Angst
Unsicherheit
Falsche Ansprüche

Dass immer auch Widerstände von außen im Spiel sind, ist in dieser Aufzählung enthalten, wenn auch nicht zusätzlich aufgeführt. Denn es liegt ja an jedem selbst, diese Widerstände zu umgehen, aufzulösen, zu durchbrechen und – zu nutzen! Es nützt also nichts, wenn ich sage: Es geht nicht, weil andere oder die Umstände daran schuld sind. Ich kann über nichts so viel bestimmen wie über mich selbst. Deshalb muss der Ansatz zur Überwindung von Hemmnissen immer bei mir liegen. ICH muss die Maßnahmen für Verbesserungen ergreifen, wenn ich etwas verändern will. Diesem Prinzip steht nichts stärker im Wege als: Selbstbedauern.

Beim Selbstbedauern bleibe ich mit meinem Denken im Vergangenen und kann dabei keine Vorstellungen entwickeln, die auf die Gegenwart und Zukunft gerichtet sind. Allenfalls halte ich meine Vorstellungen vom Vergangenen für die Zukunft. Wie soll auf diese Weise Entwicklung möglich sein? Wie kann ich in einem solchen Zustand die Gegenwart überhaupt begreifen und ergreifen? Nur wenn ich im Denken bereit bin, im Hier und Jetzt zu leben, habe ich die Kraft, aus dem Vergangenen das Zukünftige zu entwickeln und bin nicht nur passiv erleidender oder genießender Betrachter, an dem das Leben innerlich vorbeigeht. **Da die Zeit fortwährend weitergeht, ist die Gestaltung des eigenen Denkens eine beständige Aufgabe, die einem niemand abnehmen kann.**

Selbstbedauern ist die Unfähigkeit, sein eigenes Denken beherzt unter Kontrolle zu nehmen und es zu nutzen für die Erfüllung seiner Bedürfnisse. Solange mein Denken mir nicht gehorcht, sondern ich von ihm diktiert werde, bin ich kein freier Mensch. Denn Freiheit im wirklichen Sinne kommt nur von innen. Äußerlich sind uns immer Grenzen auferlegt, auch wenn sie sich wandeln und sehr unterschiedlich gesetzt sein können.[34]

Selbstachtung heißt daher, dass ich an die Stelle des Selbstbedauerns Geistesgegenwart setze. So bringe ich mich in eine bessere Verfassung: Ich werde handlungsfähiger, kann mich gezielt entwickeln und fühle mich zufriedener. Selbstbedauern und Geistesgegenwart führen zu gegensätzlichen Ergebnissen.

Menschliche Verfassung

Selbstbedauern	**Geistesgegenwart**
verkrampft und	**entspannt und**
führt zur Untugend,	**führt zur Tugend,**
denn es macht:	denn sie macht:
missgünstig	wohlwollend
gleichgültig	fragebereit
misstrauisch	vertrauend
maßlos	maßvoll
ungeduldig	geduldig
undankbar	dankbar
ehrgeizig[35]	hingebungsvoll
unehrlich	ehrlich

Wenn wir diese Reihenfolge von Unfähigkeiten und Fähigkeiten einander gegenüber stellen, bekommen wir ein Gefühl davon, welch großer Unterschied zwischen beiden Richtungen liegt. Wie im Verlauf des Buches gezeigt wird, gehen auf beiden Seiten die Eigenschaften auseinander hervor. Sie bilden eine Rangordnung, bei der eine Eigenschaft auf der nächsten aufbaut.

Geistesgegenwart verhilft zu mehr Übersicht, als mit Selbstbedauern jemals möglich ist. Weil erstere unser Auffassungsvermögen weltet, letztere es verengt. Nennen wir die entspannende Geistesgegenwart:

Freundlichkeit zu sich selbst

Es geht um eine Gedankenhaltung der inneren Ruhe am oberen Ende des Kopfes. In dieser Ruhe können wir ein gewisses Wärmegefühl entwickeln, welches gleichsam von außen auf den Schädel einwirkt. Je intensiver unsere innere Ruhe wird, desto stärker kann dabei aus der inneren Wärme etwas Lichtes entstehen, das sich zum Herzen hin verbreitet. Dieses Ruhe-Wärme-Licht-Denken dehnt sich – immer von oben ausgehend – im Laufe der Zeit gleich einem Strahl durch den Scheitel und das Herz mehr und mehr nach unten aus. Dabei gewinnt es an Intensität und nimmt zunehmend Raum ein. Es entsteht beim aktiven Üben der Tugenden als Freundlichkeit zu sich selbst.

Sie setzen wir beharrlich an die Stelle des Selbstbedauerns. Haben Sie kein Selbstbedauern? Dann legen Sie dieses Buch nun weg. Räumen Sie sich verstecktes Selbstbedauern ein, um es verwandeln zu können. Sie tun gut daran, diesen Rat zu beherzigen. Sie werden es im Laufe der Zeit merken. Um Hemmnisse zu überwinden, brauchen wir Freundlichkeit zu uns selbst, das heißt: Wohlwollen, Fragebereitschaft, Vertrauen, Maßhalten, Geduld, Dankbarkeit und Hingabe im Umgang mit der eigenen Persönlichkeit. Gemeinsam ist diesen Eigenschaften, dass sie Achtung aufbringen. Während Missgunst, Gleichgültigkeit, Misstrauen, Maßlosigkeit, Ungeduld, Undankbarkeit und Ehrgeiz verachtend sind.

Wenn wir die bewusste Selbstachtung im wahrhaftigen Sinne erlernen wollen, nämlich als Frageprinzip, nicht als Ich-bin-toll-Prinzip, müssen wir möglicherweise manche Denkgewohnheit verlassen. Unsere Gesellschaft ist von der bewussten Selbstachtung nicht gerade intensiv durchdrungen. Vielmehr ist bewusste Selbstachtung eine grandiose Zukunftsherausforderung, der sich auf Dauer wohl keiner entziehen kann, weil sie nicht nur unerlässlich, sondern auch so umfassend ist, dass sie auf jedem Gebiet des Lebens ihre Spuren hinterlässt. Wenn ich bewusste Selbstachtung als Gedankenprinzip bejahen kann, werde ich wohl kaum das Verlangen haben, sie nicht anzuwenden. Und wenn ich Selbstachtung anwende – ob nun in der hier beschriebenen Weise oder in einer geeigneten anderen

Form – werde ich mich verändern. Ich werde mir früher oder später sagen: **Meine sämtlichen Wertbegriffe gehören auf den Prüfstand, ob sie meinen Bedürfnissen tatsächlich oder nur scheinbar entsprechen.** Dieser Prozess kann auch verunsichernd und schmerzhaft sein. Aber ich werde ihn wollen, aus dem tiefen Verlangen, nur das zu tun, was mir wirklich entspricht. Hemmnisse werden mich daher nicht davon abhalten, mich um meine Selbstachtung angemessen zu kümmern. Vielmehr werden mir die Hemmnisse zeigen: Hier hast du noch etwas zu klären…

Allerdings ist es so, dass wir die Hemmnisse des Lebens durch unsere Selbstachtung bearbeiten; wir lassen sie nicht einfach stehen. Insofern können wir uns trösten: Die Hemmnisse waren schon da – durch die Arbeit an unserer Selbstachtung machen wir sie uns bewusst und arbeiten an ihrer Überwindung. Und wie geht die nun?

Es versteht sich von selbst, dass wir Ratgeber nicht nutzen, weil schon alles vollkommen läuft, sondern weil wir Verbesserung wünschen. Deshalb wird in den folgenden Kapiteln jedes der genannten neun Hemmnisse einzeln behandelt; mit dem Ziel, dass Sie ganz gezielt da ansetzen können, wo Sie es für notwendig erachten! Doch machen Sie vorher noch einige Übungen. Fragen Sie sich zunächst, wie Sie Ihre Gedankenhaltung auf den Prüfstand bringen können mit dem Ziel, Selbstbedauern zu ersetzen durch Freundlichkeit zu sich selbst. Und beherzigen Sie an dieser Stelle den Rat, dass Selbstbedauern jederzeit und schleichend unsere Gedanken besetzen kann. Nicht genug damit: Selbstbedauern kann als Gewohnheit in einem stecken, ohne dass man sie kennt. Schließlich lernen wir von Geburt an und erfahren von den Ergebnissen dieses Lernens oft erst in viel späteren Lebensjahren etwas, wenn wir es uns tatsächlich bewusst machen. Auch lässt sich Selbstbedauern nicht wegkämpfen – das erzeugt nur neues. Vielmehr muss es ersetzt werden durch Freundlichkeit zu sich selbst.

8. Übung, 1. Abwandlung:

8.1 (1) Wie möchte ich freundlich zu mir selbst sein?

8.2 (1) Wie achte ich mein Bedürfnis,
freundlich zu mir selbst zu sein?

8.3 (1) Warum finde ich das Achten meines Bedürfnisses,
freundlich zu mir selbst zu sein, gut?

8.4 (1) Wie achte ich meine Selbstachtung?

8.5 (1) Warum finde ich meine Selbstachtung gut?

* * * * * * * * * *

8.6 (1) Wie bin ich freundlich zu mir selbst?

8.7 (1) Wie achte ich meine Freundlichkeit zu mir selbst?

8.8 (1) Warum finde ich das Achten
meiner Freundlichkeit zu mir selbst gut?

8.9 (1) Wie achte ich meine Selbstachtung?

8.10 (1) Warum finde ich meine Selbstachtung gut?

Gibt es einen Unterschied zwischen Freundlichkeit zu sich selbst und Selbstachtung? Selbstachtung ist mehr als Freundlichkeit zu sich selbst. Selbstachtung entsteht aus Freundlichkeit zu sich selbst. Bewusste Selbstachtung ist das Ergebnis aller Bemühungen, freundlich zu sich selbst zu sein. **Freundlich zu mir zu sein ist fortwährende Herausforderung der Selbstachtung** – als wenn ich einen Tropfen Freundlichkeit nach dem anderen auf mein Haupt gieße und daraus in mir das Leben entsteht, das ich Selbstachtung nenne.

Alle Schilderungen und Übungen zur Selbstachtung dienen dazu, eine Gedankenhaltung zu entwickeln und ständig aufrecht zu erhalten, die wir AM SCHEITEL als Freundlichkeit zu uns selbst empfinden. Je beharrlicher wir sie üben, desto bessere Entscheidungen treffen wir. Es ist ein gedankliches Innehalten gewissermaßen oberhalb des Hauptes. Beim Singen kennen wir diese Aktivität, indem wir jeden Ton von oberhalb des Kopfes holen. Wir versuchen diese Gedankentätigkeit so gut wie möglich durch den ganzen Tag zu tragen. Dadurch sind wir geistesgegenwärtig.

Dies ist ein Übungsbuch zum Einstieg in die bewusste Selbstachtung. Da Selbstachtung ein äußerst umfangreiches Thema ist, gehört es zu den besonderen Herausforderungen, dem willigen Leser einen schrittweisen Zugang zu verschaffen ohne ihn zu langweilen oder zu überfordern. Dabei ist es wohl unmöglich, es jedem recht zu machen. Während dem einen das streng logische Vorgehen genau das Richtige sein mag, kann sich ein anderer gerade daran stören. Tatsache ist allerdings, dass der logische Zugriff auf das Thema die beste Grundlage ist, um Sicherheit im Verständnis zu erlangen, auf die es umso mehr ankommt, je tiefer ich in das Thema eintauche.

Wem es also zu logisch hergeht, der sollte im Verlauf des Lesens erst recht die Übungen machen. Dadurch erweckt er seine Fantasie und bringt sein Gefühl ein, ohne die es sowieso nicht geht, Selbstachtung zu betreiben.

Wer hingegen Spaß an der Logik findet, mag das Buch erst ganz durchlesen und in der zweiten Runde die Übungen hinzunehmen.

In beiden Fällen ist es letztlich das Wechselspiel zwischen dem Verstehen und Üben, welches zu einer lebendigen Entwicklung führt. Dabei wächst das Bedürfnis, eigene Fragen zu entwickeln und sie zu VERINNERN. Was bedeutet „verinnern“?

„Verinnern“ beziehungsweise „Verinnerung“ ist eine Wortschöpfung des Verfassers aus den Wörtern „etwas verinnerlichen“ und „sich erinnern“.

„Etwas verinnerlichen“ bezeichnet einen vor allem passiven Vorgang, bei welchem Erlebtes und Erkanntes mehr oder weniger unbewusst weiterwirkt und dadurch mit der Zeit tiefer erfahren wird. „Sich erinnern“ bedeutet unbeabsichtigtes oder gezieltes, meist gelegentliches Denken an Erfahrenes und Gelerntes.

„Verinnern“ dient als Ersatz für das Wort „meditieren“. Letzteres ist vom lateinischen „meditari“ entlehnt, welches „nachdenken, sinnend betrachten“ bedeutet, ursprünglich „ermessen, geistig abmessen“[36]. Weder die Bedeutung noch die Lautwirkung des Wortes „meditieren“ trifft genau genug, worum es beim gezielten Wiederholen von Herzensfragen geht. **Mit Verinnern ist das gezielte Sich-Selbst-Erinnern durch vertiefende Wiederholung des Begriffenen zwischen Haupt und Herz zwecks Verinnerlichung gemeint. Wir spüren dabei mit unseren Herzensfragen einerseits in uns hinein und treten gedanklich andererseits aus uns heraus. Im Gegensatz zum Verinnerlichen ist das Verinnern aktiv - und im Gegensatz zum Erinnern ausdauernd - zu verstehen.** Ein bestehendes, passendes deutsches Wort ist dem Verfasser hierfür nicht bekannt, daher wird im folgenden davon gesprochen, Herzensfragen zu verinnern.

Ihren wahren Nutzen entfaltet bewusste Selbstachtung vor allem gegenüber alltäglichen Hindernissen, die ich als lästig empfinde und die ich gerne beseitigt hätte. Selbstachtung beschleunigt Lösungsvorgänge, verhindert Nachlässigkeit und fördert Lernen dort, wo ich es am meisten brauche. Selbstachtung macht Mühe, ist zugleich lustvoll und erzeugt das Gefühl, der Spur des eigenen Lebensweges zielstrebig, gewissenhaft und entschlossen zu folgen. Dieses Gefühl beruht nicht auf Einbildung, sondern auf Erfahrung.

Selbstachtung lässt sich auf jedes Lebensgebiet anwenden, auf dem ich mich betätige. Hier geht es um einen Einblick in die innere Welt, aus der ich das äußere Leben zielsicher gestalte und dabei auch die Kraft aufbringe, mich gegen Neid und Gehässigkeit liebevoll zu behaupten. Welche Rolle spielen dabei die Tugenden?

Jede ernst zu nehmende psychologische Forschung muss sich – das ist zumindest Auffassung des Verfassers – mit dem Wesen und Wirken der Tugenden befassen, denn sie üben eine ungeheuer starke Wirkung auf das Verhalten der Menschen aus! Tugenden sind gute Charaktereigenschaften. Um schlechte Charaktereigenschaften brauchen wir uns nicht zu kümmern, sie stellen sich von alleine ein. Hingegen für die guten Charaktereigenschaften müssen wir viel tun.

An dieser Stelle lauert bei vielen großer Ärger. Wer darf sich schon anmaßen zu entscheiden, was eine gute und was eine schlechte Charaktereigenschaft sei, kann man das überhaupt unterscheiden? Ist nicht jede Eigenschaft gut und schlecht, je nach Situation und Persönlichkeit, Konstellation und Naturell? An dieser Frage entzünden sich furchtbare Missverständnisse, wenn sie nicht sehr gewissenhaft verfolgt wird. Vor allem taucht hier die Schwierigkeit auf, dass oft mit denselben Wörtern ganz gegensätzliche Dinge bezeichnet werden. Deshalb gibt es keine andere Möglichkeit, als hier rigoros zu trennen und es tunlichst zu vermeiden, unklar zu reden. Wenn ich beispielsweise sage, jemand verfolge „stur" seine Ziele und sei deshalb erfolgreich, meine ich wohl, er sei beharrlich. Sturheit bedeutet wohl eher, dass jemand nicht fähig ist, sich im Zusammenhang zu orientieren und daher letztlich auch nicht ernst genommen wird! Trotzdem werden beide Bezeichnungen verwendet für dasselbe. – Oder jemand sei „zu geduldig", womit gemeint wird, dass ihm der Mut fehlt sich zu entscheiden, er also zaghaft ist. Zaghaftigkeit hat mit Geduld nicht das Geringste zu tun! Trotzdem werden hier mangels Unterscheidung Eigenschaften so unklar benannt, dass es zwangsläufig zu Verwirrung kommen MUSS.

Da es sich bei den Tugenden um Wirkungen handelt, die lebensübergreifend sind, weil sie das Verhalten eines Menschen von Grund auf beeinflussen, vertritt der Verfasser die Überzeugung, dass auf diesem Gebiet eindeutige Begriffe unerlässlich sind. Zumal Tugenden sehr vielschichtig sind, ist es mehr als Geschmackssache, die Dinge beim Namen zu nennen; vielmehr es ist die Voraussetzung für Klarheit im Denken.[37] Jeder Schritt in dieser Richtung ist eine Wohltat für die Menschen. **Guter Charakter bedeutet gute Grundlage für gute Entscheidungen.**

Zwangsläufig wird beim Thema Moral viel Zorn geweckt, wenn im Namen der Moral böse Dinge erlebt wurden. Aber das muss nicht sein. Nur wenn wir in der Moral, besser: in der Tugend, etwas Erstrebenswertes sehen, kämpfen wir dafür an uns selbst. Allerdings sollte es kein blinder Kampf sein, nicht nach dem Motto geführt werden: „Wenn ich für andere sterbe, ist es gut." Das ist falsch verstandenes Christentum. **Wenn ich helfen will, muss ich mir genau überlegen, womit ich tatsächlich helfen kann!**

In diesem Sinne soll hier ein Begriff eingeführt werden:

Die Tugendleiter[38]

Tugend ist mehr als gutes Benehmen. Solange wir nur auf gutes Benehmen fixiert sind, können wir den Wert der Tugenden allenfalls ansatzweise erfassen. Der wahre Wert der Tugenden liegt darin, dass sie uns dazu befähigen, unser Denken und Handeln so zu steuern, dass wir erreichen können, was wir wollen. Dabei kann der Einzelne sein Verlangen so umsetzen, dass es sozial verträglich ist. Gerade darin liegt die Möglichkeit, Einzelinteresse und Gemeinwohl in Einklang zu bringen. Beiden Seiten muss angemessen Rechnung getragen werden, sonst kommt es früher oder später zu großen Schwierigkeiten. Wo nur selbstbezogene Interessen herrschen, kommt es letztlich zu Verbrechen an anderen und an den Lebensgrundlagen, die allen Menschen gehören. Hingegen wo der Einzelne nur nach allgemeinen Maßstäben leben und handeln soll, ist kaum noch Entwicklung möglich. Kapitalismus und Kommunismus versagen insofern beide. Ihnen muss etwas Menschliches entgegengestellt werden, was den einzelnen Menschen frei lässt und gleichzeitig ein Stück weit Verantwortung für das Ganze übernehmen lässt. Es sind keine politischen Motive erforderlich, um das einsehen zu können und danach leben zu wollen. Denn schon wegen meines eigenen Wohlergehens und meiner Handlungsfähigkeit hinsichtlich anderer ist dieser Weg sinnvoll. Und je mehr führende Verantwortung ich übernehme, umso wichtiger ist es, mich so zu entscheiden, dass ich sicher bin in meiner Orientierung. Dass es hierbei um mehr geht als um gutes Benehmen, ist wohl einleuchtend!

Was also sind diese Tugenden, warum brauchen wir sie und wie können wir sie erwerben? Was früher einmal als tugendhaft bezeichnet wurde, nennen wir heute eher einen guten Charakter. An ihm gilt es lebenslang nimmermüde zu arbeiten.

Bevor wir uns dem Geheimnis der Tugenden widmen, seien sieben wesentliche Gesetzmäßigkeiten erwähnt, deren Beachtung segensreich ist und viel Kummer ersparen kann:

> *Erstens:* Die Tugenden bauen aufeinander auf wie die Stockwerke eines Gebäudes. Der Versuch, eine Stufe auszulassen, führt IMMER zum Scheitern und wirft einen weiter zurück, als wenn man sie gleich beachtet hätte.

> *Zweitens:* Es gibt aktive und passive Tugenden. Aktive Tugenden gilt es zu üben, passive Tugenden stellen sich dabei von alleine ein. Das Üben passiver Tugenden ist nutzlos, denn es führt nur zu künstlichem Verhalten, das heißt: die Natürlichkeit geht dabei verloren. Hingegen

das Üben aktiver Tugenden bewirkt eine Steigerung der Lebensfreude und Leistungsfähigkeit.

Drittens: Ich beginne jeden Tag mit der Übung auf der untersten Stufe und wandere dann nach und nach immer weiter hinauf. Dabei sind bestimmte Lebensabschnitte durchaus im Zeichen des Erlernens einer bestimmten Tugend erkennbar. Das heißt, schwerpunktmäßig kann eine bestimmte Lebenszeit einer bestimmten Tugend gewidmet sein. Dies ist keine willkürliche Angelegenheit, sondern steht unter den strengen Gesetzmäßigkeiten der Tugendleiter.

Viertens: Wann es welche Tugend zu üben gilt, erfahre ich dadurch, dass ich mich von unten nach oben auf der Tugendleiter bewege. Dabei EMPFINDE ich mit einer gewissen Selbstverständlichkeit, wo es anzusetzen gilt.

Fünftens: Das eine ist das Erwerben einer Tugend, das andere ist, sie zu achten. Je stärker eine Tugend bei mir entwickelt ist, desto mehr Achtung braucht sie von mir, damit ich mich dafür nicht ausnutzen lasse. Ein solches Ausgenutzt-Werden muss keinesfalls böswillig sein und findet oftmals unbewusst statt. Davor gilt es sich zu hüten, indem ich meine Tugend und auch ihre Grenzen achte.

Sechstens: Achtsamkeit ist dasjenige, was den Tugenden ihren Schutz gibt. Wohlwollen ist die Grundlage aller Tugenden.

Siebtens: Durch Fragen halte ich mein Bewusstsein darauf gerichtet, dass ich die Tugenden übe und achte.

Aus dem Üben der aktiven Tugend:	entsteht die passive Tugend:	und dadurch gelingt:[39]
Wohlwollen	Zuversicht	Annehmen
Fragebereitschaft[40]	Unbefangenheit	Beachten
Vertrauen	Beobachtungsgabe	Beobachten
Maßhalten	Erkenntnisfähigkeit	Anerkennen
Geduld	Einfühlsamkeit	Akzeptieren
Dankbarkeit	Selbstbeherrschung	Respektieren
Hingabe	Einsatzbereitschaft	Würdigen
Ehrlichkeit	Verlässlichkeit	Verständigen

Nehmen Sie die Gesetzmäßigkeiten einfach erst einmal zur Kenntnis. Im Laufe der weiteren Darstellung und vor allem durch Ihr eigenes Üben erschließen sie sich schrittweise. Gerade wenn Ihnen Erfahrung auf dem Gebiet der bewussten Charakterübung fehlt oder Sie ohne hinreichende Beachtung der Gesetzmäßigkeiten geübt hatten, kann es unter Umständen schwerfallen, sich eines voreiligen Urteils zu enthalten. Deshalb bemühen Sie sich so gut sie es können darum, die genannten Gesetzmäßigkeiten zur Kenntnis zu nehmen und einfach auf sich wirken zu lassen.[41]

Sicher ist, dass der bewusste und beständige Umgang mit der Tugendleiter im eigenen Alltag unglaublich viele Möglichkeiten bietet, sich innerlich und äußerlich zu stabilisieren, weiterzuentwickeln, anderen zu helfen und Dinge zu erreichen, von denen man zu gewissen Zeiten nicht einmal zu träumen wagte …

13. Herzensfragen setzen nicht unter Druck

Es gibt zum Glück auch gute Sprichworte. Eines davon heißt: **„Not macht erfinderisch“**. Ihm gegenüber steht die Redewendung: „Dem geht es zu gut.“[42] Sie trägt allerdings etwas Widersinniges in sich, denn kann es einem wirklich zu gut gehen? Wäre es nicht klüger zu sagen: **„Der weiß sein Wohl nicht zu schätzen“**? Das trifft die Schwierigkeit doch erst richtig!

Im Mangel bin ich bestrebt, ihn zu beheben. Leide ich hingegen nicht an Mangel, kann es mir passieren, dass ich mein Wohlergehen für selbstverständlich halte. Dann habe ich nicht genügend Achtung davor. Erinnern wir uns: Im Kapitel „Was hat Selbstachtung mit Entscheidungen zu tun?“ heißt es: „Sich selbst zu achten ist keine Selbstverständlichkeit. Wer von sich behauptet, er habe genug Selbstachtung, der irrt. Denn man kann gar nicht genug davon haben.“ Wenden wir diese Behauptung an auf den Satz: „Der weiß sein Wohl nicht zu schätzen.“ Wir werden verstehen: **Je größer das Wohl ist, desto mehr bin ich darauf angewiesen es zu schätzen, sonst laufe ich in Gefahr, es wieder zu verlieren. Soll sich das Wohl also mehren und mir erhalten bleiben, muss ich es achten, statt es als Selbstverständlichkeit zu betrachten.**

Es geht also darum, FREIWILLIG aufmerksam zu sein, nicht erst im Leidensdruck. Es gibt allerdings auch die Auffassung, der Mensch lerne vor allem aus Leid und brauche deshalb Leid. Daraus werden sogar Erziehungs- und Selbsterziehungsmethoden gemacht. Es ist wohl richtig, dass im Leid vieles gelernt wird. Doch daraus ein Entwicklungsprinzip herzuleiten ist Menschen verachtend. Der Mensch KANN auch aus Freude lernen; und es ist ganz gewiss sinnvoll danach zu streben, dass wir aus Freude lernen – dass wir das Richtige tun, BEVOR wir leiden müssen. Die Redewendung „Wer nicht hören will, muss fühlen“ bedeutet letzlich vor allem die Aufforderung, auf die feinen Signale in und um uns zu achten, die eigene Wahrnehmung ernst zu nehmen und die Beobachtung zu schärfen! Lernen aus Freude heißt, freiwillig aufmerksam zu sein. Freiwillig aufmerksam zu sein heißt, dafür zu sorgen, dass ich alles, was meine Aufmerksamkeit beeinträchtigt und lähmt, rechtzeitig wegschaffe oder von vornherein vermeide. **Angestaute Unlust, unverarbeiteter Ärger sind die hauptsächlichen Quellen für gestörte Aufmerksamkeit.** Vergleiche Kapitel „Mangelnde Motivation oder Begeisterung?“ und „Ärger oder Zielsicherheit?“. Deshalb ist es so verhängnisvoll, diese Gefühle zu verdrängen; denn dadurch kommt es zur Notwendigkeit, aus Leid lernen zu müssen. Nicht immer können wir das steuern, aber wir sollten unser Bestes versuchen, um aus Freude lernen zu können. Die Selbstachtung ist eine Anleitung zum Lernen aus Freude. Sie lehrt uns, Müll zu verarbeiten, statt zu horten. Sie lehrt uns, Schwierigkeiten zu bewältigen, statt davor davonzulaufen. Sie lehrt uns, Not ernst zu nehmen, statt sie zu übergehen. Das ist alles mit Arbeit verbunden – deshalb ist Selbstachtung nichts für Faule.[43]

Wir können also mit Leidensdruck lernen und wir können ohne Leidensdruck lernen. Und nun der entscheidende Punkt: **Herzensfragen setzen nicht unter Druck. Sie können nur durch freiwilliges Aufmerksamsein bewusst gemacht werden. Doch es sind die Herzensfragen, deren Erfüllung beziehungsweise Nicht-Erfüllung über Glück und Unglück eines Menschen entscheiden.** Das heißt also: Nur was als Bereitschaft in mir ist, achtsame Aufmerksamkeit zu wahren, gibt mir die Kraft, meinen Herzensfragen ohne Leidensdruck nachzugehen. Diese Tatsache macht verständlich, warum Leichtsinn und Überheblichkeit ein solches Übel sind: Sie verhindern das für das freiwillige Lernen nötige Maß an Unabhängigkeit von – Leid. Leid bringt Not und treibt zum Nachdenken. Not macht erfinderisch. Das bedeutet also auch: **Erfindungsgeist lindert Not.** Denn in der Not setze ich mich dafür ein, sie zu beseitigen – mit meinem Erfindungsgeist.

Logischerweise frage ich an dieser Stelle, was Erfindungsgeist ausmacht. Wenn Erfindungsgeist dasjenige ist, was mich dazu befähigt, Not zu beseitigen, muss er doch auch dasjenige sein, was neue Not verhindert und dafür sorgt, dass ich mein Wohl schützen und somit bewahren kann. („Wohl" ist hier im weitesten Sinne gemeint: Gesundheit, Glück, Zufriedenheit, Wohlstand.) Es gibt ein Zitat von Rudolf Steiner – einem nicht immer leicht verständlichen Philosophen und Geisteswissenschaftler –, das in eine vergleichbare Richtung geht. Am 24.11.1918 – also unter den unmittelbaren Eindrücken des Ersten Weltkrieges, der ja aus heutiger Sicht der Auftakt war für die völkerrechtliche Katastrophe des Zweiten Weltkrieges – sagte er: „Man reicht aus, ohne dass man Ideen hat, in Zeiten von Revolutionen und Kriegen, man kann" jedoch „nicht ausreichen ohne Ideen in Zeiten des Friedens; denn werden die Ideen in Zeiten des Friedens rar, dann müssen Zeiten von Revolutionen und Kriegen kommen."[44]

Erfindungsgeist ist immer darauf aus, die richtigen Ideen zu gewinnen, um in den bestehenden Verhältnissen etwas zu verbessern. Geht das so weit, dass dadurch Kriege verhindert werden, wenn leitende Persönlichkeiten erfinderisch genug sind, die richtigen Ideen zu entwickeln? Kann Erfindungsgeist zu Gesundheit, Glück, Zufriedenheit und Wohlstand führen und diese bewahren? Durchaus. Also muss doch unsere kostbarste Frage lauten: **Wie entwickele ich meinen Erfindungsgeist?**

Wir können wohl sagen: **Fantasievolle Lösungen sind gefragt.** Was brauchen wir dafür? Erfindungsgeist natürlich! Auf allen Gebieten.

Jeder kennt wohl die Schwierigkeit und Not, in einer bestimmten Lage nicht zu wissen, wie er sich verhalten soll. Immer die richtigen Ideen zu haben – und sich das nicht nur einzubilden – ist schon eine Kunst. Um diese Kunst bemühen wir uns hier. Dabei stellen wir fest, dass wir an der Entwicklung und Anwendung unseres Erfindungsgeistes arbeiten müssen, wenn wir die Aufmerksamkeit auf unsere Herzensfragen gerichtet lassen wollen.[45]

Herzensfragen führen zu den rechten Entscheidungen. Doch sie erfordern Gedankenarbeit. Wer diese umgehen will, soll seine Erfahrungen machen.

Wenden wir die bewusste Selbstachtung im Sinne der 8.–10. Übung an, um die Aufmerksamkeit auf unseren Erfindungsgeist zu lenken, ihm bewusste Wertschätzung zu schenken und ihn dadurch zu fördern:

8. Übung, 2. Abwandlung:

8.1 (2) Wie möchte ich erfinderisch sein?
8.2 (2) Wie achte ich mein Bedürfnis, erfinderisch zu sein?
8.3 (2) Warum finde ich das Achten meines Bedürfnisses, erfinderisch zu sein, gut?
8.4 (2) Wie achte ich meine Selbstachtung?
8.5 (2) Warum finde ich meine Selbstachtung gut?

* * * * * * * * * *

8.6 (2) Wie bin ich erfinderisch?
8.7 (2) Wie achte ich meinen Erfindungsgeist?
8.8 (2) Warum finde ich das Achten meines Erfindungsgeistes gut?
8.9 (2) Wie achte ich meine Selbstachtung?
8.10 (2) Warum finde ich meine Selbstachtung gut?

Eine solche Fragestellung aktiviert mein Denken. Sie verlangt mir ab, mich um meine Gedanken zu bemühen, nicht träge im Kopf zu sein, sondern immer nach Lösungen und Verbesserungen zu suchen und mich für den Erhalt des Wertvollen einzusetzen, mich nicht auszuruhen auf meinem Glück, sondern aufmerksam dafür zu sorgen, dass es mir erhalten bleibt und sich auch für andere mehrt. Wir werden bei dieser Übung wohl eher selten Antworten geben, sondern vielmehr angeregt, mit unserer Gedankentätigkeit im Fluss des Lebens zu bleiben. Wir setzen damit Trägheit und Anspruchsdenken unsere Geistesgegenwart entgegen – ohne die es einfach keinen Fortschritt in der Entwicklung und keinen Wertbestand im Leben gibt.

Statt morgens in den Spiegel zu schauen und zu sagen, wie toll ich sei und wie gut ich aussehe, sollte ich lieber solche Fragen stellen. Einbildung gibt es genug – sein Bestes zu geben ist sehr viel wichtiger! Einfach die 2. Abwandlung der 8. Übung an den Spiegel hängen und jeden Tag einmal laut sprechen. Je mehr Verantwortung ich trage, desto wichtiger ist die in dieser Übung geförderte Gedankenhaltung. Wenn dabei negative Gefühle hochkommen, gilt es damit achtsam umzugehen, wie in den folgenden Kapiteln beschrieben. In jedem Fall ist freiwilliges Lernen nur durch selbstständiges Fragen möglich.[46]

Ein Mensch kann viele Gründe haben, seine Herzensfragen nicht zu formulieren und nicht zu stellen. Er mag glauben, dass ihm das ohnehin nichts nützen werde; dass seine Fragen nichts ändern könnten; dass sie keine Bedeutung hätten; dass er sie nicht stellen dürfe; dass er nicht die Fähigkeit habe, die richtigen Fragen auszusprechen; dass sie alles nur noch schwieriger machten; dass es ohne Fragen besser gehe. All das sind haltlose Vorurteile. **Fragen bringt immer weiter unter der Bedingung, dass es wohlwollend geschieht und ich mit meinem Herzen dahinter stehe.** Warum ist das so? Weil das Fragen die Aufmerksamkeit auf dasjenige richtet, womit ich mich beschäftigen will. Und weil Wohlwollen notwendig ist, um mich positiv damit zu beschäftigen. Deshalb ist wohlwollendes Fragen das Schlüsselwerkzeug der Selbstachtung.

Diese Erkenntnis ist keinesfalls fest in unserer Kultur verankert. Sie bedarf dringend der Förderung und Pflege. Zumal es darum geht, dass jeder einzelne Mensch – unabhängig von anderen – aus sich heraus wohlwollendes Fragen übt – und zwar möglichst täglich –, bedarf es einer gewissenhaften

Auseinandersetzung mit diesem Thema. Die eigene Übung ist dabei entscheidend.

39. Übung:[47]

39.1 Was hindert mich daran, meine Fragen selbst wohlwollend zu formulieren und zu stellen?

39.2 Warum hindert es mich?

39.3 Wie kann ich lernen, meine Fragen selbst wohlwollend zu formulieren und zu stellen?

* * * * * * * * * *

39.4 Was möchte ich lernen?

39.5 Warum möchte ich es lernen?

39.6 Wie möchte ich es lernen?

* * * * * * * * * *

39.7 Wie achte ich meine Lernbedürfnisse?

39.8 Warum finde ich das Achten meiner Lernbedürfnisse gut?

39.9 Wie achte ich meine Selbstachtung?

39.10 Warum finde ich meine Selbstachtung gut?

Geben wir uns die Möglichkeit, Fragen zu entwickeln, die unser Herz bewegen, dann gehen wir auf Herzenswegen. Den Kopf auf Herzenswege zu bringen, danach sehnen sich viele Menschen schier unermesslich. Das wohlwollende Fragen ist der Schlüssel dazu.

Habe ich erst gelernt, so mit mir selbst umzugehen, dann bringe ich auch die Kraft auf, anderen so zu begegnen. Doch es bedarf der sorgfältigen

Übung, vor allem dann, wenn ich es seit der Kindheit verlernt habe. Kleine Kinder fragen nie gehässig – doch sie fragen; deshalb sind sie Meister des Lernens.

14. Achtung vor dem eigenen Erfindungsgeist

Lieber Leser, Sie sind nun – hoffentlich unter sorgfältiger Bearbeitung aller in den vorangehenden Übungen gestellten Fragen – dort angelangt, wo die Selbstachtung stattfindet: im Erfindungsgeist. Falls Sie hier lesen möchten, ohne alle vorangehenden Übungen gemacht zu haben, oder falls Sie etwas in den vorangehenden Kapiteln nicht verstehen konnten, holen Sie nun die Übungen nach beziehungsweise lesen Sie die betreffenden Kapitel erneut. Dies ist ein Übungsbuch – und Übung bedarf der Wiederholung. Das gilt selbstverständlich auch für das Verstehen der entwickelten Gedankengänge des Buches. Die bewusste – die gezielte – Selbstachtung basiert auf deren LOGISCHEM Verständnis. Ohne dieses fehlt uns die Sicherheit, wozu wir die Selbstachtung überhaupt verfolgen. Legen Sie daher größten Wert auf Ihr logisches Verständnis. Wiederholung der Gedankengänge hilft die Bedeutung der Selbstachtung zu erfassen. Das ist Ihre beste Grundlage für rasche Fortschritte! Sagen Sie nicht: „So viel Zeit hab ich nicht!“ sondern lieber: „Ich mache meine Selbstachtung Schritt für Schritt – und Wiederholungen sind wichtig für die Vertiefung meiner Einsicht.“ Weniger Seiten, von denen Sie sich überzeugt haben, können weiter helfen als viele nur zur Kenntnis genommene und nicht erprobte Kapitel.

Falls Sie sich dennoch dazu entscheiden, das Buch ohne Durchführung der Übungen noch weiter durchzulesen: Seien Sie sich dessen bewusst, dass Sie es nur oberflächlich verstehen werden und zu einem Urteil darüber nicht befähigt sind.

* * *

In den Übungen der bisherigen Kapitel entwickelten wir die Grundlagen für die 2. Abwandlung der 8. Übung. Wenn Sie den Willen aufbrachten, bis zu dieser Übung vorzudringen, dann konnten Sie spätestens dort feststellen, dass sie an DENJENIGEN Punkt Ihres Lebens rührt, wo Sie sich am unsichersten fühlen. Jeder Mensch hat hier seine eigenen Voraussetzungen. Doch gemeinsam dürfte uns allen sein, dass wir in der Auseinandersetzung mit unserem Erfindungsgeist an den Punkt gebracht werden, wo wir Erfindungsgeist am dringendsten nötig haben. Das kann durchaus ein schrittweiser Vorgang sein, der Wandlungen unterliegt. Wenn Sie dieses Buch in zwei Jahren erneut durcharbeiteten, würden Sie wahrscheinlich manche Antwort anders geben. Es liegt in der Natur unserer Weiterentwicklung, dass wir zu verschiedenen Zeiten unterschiedliche Themen besonders intensiv verfolgen beziehungsweise verfolgen sollten. Tun wir das nicht, so bleiben wir stehen oder entwickeln uns zurück! Doch es gibt auch Themen, die uns lebenslang begleiten.

Ein lebenslanges Thema ist das Achten unseres Erfindungsgeistes. Daran lernen wir uns mit dem zu befassen, was wir jeweils am dringendsten brauchen. Denn **das Achten des Erfindungsgeistes macht uns bewusst, was wir mit ihm tun möchten**. Wir lernen unsere Wünsche zu respektieren, ohne dabei aus den Augen zu verlieren, was wir am dringendsten brauchen.

Vielleicht sagt nun mancher Leser: „Ich weiß, was ich mir wünsche, und ich weiß, was ich brauche.“ Darauf würde der Verfasser antworten: „Das glaube ich, dass Sie das wissen! Allerdings sind Wünschen und Brauchen endlose Dinge, die immer in Bewegung sind und sich dabei verändern. Deshalb können wir mit Sicherheit davon ausgehen, dass wir an unserem Wissen über unser Wünschen und Brauchen fortwährend arbeiten sollten.“ Sofern

Sie als Leser daraufhin sagen: „Dafür sehe ich keine Notwendigkeit“, legen Sie dieses Buch weg; lernen Sie ohne die bewusste Selbstachtung Ihr Wünschen und Brauchen zu erfassen. Nur sei bedacht, dass die bewusste Selbstachtung nicht ersetzt, sondern nur kompensiert werden kann. Die Kompensation geschieht mit Leistungsdenken. „Ja herrlich“, sagen Sie vielleicht, „Leistungsdenken ist genau das was ich will! Ich will optimale Leistung bringen – dazu brauche ich Leistungsdenken.“ „Falsch“, werde ich antworten, „optimale Leistung kommt nicht über Leistungsdenken, sondern über optimale Selbstachtung.“ „Warum“, werden Sie fragen. Ihre Frage ist sehr wichtig:

Warum kommt optimale Leistung nicht über Leistungsdenken, sondern über optimale Selbstachtung?

Sie haben die Kernfrage dieses Buches ausgesprochen. Vielen Dank!

An dieser Stelle teilt sich für die Leser der Weg. Möchten Sie sich mit der Frage nach der Achtung des Erfindungsgeistes weiter auseinandersetzen, lesen Sie bitte hier weiter. Möchten Sie lieber die Frage bearbeiten, die wir gerade formulierten, springen Sie nun bitte in das gleichnamige Kapitel. Die Teilung dient dazu, den unterschiedlichen Voraussetzungen der Leser Rechnung zu tragen.

* * *

Das Achten seines Erfindungsgeistes ist verbunden mit der Bereitschaft, sich dem jeweils schwierigsten Thema seines Lebens besonders aufmerksam zu widmen. Was ist daran bemerkenswert? Dass immer das jeweils schwierigste Thema unseres Lebens am meisten verhindert, dass wir uns zufrieden fühlen. Das ist logisch leicht einzusehen. Weniger leicht verstehen wir die Tatsache, dass wir unter Umständen große

Mühe damit haben zu erfassen, um welches Thema es sich handelt. **Allzu leicht passiert es, dass man nur glaubt zu wissen, worum es geht. Gerade diese Tatsache ist enorm verführerisch. Stellen wir uns daher immer wieder auf den Standpunkt, nicht alles oder nichts von uns zu wissen! Das hilft sehr, die eigenen Meinungen mit Abstand zu betrachten und in Frage zu stellen.** Sehen Sie in dieser Haltung eine besondere Herausforderung für Ihr Glück und Ihre Zufriedenheit.

Nicht das Achten seines Erfindungsgeistes macht viel Mühe, sondern die dabei aufkommenden Gefühle, dort wo wir uns unzulänglich, unzufrieden und unsicher, verärgert und verängstigt fühlen. Mit Gefühlen solcher Art konstruktiv umzugehen – statt sie zu verdrängen – ist für das Gewinnen von Übersicht für unsere Entscheidungen unerlässlich. Denn handle ich aus solchen Gefühlen heraus, handle ich immer unüberlegt, kurzfristig denkend, kurzsichtig. Was ich aus Gefühlen der Minderwertigkeit, Unzufriedenheit, Unsicherheit, des Ärgers oder der Angst tue, leitet mich niemals zu den Erfolgen, die ich mir wünsche. Im Gegenteil: Misserfolg ist vorprogrammiert. Wenn mich solche Gefühle unterschwellig in meinen Handlungen leiten, also ohne dass ich es schaffe sie mir genügend bewusst zu machen, bin ich dadurch im Nachteil. Ich kann negative Gefühle nicht einfach ausschalten. Nur wenn ich sie annehme, lerne ich ihre Ursachen zu erkennen. Und nur wenn ich die Ursachen negativer Gefühle erkenne, kann ich gezielt an ihrer Beseitigung arbeiten.

Aus diesem Grunde müssen wir die Frage stellen, die den Titel des nächsten Kapitels bildet.

15. Wie lerne ich mit negativen Gefühlen positiv umzugehen?

Aus Ärger, den ich nicht schaffe rechtzeitig zu lösen, vermittle ich einem wichtigen Geschäftspartner das Gefühl, dass er mir egal sei. Womöglich hat er nicht einmal etwas mit meinem Ärger zu tun.

Aus Angst zögere ich eine Entscheidung hinaus und verpasse dadurch die Möglichkeit, ein bedeutendes Ereignis mitzugestalten.

Aus Unsicherheit gelingt es mir nicht, meine Kinder in ihre nötigen Grenzen zu weisen. Dadurch machen sie mit mir, was sie wollen und belasten meine Nerven über ein gutes Maß hinaus.

Aus Unzufriedenheit über mein Aussehen zweifle ich an mir und traue mich nicht, jemandem meine Gefühle zu zeigen, für den ich viel empfinde.

Aus dem Gefühl der Unzulänglichkeit stelle ich Erwartungen an mich, die ich nicht erfüllen kann. Dadurch werde ich überfordert, demotiviert und erschöpft.

An diesen Beispielen möge deutlich werden, wie sehr negative Gefühle unser Handeln nachteilig beeinflussen können. Wie lässt sich das umgehen? Indem wir damit aufhören unsere negativen Gefühle entweder zu verdrängen oder einfach auszuleben. **Selbstachtung verschafft uns die Möglichkeit, negative Gefühle gedanklich zu verarbeiten, statt sie in unserem Verhalten und Handeln wirken zu lassen.** Dadurch entlasten wir uns erheblich. Nur solange einem Erfahrung mit dem Achten seiner negativen Gefühle fehlt, kann einem das Ausmaß der möglichen Entlastung unerheblich erscheinen. Schließlich geht es um eine feinsinnige Angelegenheit!

Welche Wirkung zeigt eine Entscheidung zu dem Zeitpunkt, wenn sie getroffen wird? Manchmal überhaupt keine. Dennoch ruhen auf ihr alle Folgen, die später daraus hervorgehen werden – wie in dem Samenkorn in der Erde alles ruht, was sich daraus entwickelt. Natürlich gibt es auch Entscheidungen, die sofort Wirkung zeigen: Sie betreffen unser Handeln. Doch **der Umgang mit unseren Gefühlen zeigt seine Folgen erst allmählich**. Ist das der Grund, warum erhöhte Aufmerksamkeit auf diesem Gebiet erforderlich ist? In einer Welt, die sich gern am schnellen äußeren Erfolg misst, wird leicht vergessen, dass es nicht nur kurzfristige, sondern auch mittelfristige und langfristige Wirkungen gibt. Sie sind auf Dauer die wichtigeren.

Wer auf mehr als kurzfristige Wirkungen achtet, kommt auch zur Ruhe und schafft Verlässlichkeit. Die Menschen haben eine große Sehnsucht danach – und verspüren sie umso mehr, je mehr das Leben in der Unruhe von Kurzfristigkeiten abläuft. Wollen Sie aus diesem Kreislauf für sich und mit Wirkung auf andere aussteigen und eine verlässliche Größe im menschlichen Leben sein? Wollen Sie auf Dauer Abschied nehmen vom Rennen nach Erfolgen, die keinen Bestand haben? Sehnen Sie sich nach einem Leben, Arbeiten und Einfluss-Nehmen auf andere, das von Zuversicht, Umsicht und Aussicht geprägt ist? Nein? Dann verfügen Sie wohl über Lebensinhalte, die Ihnen wichtiger sind. Teilen Sie hingegen die genannte Auffassung, dann ist das wichtigste Mittel ihrer Umsetzung: das Achten negativer Gefühle.

Als erste Frage ist folgende zu beachten: Welches Verhältnis habe ich zu meinen negativen Gefühlen? Lassen Sie sich Zeit für die Beantwortung, doch arbeiten Sie zügig. **Je mehr ich bei der Klärung negativer Gefühle zögere und meine Auseinandersetzung damit verschleppe, desto schwieriger werden sie!** Sie werden möglicherweise erst später sehen, dass diese Thematik für unsere Kultur eine riesige Herausforderung darstellt, weil es uns mangelt an der Fähigkeit, mit negativen Gefühlen positiv umzugehen. Das wiederum hat zu tun mit der mangelnden Wertschätzung unseres Erfindungsgeistes. Es ist der wohlwollende Rat des Verfassers, sich einzuräumen, im Umgang mit negativen Gefühlen etwas lernen zu können. Sie tun gut daran, denn Sie sollten davon ausgehen, dass Sie darüber in unserer Gesellschaft nicht genügend lernen konnten. **Um mehr Übersicht für gute Entscheidungen zu gewinnen, ist es erforderlich, mit Gefühlen, welche die Übersicht erschweren, besser umzugehen.** Dazu brauchen wir Ehrlichkeit zu uns selbst.

Ehrlichkeit zu sich selbst ist ein unsagbar kostbares Gut. In einer Welt, in der Verdrehen und Lügen schon fast zum guten Ton gehören, vergessen wir schnell, was alles davon abhängt, dass wir ehrlich zu uns selbst sind. **Wie leicht kann es passieren, dass man sich selbst etwas vormacht, in dem Glauben, man habe alles im Griff?** Sich solche Fehlbarkeit – trotz besten Bemühens um einen klaren Kopf – einzuräumen, tut wohl not. In gewisser Weise ist gerade das erforderlich, um sich achtsam auf seine negativen Gefühle einlassen zu können. Es gilt besonders für solche Gefühle, die sich nur schwach bemerkbar machen und unscheinbar im Hintergrund wirken. Alle Übungen ab dem Kapitel „Mangelnde Motivation oder Begeisterung?" verfolgen das Ziel, Ehrlichkeit zu sich selbst hinsichtlich negativer Gefühle zu mehren. Davor sollten wir eine Bestandsaufnahme machen.

13. Übung:

Welches Verhältnis habe ich zu meinen negativen Gefühlen?

Beschreiben Sie, was Sie bei dieser Frage empfinden. Im Anschluss daran gibt es die Möglichkeit, in den folgenden Kapiteln verschiedene Typen negativer Gefühle zu beobachten und sich damit auseinanderzusetzen, wie wir besser mit ihnen zurechtkommen können. Da es hier um ein unangenehmes Thema geht, machen wir uns erneut bewusst: **Schlechte Gefühle zu verdrängen führt dazu, dass sie aus dem Hintergrund Einfluss**

auf unsere Entscheidungen nehmen und diese fehlleiten. Sie halten uns davon ab, die erforderliche Übersicht zu gewinnen – die wir brauchen, um uns so entscheiden zu können, dass die Folgen der Entscheidung zu unserer dauerhaften Zufriedenheit sind. Andernfalls werden wir nach kurzer oder längerer Zeit einsehen müssen, dass es besser gewesen wäre, die Entscheidung anders zu treffen. **Unterdrückte negative Gefühle machen kurzsichtig. Verarbeitete negative Gefühle erhöhen nicht nur das Wohlbefinden, sie bewirken auch mehr Umsicht.** Diese Fähigkeit wünschen sich alle sehr, um langfristig für sich selbst und andere die Weichen im Leben richtig zu stellen zu können.[48]

Alle negativen Gefühle lenken auf unterschiedliche Weise die Aufmerksamkeit weg von dem, was ich möchte. Dadurch bewirken sie mehr oder weniger Verwirrung. Das ist alles sehr menschlich. Schwierig wird es allerdings, wenn ich mich in meiner Verwirrtheit für klar halte.[49] Oder wenn ich glaube, nicht herausfinden zu können, was ich will. Oder wenn ich andere dafür verantwortlich mache, dass ich unzufrieden bin. Oder wenn ich in Gehässigkeit verfalle, weil ich meinen Willen nicht ungehindert durchsetzen kann. **Wir brauchen die Bereitschaft, aus unseren negativen Gefühlen zu lernen, sonst wird unser Verhalten sehr schwierig.** Die Lernbereitschaft zeigt sich im Umgang mit negativen Gefühlen gerade darin, ob wir diese achten – statt sie zu unterdrücken oder auszuleben. Gestehen Sie sich zu: **Ich darf hinsichtlich allem und jedem sowohl positive als auch negative Gefühle haben, und zwar gleichzeitig!**

Nicht die negativen Gefühle sind die wirkliche Schwierigkeit, sondern wie ich im Kopf damit umgehe. **Alle Gefühle sind gleichberechtigt; daher sollte ich nicht fragen, ob ich ein Gefühl haben darf, sondern was es mir zu sagen hat.** Erziehe ich meinen Kopf zu dieser Bescheidenheit, dann werde ich ein weiser Mensch, der aus seinen Erfahrungen lernt, statt die gleichen Fehler zwanghaft immer wieder zu machen.

Wir tun gut daran, im Kopf bescheidener zu werden, statt uns – es wurde schon gesagt – für sehr gescheit zu halten. Wenn uns die Bereitschaft zur Bescheidenheit im Kopf verloren geht, sollten wir uns daran erinnern, unseren Erfindungsgeist zu achten (8. Übung, 2. Abwandlung).

Menschen, die nicht brutal erfolgreich, sondern liebevoll erfolgreich sind, verfügen über die wunderbare Gabe, in jeder Lebenslage ihren Erfindungsgeist zu achten. Sie machen aus scheinbar ausweglosen Momenten ein positives Ereignis, aus dem sie Kraft und Zuversicht gewinnen. Andere jammern wegen jeder Fliege an der Wand und wissen mit ihrem Leben nichts anzufangen, oder meinen, sie müssten kaltherzig sein, um sich behaupten zu können. Aber die wahren Größen der Menschheit bewiesen immer wieder die Fähigkeit, mit negativen Gefühlen positiv umzugehen und sich so zu entscheiden, dass sich die Lage nachhaltig verbesserte und auch andere davon zehren konnten.

Wer im Sinne der Selbstachtung erziehen, ausbilden und führen will, der wird vom Leben auf die Probe gestellt: auf die Probe im Umgang mit negativen Gefühlen. Daran entwickelt er Willensstärke, Durchhaltevermögen und Geschicklichkeit, Humor, Scharfsinn und Begeisterungsfähigkeit. Denn wer seinen Erfindungsgeist achtet, dem gelingt es auch, andere dazu anzuleiten.

In diesem Zusammenhang muss hervorgehoben werden, dass unsere sprachliche Entwicklung entscheidenden Anteil daran hat, wie wir unser Denkvermögen – und damit unsere Unterscheidungs- und Entscheidungsfähigkeit – ausbilden. Wörter sind nichts Beliebiges, auch wenn Verdreh-Unkultur den Anschein erweckt, es könne unverbindlich ohne Folgen geredet werden. **Nur wenn wir uns ernsthaft darum bemühen, Bedeutungen klar und verständlich auszudrücken, geben wir unserem Denken den notwendigen Halt und schaffen damit die Grundlage**

einer ausreichenden Verständigung untereinander und mit uns selbst. Achtsames Sprechen ist unerlässlicher, ja wesentlich prägender Bestandteil echter Selbstachtung. Scheinbare Selbstachtung ergötzt sich an leeren Phrasen, an hohlem Geschwätz, an unverbindlichen Worten ohne Taten. Aber **erst an den Taten erkennen wir die wahre Gesinnung eines Menschen** – das kann man sich gar nicht oft genug vor Augen halten. **Deshalb ist es so wichtig, dass sich die Worte an den Tatsachen orientieren**, statt rot für grün und Gier für Hilfsbereitschaft zu verkaufen. Verschleiern und Verdrehen passt nicht zur Sprache der Dichter und Denker, in welcher der Erfindungsgeist besonders hervortritt. Auch wenn ich mich selbst um Ehrlichkeit bemühe, sollte ich wachsam sein – und gegensätzliches Verhalten einräumen! Der kurzfristige Erfolg des Lügens mag darüber hinwegtäuschen, was uns das wahre Sprichwort sagt: Lügen haben kurze Beine. Auf Dauer siegt die Wahrheit. Auf dem Weg der Tugend wird das zur sicheren Erkenntnis.

Ehrlichkeit ist die Voraussetzung dafür, Wahrheit und Täuschung immer neu unterscheiden zu lernen. So wenig Ehrlichkeit käuflich ist, so sicher ist sie durch das Üben auf der Tugendleiter zu erwerben. Die Lust am Lügen vergeht, wenn man begreift, dass einem dadurch die Unterscheidungsfähigkeit verloren geht. Doch man muss es begreifen wollen. Und achtsames Sprechen ist eine unerlässliche Hilfe dabei – denn Begreifen ist an die Bedingungen der Tugendleiter geknüpft.

Kinder sind besonders übel betroffen, wenn Erwachsene achtungslos reden, denn sie haben kaum Möglichkeiten, etwas entgegenzusetzen. Jedes Wort, das ich als Erwachsener spreche, wirkt auf die Kinder, die es hören, unbewusst ein und prägt ihr Denken, das noch nicht eigenständig ist. Hier können sich Erwachsene an Kindern sehr versündigen, wenn sie glauben, ihre Worte seien wirkungslos! In einer Zeit, die körperliche Züchtigung grundsätzlich verpönt, müssen die Worte sowie andere Maßnahmen umso sorgfältiger gewählt werden. Statt Kinder vollzureden, brauchen sie klare Vorgaben und vor allem angemessene Rahmenbedingungen für ihre Entwicklung. Unbedachter Gebrauch der Medien trägt erheblich dazu bei, dass Reden als etwas Unverbindliches erlebt wird.[50] Worte müssen ihre Bedeutung haben, die im Handeln ihren Ausdruck findet – und für das Kind müssen sie eine dem Kinde begreifbare Bedeutung haben. Das macht Erziehung zur Ehrlichkeit erst möglich. Hier ist jeder einzelne gefragt!

Um sich im Dunkel negativer Gefühle zurechtfinden zu können, müssen wir klare Begriffe von ihrem Wesen und Wirken entwickeln – und ebenso davon, wie wir negative Gefühle verwandeln können. Ein Kind lernt nach dem Vorbild der Erwachsenen die Dinge zu benennen. Wir tun also nicht nur uns selbst den größten Gefallen damit, bei den Angelegenheiten unseres Innern zu unterscheiden, sondern wir geben den Segen unseren Kindern weiter. Dabei zählt nicht in erster Linie Modesprache, sondern eine Ausdrucksweise, die von innerem Verständnis getragen ist und die Fantasie anregt. Das ist regelmäßig in der Muttersprache am sichersten. Sie sollte besonders gepflegt werden, denn damit denken wir am besten.

16. Mangelnde Motivation oder Begeisterung?

Mangelnde Motivation bedeutet fehlende Begeisterung für etwas, mit dem ich mich ursprünglich beschäftigen wollte oder mit dem ich mich wegen eines anderen Verlangens beschäftigen müsste, um diesem gerecht werden zu können. Das sind zwei unterschiedliche Ansätze. Im ersten Fall erlebe ich eine Änderung meines Bedürfnisses, im zweiten Fall bin ich konfrontiert mit den Folgen eines Bedürfnisses, dem ich gerecht werden will. In beiden Fällen fühle ich mich blockiert.

Beispiel für Fall eins. Schon lange habe ich mir gewünscht, in meinen Unterlagen Ordnung zu schaffen, wenn ich Zeit dafür haben werde. Jetzt ist dazu endlich die Gelegenheit, doch fehlt mir jegliche Lust, meinen Wunsch in die Tat umzusetzen. Stattdessen verspüre ich Unlust und würde mich womöglich zerstreuen … Nun gibt es zwei gegensätzliche Möglichkeiten: Entweder folge ich meinem Hang oder gehe den Ursachen meiner Unlust auf den Grund. Durch letzteres würde ich hinterher zufriedener sein. Allerdings ist dafür die Voraussetzung, dass ich es schaffe die Unlust anzunehmen – indem ich meinem Gefühl liebevoll aufmerksam begegne und frage, wodurch es bedingt ist. Mich innerlich so einzustellen erfordert zuerst meine Entscheidung!

Jede Form von Unlust hat ihre Ursachen. Nehme ich meine Unlust an, erfahre ich danach, was hinter ihr steckt und kann anschließend versuchen Abhilfe zu schaffen. Verbieten von Unlust hingegen vergrößert sie nur und kostet noch unnötig Kraft. **Sich Unlust erlauben, ohne ihr mit Ablenkung auszuweichen!** Wenn ich das schaffe, habe ich schon halb gewonnen. Ansonsten handle ich gegen meinen Willen und behindere mich selbst damit. Hinterher würde ich mich darüber ärgern.

Hier können wir das Prinzip der Selbstachtung ganz deutlich sehen – und in einer Übung zusammenfassen, um es immer bewusster anzuwenden.

Bei der folgenden Art von Übung handelt es sich nicht um Selbstbefragung, sondern um Selbstanleitung:

14. Übung:

SELBSTACHTUNG HEISST NICHT,
MEINE GEFÜHLE AUSZULEBEN
ODER ZU UNTERDRÜCKEN,
SONDERN SIE ANZUNEHMEN,
UM VERSTEHEN ZU KÖNNEN,
WAS ALS URSACHE HINTER IHNEN STEHT.
GEFÜHLE VERSTEHE ICH NUR,
WENN ICH SIE ACHTE.
ERST SO KANN ICH
IHNEN GERECHT WERDEN.[51]

Wenn ich mir den Kopf anstoße, begreife ich das Hindernis, an dem ich es tat, UNABHÄNGIG davon, wie ich zu ihm eingestellt bin, egal ob ich es achte oder verachte. So funktioniert das physische Erkennen. Doch das gefühlsmäßige Erkennen setzt die Achtung voraus. Verlangen Sie jetzt keine Begründung, warum es so ist, sondern versuchen Sie es selbst. Vielleicht finden Sie heraus, warum es so ist... Selbst wenn ich ein Gefühl tausendmal ablehne, werde ich es nicht verstehen. Aber wenn ich es einmal annehme, öffnet sich eine Tür für mein Verständnis; sie wird umso weiter aufgehen, je mehr Achtung ich vor dem Gefühl bekomme.

Wer nun sagt: „Was nützt es mir, meine Gefühle zu verstehen, ändern kann ich sie ja doch nicht?“, der sollte überlegen, ob es stimmt. Zweifellos: Gefühl ist Gefühl. Doch wenn ich verstehe, woher es kommt, kann ich gezielt darauf eingehen – statt mich durch Leichtsinn zu zerstreuen oder durch Starrsinn gegen es zu wenden.

Wir neigen dazu, die Wirkung unserer Gedanken auf unsere Gefühle zu unterschätzen. Stellen wir uns vor, jemand überbringt uns eine furchtbare Nachricht und wir glauben ihm. Vielleicht werden wir kreidebleich, oder unser Herz beginnt zu rasen. Oder wir brechen weinend zusammen und fallen vielleicht sogar in Ohnmacht? Das geschieht alles nur auf Grund eines Gedankens, den wir gerade glauben! Wenn wir uns das vergegenwärtigen, werden wir kaum noch sagen, an unseren Gefühlen ließe sich ja ohnehin nichts ändern. Vielmehr werden wir uns darum bemühen, in Gedanken auf unsere Gefühle einzugehen – in dem Wissen, dass wir dadurch positiven Einfluss auf sie nehmen werden. Wie sehr kann es mich trösten, wenn ein anderer zu mir sagt: „Ich fühle mit dir, ich kann dich verstehen." Wenn ich empfinde, dass er es ernst meint, wird es mir helfen, besser mit etwas fertig zu werden. Sollte etwa diese heilsame Wirkung nur von den Gedanken anderer auf mich ausgehen? Nein, meine eigenen Gedanken stehen mir doch noch viel näher; sie wirken und wirken – vor meinem Kopf kann ich niemals davonlaufen! Also ist es besser ihn zum Diener meines Herzens zu erziehen ... Lernen Sie den Leitsatz der 14. Übung dafür auswendig. Wir brauchen größtmögliche Klarheit, um den eigenen Verhaltensweisen wachsam entgegentreten und diese bei Bedarf ändern zu können.

Beispiel für Fall zwei. Ich möchte in den Urlaub fahren, muss dafür allerdings erst genügend Geld beisammen haben. Um es zu bekommen, müsste ich vermehrt arbeiten oder mehr sparen. Zu beidem habe ich keine Lust. Allein wenn ich daran denke, ärgere ich mich schon. Lieber verzichte ich auf den Urlaub. – Hier gilt es meine Unlust gegen vermehrtes Arbeiten oder vermehrtes Sparen anzunehmen, um mich in die Lage zu versetzen, meinem Verlangen nach Urlaub gerecht werden zu können. In unserem Beispiel kommt Ärger als Hintergrund der Unlust ins Spiel. Näheres im Kapitel „Ärger oder Zielsicherheit?". Es könnte auch etwas anderes dahinter stehen. In jedem Fall geht es erst einmal darum, die Unlust anzunehmen.

Doch was ist, wenn ich unter etwas leide, ohne dass ich es formulieren kann? Womit bin ich unzufrieden? Welche unerfüllten Wünsche habe ich? Warum habe ich sie? Wie kann ich ihnen gerecht werden? Geht es darum, dass ich anders sein, etwas Bestimmtes haben, erleben oder tun möchte? Vergleiche die Kapitel „Sein-Wollen und Sein“, „Haben-Wollen und Haben“, „Tun-Wollen und Tun“. Es gilt nachzuforschen, woher die Unzufriedenheit kommt, indem ich ergründe, welche meiner Bedürfnisse unerfüllt sind. **Es ist eine typische Erscheinung der Unlust, dass man nicht weiß, worum es geht.** Gerade das macht Unlust am allermeisten aus, dass man orientierungslos ist. **Aber die Unlust selbst liefert den Schlüssel für die Orientierung**; das gilt es zu begreifen, dann hört man auf sie zu verdrängen oder vor ihr zu flüchten. **Zufriedenheit ist daran gebunden, sein Leben selbst in die Hand zu nehmen.**

Wenn ich Unlust habe und sie annehme, dann öffne ich meine Gedanken für dasjenige Gefühl, welches danach verlangt, dass ich etwas ganz Bestimmtes tue, um aus dem Zustand des Unbehagens in den des Behagens zu kommen. Mangelnde Selbstachtung führt dazu, dass wir mit diesem Gefühl – das ja doch ein Wegweiser ist – unaufmerksam umgehen und dadurch nicht rechtzeitig begreifen, was wir gerade brauchen! Die Selbstdisziplin besteht genau darin, Unlust achtsam zu behandeln, um möglichst alles, was unseren Schaffensdrang und unsere Lebensfreude beeinträchtigt, auszuräumen, so schnell es eben geht. **Hoch motivierte, sehr leistungsfähige Menschen besitzen die Fähigkeit, sich jederzeit auf das einzulassen, was sie gerade am meisten brauchen. Diese Fähigkeit lässt sich ausbilden und steigern; durch nichts geht es so gut wie durch das Achten seiner Unlust.**

Aus Ansammlung von Unlust entsteht Unzufriedenheit. Sie kann sich wie ein Nebel über die eigenen Gefühle legen, bis wir schließlich nicht mehr empfinden können, was wir tun und lassen möchten. Wenn wir dann nach dem Kopf entscheiden, tun wir wieder das Verkehrte: Wir gehen abermals nicht auf unsere Gefühle ein. Hier wäre es umso dringender nötig, erst einmal die Unzufriedenheit (die gesammelte Unlust) zu achten, um überhaupt Zugang zu den eigenen Bedürfnissen zu gewinnen. Unterlassen wir das, so brauchen wir uns nicht zu wundern, dass wir aus der Unzufriedenheit nicht herauskommen und am Ende womöglich daran krank werden. Schließlich macht Unzufriedenheit auch aggressiv – und irgendwo wollen sich die Aggressionen ja ausleben. So wird die eigene Aufmerksamkeit immer mehr gefesselt. Das kann auch zu Unfällen führen! Lebensfreude und Leistungsfähigkeit werden durch angestaute Unlust in jedem Fall beeinträchtigt.[52]

Unlust kann als Vorform von Ärger bezeichnet werden. Hingegen Unzufriedenheit ist bereits eine Form von Ärger; vergleiche Kapitel „Ärger oder Zielsicherheit?“. Daher kann mit einer Abwandlung der 25. Übung aus jenem Kapitel die Unzufriedenheit aufgeweicht werden – um anschließend über das Achten von Unlust der eigenen Motivation besser auf die Spur zu kommen. Diese Maßnahme ist immer dann sinnvoll, wenn Sie unzufrieden sind und nicht wissen, was Sie tun sollen; und auch kein Gefühl haben, was Sie tun wollen:

25. Übung, 1. Abwandlung

25.1 (1) Was macht mich unzufrieden?

25.2 (1) Warum macht es mich unzufrieden?

25.3 (1) Wie kann ich meine Unzufriedenheit überwinden?

* * * * * * * * * *

25.4 (1) Was möchte ich tun?

25.5 (1) Warum möchte ich es tun?

25.6 (1) Wie möchte ich es tun?

* * * * * * * * * *

25.7 (1) Wie achte ich meine Unzufriedenheit?

25.8 (1) Warum finde ich das Achten meiner Unzufriedenheit gut?

25.9 (1) Wie achte ich meine Selbstachtung?

25.10 (1) Warum finde ich meine Selbstachtung gut?

Wichtig ist auch zu bedenken, dass unterdrückte Unlust andere abstößt. Wenn ich mich auf Grund meiner vielen unverarbeiteten Unlust nicht wohl fühle, suche ich nach Ablenkung von außen. Dazu müssen oder sollen dann andere Menschen herhalten, zum Beispiel in einer Liebesbeziehung. Den anderen konfrontiere ich dabei mit meiner unverarbeiteten Unlust und will von ihm, dass er etwas tut, dass es mir besser geht. Nicht ich bringe dabei etwas in die Begegnung ein, sondern erhoffe oder erwarte etwas vom anderen. Dieses unschöne Verhalten wirkt auf ihn keinesfalls anregend und beflügelnd, sondern zieht ihn eher herunter. Wer sich daher über mangelndes Interesse anderer an seiner eigenen Person beklagt, der sollte erst einmal erforschen, wie er mit seiner Unlust umgeht. Hatte ich jahrelang auf das Achten meiner Unlust verzichtet, werde ich natürlich nicht innerhalb von zwei Wochen meine Schwierigkeiten gelöst haben! Wenn ich aber begreife, dass es hier um eine grundlegende Richtungsänderung in meinem Denken geht, werde ich mir sehr wohl die Mühe machen, mein Verhalten dauerhaft zu ändern; denn es trägt mich eine Gewissheit: **Mein Umgang mit Unlust entscheidet darüber, ob ich sie vor mir herschiebe oder gezielt beseitigen kann. Anziehend und erfolgreich werde ich eher sein, wenn ich Unlust annehme, weil ich damit die Voraussetzungen schaffe, meine Lust zu leben.**

Unlust kann dadurch entstehen, dass ich vor allem an dasjenige denke, was ich muss, statt an dasjenige, was ich will. Dies führt zu einem Gefühl des Bedrängt- und Eingeengtseins, das mir Lebensfreude raubt. Hier gilt es zu bedenken: **Allem Müssen liegt ein Wollen zugrunde. An mein Wollen zu denken hilft mir, das daraus entstehende Müssen zu bewältigen.** Weil ich leben will,[53] muss ich arbeiten; weil ich arbeiten will, muss ich mich anstrengen… Wenn ich deswegen Unlust habe, kann folgende Frage helfen:

50. Übung:

Warum muss ich etwas?

Anschließend ist entweder zur Klärung des eigenen Wollens die 43. Übung zu empfehlen, oder zur Klärung von Unlust folgendes Frageverfahren:

15. Übung:

15.1	Was macht mir Unlust?
15.2	Warum macht es mir Unlust?
15.3	Wie kann ich meine Unlust lösen?
	* * * * * * * * * *
15.4	Was möchte ich jetzt am liebsten tun?
15.5	Warum möchte ich es jetzt am liebsten tun?
15.6	Wie möchte ich es jetzt am liebsten tun?

Reicht das nicht, dann folgende Fragen anschließen:

15.7	Wie achte ich meine Unlust?
15.8	Warum finde ich das Achten meiner Unlust gut?
15.9	Wie achte ich meine Selbstachtung?
15.10	Warum finde ich meine Selbstachtung gut?

Wenn wir das ganz freundlich mit uns selbst durchgehen und uns auf diese Weise befragen, dann werden wir sichere Hinweise bekommen, was jetzt angesagt ist. Vielleicht sind wir erschöpft? Oder frustriert? Lassen Sie es auf sich zukommen. Und machen Sie die Übung im Zweifelsfall schriftlich, da können Sie am besten verfolgen, was Sie plagt und was Sie brauchen. Das müssen Sie wissen, um einen geeigneten Weg finden zu können.

Wenn wir drinstecken in der Unlust und durch sie gehemmt und bedrückt sind, dann kann es durchaus sein, dass sie uns übermächtig erscheint und den Anschein erweckt, dass sie alles beherrscht. Der Zustand kann dazu verleiten, sich gehen zu lassen und die Führung seiner Gedanken aufzugeben. Das ist aber weder nötig noch ersprießlich. Vielmehr zeugt es von fehlender Erfahrung und mangelnder Geschicklichkeit im Umgang mit Unlust. Da es auch nicht darum geht, sich mit Gewalt zum Funktionieren zu zwingen, weil wir dadurch auch nicht Herr der Lage werden, müssen wir uns etwas anderes einfallen lassen! Die Kunst besteht darin, der Unlust Wohlwollen entgegenzubringen. Dies tun wir beispielsweise durch das anhaltende Sprechen der Übung 15.7–10. Man kann ganze Spaziergänge damit verbringen und dabei seine Lust wiederfinden und die Quellen der Unlust entdecken – irgendwelche unerfüllten Bedürfnisse. Mehr dazu im nächsten Kapitel.

Jedenfalls ist Unlust etwas Bedingtes, nichts Feststehendes, Unverrückbares, sowenig wie Lust. Es gilt hier mit dem Denken einzugreifen und sich Vorstellungen davon zu bilden, wohin der Weg gehen soll, gemäß Übung 15.4–6. Diese Arbeit ist nötig. Nur wer sich bewusst macht, wonach sein Herz verlangt, kann auch danach streben es zu erreichen. Je mehr wir uns in dieser Hinsicht Mühe geben, desto lebendiger wird unsere Vorstellung, wonach wir uns am meisten sehnen. Hier ist uns der Anspruch im Weg, dass die Vorstellung von alleine da sein solle. Eine Haltung, die gerade durch starken Mediengebrauch hervorgerufen wird oder dadurch dass Kinder nicht lernen sich für etwas anzustrengen. **Wer alles vorgesetzt bekommt, der lernt nicht, sich um etwas zu bemühen. Fantasie ist nötig, sich das Gewünschte auszumalen**; deshalb brauchen Kinder so dringend die Entwicklung ihrer Fantasie (statt eines verstandesmäßigen Lernens – das erst später erforderlich ist)! Und auch Erwachsene müssen ihre Fantasie immer wieder neu beleben, um im Denken beweglich zu bleiben. **Gefühle wollen verstanden werden, dazu müssen wir sie uns ausmalen.** Ruhig auch mal mit einem Bild, wo wir einfach mit Farben und Formen unsere Gefühle malen und sie dann anhand des Gemalten mit Worten (schriftlich) beschreiben. Jedes liebevolle Ausdrücken ist recht, nur möglichst andere nicht damit stören. Wir können unsere Gefühle auch mit Körperbewegungen im Raum ausdrücken, oder mit Lauten und Tönen.

Entscheidend ist, dass wir uns dem Gefühl wohlwollend zuwenden, dann kommt es schon heraus – bis wir es gedanklich fassen können.[54]

Der Umgang mit Unlust entscheidet darüber, wie freudig, leistungsfähig und gut organisiert wir unser Leben verbringen. Nicht ohne Augenzwinkern gilt der Spruch:

Lebensberatung

Ich kann müssen,
wenn ich darf,
was ich will.

Ich möchte können,
wenn ich weiß,
was ich brauche.

Ich bin glücklich,
wenn ich tue,
was mir entspricht.[55]

Sich für das anzustrengen, was man am liebsten möchte, muss man erst lernen. Wer es nicht gewohnt ist, strengt sich vielleicht für Dinge an, die ihm weniger bedeuten – in der Überzeugung, so müsse es sein. Besser ist es, sich dafür anzustrengen, das herauszufinden, was einem am meisten bedeutet, und sich darum zu bemühen, es zu erreichen. Ohne auf mein Gefühl zu achten, kann ich es nicht erfassen. Deshalb sollte ich mich oft fragen, was mir am liebsten ist und um seine Erfüllung ringen. Ein erfülltes Leben gibt es nur auf diese Weise!

Gelingt die gewünschte Erfüllung nicht, obwohl ich mich sehr darum bemüht habe, hilft mir die erlangte Gewissheit trotzdem, einen anderen Weg zu suchen. Durch diese ist es leichter, mich neu zu orientieren, als wenn ich mir unsicher wäre, ob ich auf dem bisherigen Weg mein Ziel doch noch erreichen könnte.

Wer seiner Unlust ausweicht, statt sie zu lösen, den plagen schließlich Selbstzweifel und lähmen seine Schaffenskraft. Mit schlechtem Gewissen lebt es sich schlecht. **Wer ein reines Gewissen hat, immer sein Bestes zu geben, der ist auch zufrieden mit sich selbst - sogar dann, wenn er mit etwas scheitert.** Achten seiner Unlust ist die Voraussetzung dafür.

Motivation ist etwas Lebendiges. Ihr gedanklich zu folgen erfordert ständige Aufmerksamkeit. Wir Menschen glauben gerne, wir könnten uns Ziele in den Kopf setzen, ohne genügend zu fragen, WARUM wir sie haben und WIE sie angemessen von uns verfolgt werden können. Hinter einer solchen Haltung verbirgt sich mangelnde Ehrfurcht vor dem Herzen, das der wahre Träger aller Motivation ist und in dem sich der Lebenswille des Menschen offenbart. Den Beweis liefert das Herz selbst: Wer ihm nicht angemessen folgt, wird unzufrieden und unglücklich, krank und fühlt sich unverstanden. Im Herzen empfindet er das am deutlichsten.

Ein wesentlicher Irrtum liegt darin, dass wir glauben, es bedürfe keiner besonderen Voraussetzungen, um des Herzens Töne zu hören, seine Bilder zu sehen, seine Stimmungen zu erfassen und seine Signale zu verstehen. Viele meinen, dass jeder schon die Voraussetzungen habe, um zu wissen, was er wolle und brauche. Tatsache ist aber, dass es für ein wahrheitsgemäßes Selbstverständnis – also nicht bloß Einbildung – ganz unerlässlich ist, die eigene Motivation UNERMÜDLICH zu beobachten.

Die Leitfrage, aus der die Lehre der Selbstachtung entwickelt wurde, lautet: „Was möchte ich jetzt am liebsten tun?" Was bedeutet es, dieser Frage nachzugehen? Es bedeutet, dass ich sie IMMER verfolge, nicht nur gelegentlich. Es bedeutet, dass ich fortwährend darüber nachdenke, was mir mein Herz vermittelt. Es bedeutet, dass ich nicht müde werde mich zu fragen, wo von Augenblick zu Augenblick mein Lebensweg entlang geht.

Daran bilden wir unser Denken in einer Weise aus, die höchst individuell ist und die uns zu lebensmutigen, gegenwartstauglichen, wachsamen Persönlichkeiten macht, die nicht in Denkgewohnheiten vor sich hintreiben, sondern die das Leben als eine Herausforderung begreifen, die es fortwährend zu beobachten und zu gestalten gilt – und zwar LIEBEVOLL.

Auf diese Weise wachsen Lebenswille und Erfindungsgeist immer weiter und es bildet sich ein ganzheitliches Bewusstsein aus, welches von den individuellen Voraussetzungen ausgeht und sich damit dem Weltganzen gegenüber stellt. Natürlich werde ich dabei von der Erfahrung profitieren, die andere Menschen vor mir machten und werde mich in bestehende Strukturen fügen müssen. Doch ich werde es nicht gleichgültig tun, sondern mit Erfindungsgeist. Deshalb werde ich das Beste aus meinem Leben machen.

17. Mangelnde Fähigkeiten oder Geschicklichkeit?

Mangelnde Fähigkeiten empfindet der eine nicht, obwohl er offensichtlich auf einem bestimmten Gebiet sehr unbeholfen ist – während der andere sich extrem daran stört, wenn ihm etwas Bestimmtes nicht gelingt. Hintergrund dieses so gegensätzlichen Erlebens sind einerseits unsere Bedürfnisse, andererseits unsere Ansprüche. Die Kunst ist es, die Ansprüche an die Bedürfnisse anzupassen – nicht umgekehrt. Warum? Weil der Ausgangspunkt immer die Bedürfnisse sind. Hier einige Beispiele.

Ein Mensch ärgert sich darüber, dass es ihm nicht gelingt, sich alle Namen der Personen sofort zu merken, mit denen er zu tun hat. Er hat den Anspruch an sich, jeden, den er kennt, mit Namen anzusprechen. Aus dem Geschäftsleben hatte er diesen Anspruch übernommen und verallgemeinerte ihn für sein ganzes Leben. Es ist ihm nicht bewusst, dass es ihm durchaus kein Bedürfnis ist, so viele Namen zuordnen zu können. Sondern der Perfektionismus als Geschäftsmann treibt ihn zu dieser Haltung. Er empfindet sich als unzulänglich, wenn er ihm nicht gerecht werden kann, und verachtet sich dafür. Was ihm entgeht: Sein schwaches Bedürfnis, jeden sofort beim Namen nennen zu können, mit dem er einmal sprach. Wäre dieses Bedürfnis stärker, würde er wohl mehr Namen schneller auswendig wissen.

Leider ist es nicht so einfach, sich von seinen Ansprüchen zu lösen und sie an seine Bedürfnisse anzupassen. Am meisten brauchen wir dafür WOHLWOLLEN mit uns selbst. Es hilft uns, den Kopf etwas loszulassen und mehr in unser Gefühl hineinzukommen. Dadurch nehmen wir besser wahr, was wirklich wichtig für uns ist.

Ein gegensätzliches Beispiel, bei dem ich mich über einen anderen ärgere, weil er meinem Bedürfnis nach Zuverlässigkeit nicht entspricht: Jemand vergisst regelmäßig Vereinbarungen, die er mit mir traf. Er selbst findet das menschlich und normal. In seiner Umgebung hat er schon den Ruf, unzuverlässig zu sein und macht sich durch sein Verhalten unbeliebt. Massiv und immer wieder muss er darauf hingewiesen werden, sich doch an getroffene Vereinbarungen zu halten. Andere ärgern sich über sein Verhalten, er selbst hat immer eine Ausrede, warum er sie wieder enttäuschte. Der Mangel an Zuverlässigkeit stört ihn nicht. Was liegt hier vor? Dieser Mensch lebt sehr spontan und hat wenig Interesse an anderen. Er denkt unzureichend darüber nach, wie er seine Bedürfnisse sozial verträglich leben kann, lebt sie also mehr oder weniger gedankenlos aus. Er macht sich zu wenig bewusst, wie sein Verhalten auf andere wirkt. Er bräuchte eine stärkere Auseinandersetzung mit der Frage, wie er zuverlässig sein kann, und müsste mehr Respekt vor Zuverlässigkeit entwickeln. Da er diesen nicht genügend aufbringt, müssen andere seinen Mangel an Zuverlässigkeit ausgleichen. Wie können sie das tun? Gegenüber dem besagten Menschen bin ich als Betroffener darauf angewiesen, mein Bedürfnis nach Zuverlässigkeit und meine Zuverlässigkeit besonders zu achten; vergleiche 8. Übung. Dadurch werde ich mit Vereinbarungen mit ihm vorsichtiger. Ich muss besonders viel FRAGEBEREITSCHAFT (Interesse) im Umgang mit meinem Bedürfnis nach Zuverlässigkeit und meiner Zuverlässigkeit aufbringen, um seine Kopflosigkeit auszugleichen, damit ich mich auf keine Vereinbarungen mit ihm einlasse, die er leichtsinnig trifft und nicht einhält. Würde er sein Bedürfnis nach Spontaneität mehr achten, hätte ich es leichter mit ihm; aber ich kann mir anderweitig helfen.[56]

Ein drittes Beispiel möge verdeutlichen, wie wichtig auch VERTRAUEN, vor allem Selbstvertrauen ist, um Mangel an Fähigkeiten geschickt auszugleichen. Schließlich leben wir in einer Welt der Unvollkommenheit und haben alle mehr oder weniger stark die Sehnsucht, vollkommener zu werden. Gerade wenn ich erkenne, dass ich auf einem bestimmten Gebiet besser werden will, zum Beispiel in der Organisation, ist es wichtig, dass ich auf diesem Gebiet besonders viel Selbstvertrauen übe. Warum? Weil ich dadurch genauer beobachte. Es herrscht leider das Missverständnis, dass Misstrauen besonders beobachtungsfähig mache. Genau das Gegenteil ist der Fall. Aktives Vertrauen – nicht Blindgläubigkeit – führt dazu, dass ich mich besser einlasse auf das, was ich beobachten will. Nur in dem Maße, wie ich mit Vertrauen organisiere, gewinne ich einen echten Bezug zum angestrebten Ziel. Im Misstrauen bleibt alles theoretisch, abstrakt und ohne gefühlsmäßigen Bezug. Will ich meine Fähigkeiten entwickeln, brauche ich auf dem betreffenden Gebiet die Übung des Vertrauens. Dadurch lasse ich mich einerseits auf meine eigenen Voraussetzungen besser ein, indem ich diese genauer anschaue; andererseits versuche ich mich in den gegebenen Verhältnissen so zu orientieren, dass ich mich darin mit meinen Bedürfnissen behaupten kann.[57]

An diesen drei Beispielen wird vieles deutlich, was wir im Umgang mit mangelnden Fähigkeiten benötigen. Und es kommt noch etwas hinzu, das wir brauchen: die richtige Selbsteinschätzung. Wie viel kann ich mir zumuten? Wozu bin ich tatsächlich in der Lage, wo liegen jeweils meine Grenzen? Hier ist das MASSHALTEN gefragt. Doch die Tugenden bauen aufeinander auf: Maßhalten braucht Vertrauen, Vertrauen braucht Fragebereitschaft, Fragebereitschaft braucht Wohlwollen. Verliere ich das rechte Maß, gerät alles aus dem Gleichgewicht. Im Zweifelsfall sollten wir immer mit dem Wohlwollen beginnen.

Was kann mich motivieren, diesen Weg zu beschreiten? Es ist Wohlwollen, die Wurzel aller Tugenden, die Selbstannahme. Etwas zum Wohle zu wollen, ist auch eine Fähigkeit. Um sie wollen zu können, muss ich mich von ihrer Kraft überzeugen. Dazu muss ich sie üben. Insofern können wir sagen:

16. Übung:

WOHLWOLLEN, FRAGEBEREITSCHAFT, VERTRAUEN UND
MASSHALTEN IM UMGANG MIT MIR SELBST
BILDEN DIE GRUNDLAGE
FÜR DIE NUTZUNG UND DIE ERWEITERUNG
MEINER FÄHIGKEITEN,
AUCH IM UMGANG MIT ANDEREN.

Wenn Sie sich dessen vergewissern möchten, lernen Sie auch diesen Satz auswendig und verinnern[58] Sie ihn.

Machen wir uns an dieser Stelle klar, dass das Verstehen geistiger Gesetzmäßigkeiten Zeit braucht. Im Zeitalter der elektronischen Massenmedien sind wir geneigt zu glauben, ständig neue Eindrücke zu benötigen und die langfristige Auseinandersetzung in Ruhe mit Themen und Werken vermeiden zu können. Dieser Glaube macht es unmöglich, in ein Werk wie die Selbstachtung ernsthaft einzudringen. Der Verfasser kann daher nur darauf hinweisen, dass die Darstellung in diesem Buch davon ausgeht, dass der Leser sich intensiv mit der eigenen wohlwollenden Selbstbefragung befasst und dadurch allmählich einen Zugang zu den hier aufgezeigten Gesetzmäßigkeiten gewinnt. Dies gelingt durch die praktische Anwendung im Alltag mit Hilfe der folgenden Übung:

17. Übung:[59]

17.1 Woran mangelt es mir?
17.2 Warum mangelt es mir daran?
17.3 Wie kann ich den Mangel ausgleichen?

* * * * * * * * * *

17.4 Was brauche ich?
17.5 Warum brauche ich es?
17.6 Wie brauche ich es?

* * * * * * * * * *

17.7 Wie achte ich mein Lernen?
17.8 Warum finde ich das Achten meines Lernens gut?
17.9 Wie achte ich meine Selbstachtung?
17.10 Warum finde ich meine Selbstachtung gut?

Da mangelnde Fähigkeiten oft zu Konflikten führen, mit sich selbst wie mit anderen, ist es ein heißes Thema, vor allem durch die häufige Wiederholung bestimmter Situationen. Mit der 17. Übung können wir gezielt eingreifen, auch um verfahrene Situationen schrittweise wieder zu entspannen und um uns grundlegend zu orientieren, was zur besseren Bewältigung von Aufgaben erforderlich ist. Es geht hier in erster Linie darum, dass wir unser Selbstbewusstsein stärken – nicht durch Anfeindung anderer, sondern durch bessere Orientierung, was wir brauchen. Dies wirkt heilsam auf die ganze Situation, weil wir uns auf das konzentrieren, was wir selbst beitragen können, um den Konflikt zu entschärfen. Dabei hilft auch die Frage:

18. Übung:

Was will ich vom anderen
und wie verwirkliche ich es an mir selbst?

An dem obigen Beispiel, wo es um das Üben von Fragebereitschaft geht, lässt sich nachvollziehen, dass es hilfreich ist, sich bei Konflikten immer mit dem Achten der eigenen Bedürfnisse, Fähigkeiten (8.–10. Übung) und deren Grenzen (31. Übung) zu befassen. Um negative Gefühle umzuwandeln und die eigene Handlungsfähigkeit zu steigern, ist es allerdings erforderlich, sich mit den betreffenden Gefühlen zu befassen, wie es vor allem in den Kapiteln „Mangelnde Motivation oder Begeisterung?“, „Ärger oder Zielsicherheit?“, „Angst oder Lebenswille?“ und „Unsicherheit oder Übersicht?“ beschrieben ist. **Bei der täglichen Entwicklung seiner Selbstachtung hilft der regelmäßige Blick ins Inhaltsverzeichnis des Buches, um sich anregen zu lassen, wo der gegenwärtige Ansatz der eigenen Auseinandersetzung liegen könnte. Zu welchem Thema zieht es mich jeweils am meisten?**

Nehmen Sie sich vor, alle Kraft dafür zu verwenden, sich so klar wie möglich zu machen, was Sie genau möchten und was Sie dafür tun können, um es zu bekommen – indem Sie es sich selbst geben und dadurch die Weichen dafür stellen, es möglichst auch von anderen zu erhalten.

Es geht darum, keine Zeit darauf zu verschwenden, seine Unzufriedenheit am anderen auszulassen, sondern in sich zu gehen, um zu klären, was die eigenen Bedürfnisse sind. Auf dieser Grundlage gelingt die Verständigung wesentlich leichter.

Viele Konflikte rühren daher, dass beide Seiten unzureichend wissen, was sie genau wollen, doch vom anderen erwarten, er solle die Unzufriedenheit beseitigen.

Um bei Unstimmigkeiten, schwelenden Auseinandersetzungen und Streit zu positiven Lösungen zu gelangen, geht es um mehr als Nachgeben oder Durchsetzen. Vielmehr bin ich als Beteiligter darauf angewiesen, mir konkrete Ziele zu erarbeiten und sie gegenüber dem anderen zu verfolgen. Es nützt mir nichts, den anderen dafür verantwortlich zu machen, dass er meine Bedürfnisse erfüllen soll – sondern ich muss mich von ihm abgrenzen und selbstständig dafür sorgen, dass ich das bekomme, was ich brauche. Zu versuchen, dabei weder gehässig zu sein noch auf den anderen einzugehen, wenn er mich ärgert, ist notwendig; vergleiche Kapitel „Ärger oder Zielsicherheit?“. Auch wenn es nicht immer gelingt, ist trotzdem das Bemühen in diese Richtung entscheidend.

47. Übung:

MIT ALLER KRAFT DASJENIGE VERFOLGEN,
WAS ICH VON HERZEN WILL –
STATT MICH AUF DAS ZU KONZENTRIEREN,
WAS ICH NICHT WILL.

Leichter gesagt als getan – aber sich so zu verhalten zahlt sich auf Dauer aus; und sei es wegen des eigenen Seelenfriedens. In Auseinandersetzungen ist es wichtig, durch das eigene Verhalten positive Signale zu setzen und dadurch zu zeigen: Ich bin selbstständig und tue das, was ich für richtig halte. Damit verschaffe ich mir Respekt und zugleich Befriedigung der eigenen Bedürfnisse! Die genannten Übungen können sehr dabei helfen.

Mangelnde Fähigkeiten können auch zu Selbsthass führen. Wenn ich etwas immer wieder nicht so schaffe wie ich es möchte, obwohl ich sehr darum kämpfe, kann ich in eine Haltung verfallen, mit der ich mir selbst schade: Selbstablehnung – oft sind es mangelnde Fähigkeiten, die dazu führen. Doch Achtung: Es ist eine schlechte Spirale, in der ich mich verfange, wenn ich mich wegen mangelnder Fähigkeiten ablehne. Ich werde es dadurch keinesfalls leichter haben meinen Zustand zu verbessern; im Gegenteil, meine Erwartungen und meine Handlungen werden immer weiter auseinanderklaffen! Deshalb sollte ich vorsichtig sein mit zu hohen Erwartungen an mich selbst.

Wenn ich mein Lernen nicht achten kann, vermag ich nur dasjenige zu tun, was ich schon kann. Hingegen achte ich mein Lernen, kann ich mich weiterentwickeln und meine Fähigkeiten erweitern; es ist ein schrittweiser Vorgang.

45. Übung:

WER GROSSES ERREICHEN WILL,
MUSS IM KLEINEN ACHTSAM SEIN.

Ich tue gut daran, mir keine Dinge abzuverlangen, die mich traurig, unzufrieden, erschöpft oder verzweifelt machen. Es ist besser, wenn ich mich frage, warum ich lebe. Stelle ich mir die Frage, sollte ich zulassen, wenn ich keine Antwort habe:

19. Übung:

Warum lebe ich?

Bleiben Sie vor dem Abgrund stehen, in den Sie möglicherweise innerlich blicken müssen, wenn Sie diese Frage stellen. Der Blick in den Abgrund kann einen davor bewahren, den nächsten Schritt zu tun. Und dann üben Sie Wohlwollen mit sich selbst, entwickeln Sie Fragebereitschaft im Umgang mit sich selbst, vertrauen Sie sich selbst. So kommen wir Schritt für Schritt heraus aus jenen unmäßigen Erwartungen, mit denen wir uns quälen.

Wir Menschen haben zeitlebens zu tun mit Grenzen, die wir gerne erweitert hätten. Es ist die Kunst des Lebens, so damit umzugehen, dass wir sie erweitern KÖNNEN. Diese Kunst will gelernt sein. Mit unseren Grenzen so umzugehen, dass wir damit niemandem, auch nicht uns selbst schaden, ist eine ungeheuer große Aufgabe. Hier zeigt sich, welches Verhältnis wir zum Wesen der Liebe haben. Werden wir an unseren Grenzen lieblos, oder schaffen wir es die Liebe zu wahren? Gewaltsame oder liebevolle Durchsetzung, welche Fähigkeiten wollen wir ausbilden? Es geht in beide Richtungen, wir haben die Wahl.

Der Vorteil der liebevollen Selbstbehauptung – das ist der Weg der Selbstachtung – ist nicht der schnelle, sondern der dauerhafte Erfolg. Manchem erscheint das abwegig. Warum? Es mag viele Gründe geben für eine Entscheidung in die eine oder andere Richtung, allerdings wird sie wohl in vielen Fällen gar nicht getroffen; sondern der Mensch lebt einfach nach seiner Gewohnheit mehr oder weniger ziellos vor sich hin. Ziellos? Es dürften recht wenige Menschen sein, die sich gezielt dafür entscheiden, durch Boshaftigkeit Durchsetzung zu erwirken. Die allermeisten dürften wohl einfach in einem Bewusstseinszustand leben, in welchem sie sich keine oder nur unzureichend Rechenschaft über ihre Gesinnung und die sich daraus ergebenden Verhaltensweisen und Handlungen abgeben. Genau das ist aus der Sicht der Selbstachtung ein unnötiger Mangel. Denn in ihrem Sinne sage ich: Mir kommt es darauf an, meine Möglichkeiten so zu nutzen, dass ich für mich wie für andere Menschen so viel wie möglich an echten Vorteilen erringe. Deshalb versuche ich an meine Grenzen zu stoßen und dort durch Selbstachtung Erweiterung meiner Fähigkeiten zu erzielen! Die Erweiterung suche ich durch Achtsamkeit, nicht durch Verachtung zu bewirken.

Wenn ich mich für einen solchen Weg entscheide, MUSS ich bestimmte Gesetzmäßigkeiten beachten, um vorwärts zu kommen. Es handelt sich um die Tugendleiter; vergleiche Kapitel „Hemmnisse und ihre Überwindung". Denn wenn wir liebevolle Selbstbehauptung suchen, ist die Tugendleiter der eherne Maßstab unserer Schritte. Alles andere, egal in welchem Namen es auch auftreten mag, ist gegen die Gesetze der Tugendleiter nichts als fragwürdiger Ersatz, Zeitverschwendung, Selbstbetrug und ein Stück weit auch immer verantwortungslos. Denn **als Mensch HABE ich eine Verantwortung: Die Verantwortung für das, wonach ich strebe.** Wir können für vieles unserem Schicksal die Verantwortung geben, nur für eines nicht: Ob und wie wir unser Denken hinterfragen. Es ist eine urmenschliche Aufgabe, die wir nicht dem Schicksal überlassen sollten. Von ihrer Erfüllung hängt es ab, welche Ziele wir uns setzen. Aus Verachtung sage ich: Ist mir doch egal! Aus Achtung sage ich: Ist mir sehr wichtig! Beides ist möglich. Die Entscheidung liegt beim einzelnen Menschen.

Ich kann als Individuum sagen, dass ich mich nicht bevormunden lassen muss und dass es zu prüfen sei, was gut und was schlecht für mich ist. Dazu ist es erforderlich, dass ich die strengstmöglichen Maßstäbe an mein Prüfen anlege – und vor allem überprüfe, auf welche Weise ich prüfe. Nichts ist ärgerlicher als eine Prüfung, bei der ich von vorne beginnen muss, weil ich sie nicht aufmerksam genug durchführte. Auch wenn gerade die Deutschen ein gestörtes Verhältnis zur Strenge haben auf Grund ihrer Geschichte: **Wenn die Strenge liebevoll ist, kann sie nicht groß genug sein.** Genau das ist wohlwollendes Fragen: Es bewirkt liebevolle Strenge. Wohlwollen und Fragen, auf beides kommt es gleichermaßen an.

Doch vielleicht reichen meine Fähigkeiten nicht aus, um den bestehenden Anforderungen gewachsen zu sein. Wenn ich deswegen Schmerz erleide, der mir zugefügt wird oder den ich mir selbst zufüge, stehe ich an den Grenzen meiner Fähigkeiten; denn ich bin nicht in der Lage, mich dem Schmerz zu entziehen. Manchmal gibt es keinen anderen Weg, als aus Schmerz zu lernen. Dann brauche ich Anteilnahme, Mitgefühl und Trost, die ich mir mit der folgenden Übung selbst schenken kann:

17. Übung, 1. Abwandlung:

17.1 (1) Was schmerzt mich?
17.2 (1) Warum schmerzt es mich?
17.3 (1) Wie kann ich meinen Schmerz lindern?

* * * * * * * * * *

17.4 (1) Was brauche ich?
17.5 (1) Warum brauche ich es?
17.6 (1) Wie brauche ich es?

* * * * * * * * * *

17.7 (1) Wie achte ich meinen Schmerz?
17.8 (1) Warum finde ich das Achten meines Schmerzes gut?
17.9 (1) Wie achte ich meine Selbstachtung?
17.10 (1) Warum finde ich meine Selbstachtung gut?

18. Zeitmangel oder Zeit?

Zweifellos hat die verfügbare Zeit Grenzen. Diese gilt es auszuschöpfen, indem wir immer das tun, was die jeweils größte Bedeutung für uns hat. Dafür gibt es ein wunderbares Hilfsmittel.

20. Übung:

- 20.1 Was möchte ich jetzt am liebsten tun?
- 20.2 Was brauche ich?
- 20.3 Was ist meine Frage?
- 20.4 Was ist jetzt am wichtigsten zu tun?

Mit der ersten Frage schauen wir auf unsere Motivation. Entscheidend ist dabei, dass wir uns auf unser Herz konzentrieren. Denn dort empfinden wir unsere Bedürfnisse am umfassendsten. – Es ist sehr wichtig, immer das größte Bedürfnis zuerst zu erfüllen. Warum? Weil es uns am meisten beschäftigt. Sobald es nicht mehr das größte Bedürfnis ist, tritt ein anderes Bedürfnis an die erste Stelle. Diese Vorgehensweise erfordert eine gewisse Ausdauer der Aufmerksamkeit. Denn es geht ja um eine andauernde Beobachtung des Herzens. Sie gelingt mir umso besser, je freundlicher ich im Scheitel zu mir bin. Fehlt mir diese Freundlichkeit im Scheitel, so passiert es leicht, dass ich statt in mein Herz in meinen Bauch „schaue". Damit bekomme ich ein ernsthaftes Problem. Warum? Weil der Bauch das Zentrum unserer Willenskräfte ist, die wir nicht verstehen können, wenn wir es nicht über unsere Gefühlskräfte, unsere Herzenskräfte tun. Die Verstandeskräfte, über die wir im Kopf unser Bewusstsein ausbilden, sollten sich nicht mit den Willenskräften direkt verbinden. Tun sie das, werden wir gefühllos in unseren Entscheidungen, herzlos. Herzlose Entscheidungen sind ein großes Übel für die Menschheit und keinesfalls erstrebenswert. Das so genannte

Entscheiden aus dem Bauch heraus, sofern es tatsächlich ein solches ist, bringt auf Dauer massive Schwierigkeiten. Erstrebenswert ist das Entscheiden aus dem Herzen heraus. Alles was Sie als Leser und Anwender dieses Buches tun, mögen Sie tun aus der Konzentration auf das Herz. Was sich Ihnen daraus ergibt, WIRD Sie weiterbringen. Doch damit diese Konzentration gelingt, brauchen wir die Übung, im Scheitel freundlich zu uns selbst zu sein, so wie es im Kapitel „Hemmnisse und ihre Überwindung“ schon angedeutet ist. Durch die Gedankenhaltung der Achtsamkeit (Freundlichkeit zu uns selbst im Scheitel) haben wir die Kraft, uns auf unser Herz zu konzentrieren. So sollte die genannte Übung gemacht werden, nicht anders. Wunsch- und Lebensbedürfnisse treten dabei gleichermaßen zutage. Falls Sie bei dieser Frage Unlust verspüren, machen Sie die 15. Übung.[60]

Damit kommen wir zur zweiten Frage. Sie gereicht uns zu einer verstärkten Beschäftigung mit dem Bedürfnis, das wir mittels der ersten Frage erfassten. Wir kommen damit wieder in den Kopf, indem wir überlegen, wie wir dem besagten Bedürfnis am besten Rechnung tragen. Dabei bekommen wir den Druck aus den Gedanken heraus und lenken sie in die Richtung, die jetzt gerade erforderlich ist. Wir denken genauer über unser Bedürfnis nach und beginnen uns dadurch auszumalen, was seine Erfüllung für uns bedeuten würde. Wenn wir uns dabei gehemmt fühlen, ob von außen oder von innen, hilft die 17. Übung weiter.

Daraus ergibt sich schließlich die dritte Frage, mit der wir die Aufgabenstellung formulieren, um die es nun geht, um unser Bedürfnis in der richtigen Weise zur Tat zu führen. Erst jetzt gelangen wir in unser Wollen, das sich in der Herzensfrage ausdrückt. Und dabei werden wir konfrontiert mit den äußeren Umständen, in denen wir uns gerade befinden. Dieser Vorgang hat eine innerlich befreiende Wirkung, weil wir die Brücke zwischen Innen und Außen schlagen. An dieser Stelle setzt die 21. Übung an, mit deren Hilfe wir nicht nur widrigen Umständen sinnvoll begegnen, sondern uns auch alltägliche Übersicht verschaffen können.

Die vierte Frage deutet darauf hin, was wir tun müssen, um unserer Herzensfrage angemessen nachgehen zu können. Es laufen im Leben ja stets viele Dinge gleichzeitig ab. Damit wir nicht nur auf uns selbst schauen, sondern die gesamten Umstände berücksichtigen, muss an dieser Stelle die Frage gestellt werden, die nicht mehr von uns ausgeht, sondern die von den Dingen ausgeht. Die Vertiefung dieser Frage ist die 43. Übung.

So stellen wir das Gleichgewicht her:

Was möchte ich jetzt am liebsten tun?
Blick auf die eigenen Bedürfnisse.

Was brauche ich?
Auseinandersetzung mit dem jeweils stärksten Bedürfnis.

Was ist meine Frage?
Überlegung, was die konkrete Aufgabe ist,
die sich für mich aus meinem Bedürfnis ergibt.

Was ist jetzt am wichtigsten zu tun?
Blick in den Lebenszusammenhang, in dem ich stehe,
wie ich dort mit meiner Frage bestehen kann.

Gefühl
Verstand
Wille
Tat

Aus dem Gefühl schöpfen wir die Gedanken,
die wir zum Willen formen, den wir in die Tat umsetzen.

Wir können dieses Frageprinzip jederzeit und auf alles ohne Ausnahme anwenden, wenn wir uns gezielt betätigen möchten. Trotzdem oder gerade deshalb werden wir vielleicht Zeitmangel empfinden. Sagen wir uns dann: Je aufmerksamer ich lebe, desto mehr werden mir meine Bedürfnisse bewusst, für die ich meine Zeit nutzen möchte. **Geben wir uns Mühe, den Zeitmangel als etwas Positives zu sehen, weil er uns lehrt, unsere Fähigkeiten gut einzusetzen. Geht diese Haltung verloren, brauchen wir mehr Wohlwollen mit uns selbst** und sind darauf angewiesen, von dort ausgehend intensiv auf der Tugendleiter zu üben; ansonsten verfallen wir, wie weit verbreitet, in Ungeduld, die alles nur schwieriger macht! Dann betreiben wir Zeitplanung vom Kopf aus, übergehen dabei die eigenen Voraussetzungen und die Verhältnisse, in denen wir leben. Derartige Zeitplanung kann bis ins Zerstörerische gehen… Hingegen über die Steigerung der Tugenden entwickeln wir unsere Fähigkeiten auf gesunde Weise weiter und werden geschickter im Umgang mit der Zeit.[61]

Mit nichts nutzen wir unsere Zeit wirkungsvoller, als wenn wir es schaffen unsere Herzensfragen zu achten und zu formulieren. Dieses Buch entstand aus der lebendigen Erfahrung und der tausendfach geprüften Erkenntnis, dass die Herzensfragen eines Menschen dasjenige sind, was die Quelle seiner Lebensmotivation bildet. Herzensfragen sind also das Wertvollste, was wir überhaupt haben, denn sie entscheiden darüber, ob und wie wir leben wollen.

Mit meinen Herzensfragen gestalte ich meine Lebenszeit, mein Schicksal ebenso wie die allgemeine Zeitlage, in die ich geboren wurde. Sie sind der Puls meines Lebens, an dem sich alles entscheidet.

Wie schaffe ich es, mir meine Herzensfragen bewusst zu machen, so dass der Kopf sie aufgreifen und mit ihnen arbeiten kann? Um

dieser Frage willen wurde das Buch geschrieben. Denn geht der Kopf anderen Fragen nach als den Herzensfragen, führt es zu Leid. Und je länger er es tut, desto größer wird das Leid. Auch das Leid, das dabei anderen zugefügt wird. So wie ich mit mir umgehe, tue ich es auch mit anderen.

Die Herangehensweise der Selbstachtung ist es, den Verstand so gut an den Herzensfragen auszurichten, dass sie nicht alleine bleiben, sondern vom Empfinden aus in den Kopf gebracht werden. Die Behauptung, dass der Kopf für den Umgang mit den Herzensfragen nicht nötig sei, weil sich das Herz schon alleine seinen Weg bahnen könne, mag für frühere Kulturen richtig gewesen sein; in unserer Zeit muss sie mit aller Deutlichkeit zurückgewiesen werden! Denn wir leben so stark im Verstand, dass es nicht möglich ist, wesentliche Bereiche des Lebens auszuklammern und sie nur dem Gefühl zu überlassen. Die ständig wachsenden psychischen Schwierigkeiten der Menschen lassen keinen Zweifel daran, dass ein erheblicher Bedarf besteht, gedankliche Verbesserungen im Umgang mit Gefühlen zu erzielen. Nichts belastet den Menschen mehr als herzloses Denken. Denn es hat keine Kraft, dem Menschen gerecht zu werden.

Insofern stehen wir kulturgeschichtlich vor der Aufgabe, unser Denken nicht nur auszubilden, sondern so auszubilden, dass es schwingungsfähig ist und auf das Fühlen selbsttätig anspricht – statt mehr oder weniger starr zu bleiben. Ohne Fragen ist das unmöglich. Leben wir eher in einer Kultur des Urteilens oder in einer Kultur des Fragens? **Selbst wenn ich das Verlangen habe zu urteilen, sollte ich anschließend meine Frage formulieren. So bleibe ich im Denken offen und kann weiterlernen! Ich muss keine Antwort sofort haben, wenn ich Fragen stelle. Das Fragen ist entscheidend – die Antwort wird schon kommen…**

Was hat das mit Zeitmangel zu tun? Es gibt im Wesentlichen zwei Ursachen für Zeitmangel: mangelhafte Aufmerksamkeit in der Lebensführung und widrige Umstände. Der Ansatz für Verbesserung liegt grundsätzlich und ausschließlich bei der aufmerksameren Lebensführung. Denn will ich mit widrigen Umständen fertig werden, muss ich mich besser organisieren. Das heißt: Meine Kräfte, Fähigkeiten und Aktivitäten so gezielt wie nur möglich auf dasjenige richten, was mir am meisten bedeutet. Die Entscheidung, was mir jeweils am meisten bedeutet, ist Herzenssache. Ist sie das nicht, dann gibt es Elend... früher oder später.

Eine der wirkungsvollsten Möglichkeiten, seine Energien in die richtige Richtung zu bündeln, ist das Achten seiner Fragen. Wenn ich meine Fragen achte, drängen sie leichter herauf und werden mir bewusst. Ein Unwohlgefühl im Herzbereich deutet oft darauf hin, dass die dort unterbewusst wirkenden Fragen mehr Achtung brauchen, damit sie meinem Kopf zugänglich werden. Je mehr der Kopf sich darum bemüht, die Herzensfragen zu achten, desto besser gewinnt er Übersicht über das, was das Herz bewegt und kann sich daran ausrichten.

Haben Sie also das Gefühl, dass Ihnen die Zeit davonläuft, so dass Sie sich innerlich unter Druck fühlen, halten Sie inne und suchen Sie mit der folgenden Übung Ihre Ruhe wieder:

21. Übung:

21.1 Was suche ich?

21.2 Warum suche ich es?

21.3 Wie kann ich es finden?

* * * * * * * * * *

21.4 Was ist meine Frage?

21.5 Warum ist es meine Frage?

21.6 Wie setze ich mich mit meiner Frage auseinander?

* * * * * * * * * *

21.7 Wie achte ich meine Fragen?

21.8 Warum finde ich das Achten meiner Fragen gut?

21.9 Wie achte ich meine Selbstachtung?

21.10 Warum finde ich meine Selbstachtung gut?

Lassen Sie sich von dieser Fragenfolge anregen. Lassen Sie die Fragen ruhig auf sich wirken. Spüren Sie Ihren Fragen nach. Suchen Sie das Selbstgespräch mit sich. Reden Sie auch laut, wenn Ihnen danach zumute ist. **Es ist etwas anderes, ob ich meine Gedanken nur im Kopf herumwälze oder ob ich etwas ausformuliere.** Was ich sogar schriftlich formuliere, kann ich genau festlegen, ändern, wiederholen, ergänzen, weglegen, wieder herausnehmen, zur Erinnerung an einem bestimmten Ort aufstellen. Und während ich schreibe, fällt mir wahrscheinlich immer noch etwas ein, was beim Sprechen verschwiegen geblieben wäre. **Gerade die Dinge, die einem schwerfallen, möchten manchmal nicht über die Lippen, kommen aber in aller Stille auf dem Papier zum Vorschein.** Dann stehen sie da – und nach einiger Zeit lese ich sie wieder und es kommt mir eine Erleuchtung. Keine Zeit? Dann eben nicht. Jeder entscheidet selbst, was ihm am wichtigsten ist. Nur sollten wir bedenken, was Herzensfragen bedeuten:

Das was unser Herz am tiefsten bewegt. Dafür sollten wir uns die größte Mühe geben. **Gerade wenn wir unter Zeitdruck stehen, brauchen wir das Formulieren unserer Herzensfragen am allermeisten!**[62]

Das Achten meiner Fragen wirkt umfassend: Es macht mich anziehend, es stärkt meine Lebendigkeit und lässt meine Individualität positiv hervortreten. Es macht mich innerlich ausgeglichen und lässt mich Ruhe und Überzeugungskraft ausstrahlen. Es hilft mir, Übersicht für Entscheidungen zu gewinnen und diese zu treffen.

40. Übung:

FRAGEN STATT KLAGEN!

SELBSTBEDAUERN BRINGT NUR VERSAUERN!

Mit diesem Leitsatz gehen wir gut durchs Leben, selbst wenn wir Schweres durchmachen mussten oder müssen. Wir vermeiden damit, unsere Zeit zu vergeuden mit Dingen, die uns und andere nur belasten.

Durch das Achten meiner Fragen mache ich mich ein Stück weit von meinem Schicksal unabhängig. Ich warte nicht darauf, dass es mir gut geht, sondern ich setze meine Kraft dafür ein, selbst gut für mich zu sorgen. Das Schicksal geht seinen Gang wie es will. Sollten wir als Menschen uns nicht ebenso verhalten und dasjenige verfolgen, was unserem Wollen am meisten entspricht? Warum unterlassen wir es? Warum müssen wir unsere Zeit verbrauchen mit Dingen, die uns mehr schaden als nützen? Warum müssen wir uns ablenken, statt unsere Herzensanliegen zu verfolgen? Warum müssen wir uns das Leben schwer machen mit Selbstbedauern, statt unsere Fragen zu stellen? Die Antwort heißt: Weil wir unsere Fragen nicht genügend achten. Dadurch schneidet sich jeder selbst den Weg ab! **Die persönlich gestaltete Zu-**

kunft endet dort, wo wir aufhören zu fragen. Die viel gepriesene Entscheidungsfreiheit ist davon abhängig, dass ich im Fragen achtsam bin. Denn ohne zu fragen, kann ich nicht prüfen. Es scheint für den Menschen schwierig zu sein, das in seinem Ausmaß zu begreifen, sonst würde er alles daran setzen, im Fragen unermüdlich zu sein. Was für die Kinder selbstverständlich ist, das können Erwachsene nur aus bewusster Entscheidung tun: fragen. Der biblische Satz „Werdet wie die Kinder“ sollte so verstanden werden, dass wir uns mit den Dingen beschäftigen, die uns wirklich interessieren. **Wer seine Fragen achtet, geht innerlich aufgerichtet durchs Leben - solange er dabei bleibt. Deshalb kann die 21. Übung als tägliches Brot für die geistige Aufgeschlossenheit dienen und sollte die 40. Übung als Lebenshaltung gelernt werden.** Je mehr Menschen von meinen Entscheidungen abhängig sind, desto wichtiger ist es, mein Leben fragend zu verbringen.

In der praktischen Arbeit mit unseren Herzensfragen erfahren wir das Leben neu. Es treten Veränderungen ein, die sich auf verschiedene Weise einstellen können. Vor allem füllen wir unser Leben immer mehr mit demjenigen aus, was uns wichtig ist und lösen uns gleichzeitig von Dingen, die wir nicht oder nicht mehr brauchen. Ohne das Achten seiner Fragen ist dieser Vorgang UNMÖGLICH, weil wir in Denk- und Verhaltensgewohnheiten verharren, die uns daran hindern, Änderungen zu vollziehen. **Deshalb sollten wir die 21. Übung als Motor unserer gezielten Entwicklung benutzen, indem wir sie lebenslang täglich einmal oder mehrmals sprechen. Wir halten uns dadurch in einem Zustand, in welchem das Fragen das Urteilen überwiegt - genau darauf kommt es beim Lernen am allermeisten an.** So verändern sich auch unsere Beziehungen, denn wir lösen uns von Menschen, denen das Urteilen mehr bedeutet als das Fragen.[63] Wir fassen berufliche Ziele, die uns entsprechen, wir suchen Auseinandersetzungen, die uns viel bedeuten, wir werden zu Anziehungspunkten wahrhaftigen Strebens, meiden Heuchelei und Angeberei.

All diese Errungenschaften stellen sich nicht von heute auf morgen ein, aber auf Dauer mit Sicherheit, wenn jemand den Willen aufbringt, im Achten und Formulieren seiner Herzensfragen Stetigkeit zu entwickeln. Zwangsläufig entsteht dabei auch die Notwendigkeit, systematische Ordnung einzurichten, um seine Fragen und zugehörigen Aufzeichnungen übersichtlich abzulegen.[64] Das Achten seiner Fragen bringt es mit sich, dass das Verlangen entsteht, mit seinen Fragen so umzugehen, dass sie übersichtlich verfolgt werden können. Ich entwickle daher das Bedürfnis nach Ordnung, wenn ich meine Fragen achte, weil ich mich mit ihnen im Leben zurechtfinden will. **Sinnvolle Ordnung bedeutet Übersicht, Übersicht bedeutet Sicherheit und Sicherheit bedeutet Spielraum für Entscheidungen. Entscheidungen sind wiederum die Grundlage für gezieltes Handeln.**[65] Wer über Ordnung spottet, kann entweder nicht zwischen nützlicher und unnützer Ordnung unterscheiden oder hat selbst so viel Chaos in sich, dass er Ordnung als Bedrohung oder Einschränkung empfindet – in jedem Fall ist es hier mit dem Achten seiner Fragen schlecht bestellt.

Wir müssen uns von solchem Spott nicht beeinträchtigen lassen, auch wenn er uns zu schaffen machen kann. Über die 21. Übung kann ich mich innerlich stetig neu aufrichten und mich zur Wehr setzen, um mir mein Bemühen nicht verleiden zu lassen. Dies gelingt unterschiedlich gut – entscheidend ist, dass die Richtung stimmt. Erfindungsgeist kann aus dem Chaos geboren werden, doch er sucht sinnvolle Ordnung, die zum Leben passt, die dem Arbeiten dient, das Wohlbefinden fördert und gerecht ist. Somit löst er auch falsche und überholte Ordnungen auf. Im Achten unserer Fragen haben wir ein stilles Wundermittel, unser Leben so zu gestalten, wie wir es wollen.

41. Übung:

DAS WICHTIGSTE DER SELBSTACHTUNG IST,
DASS ICH MIR TÄGLICH MEINE FRAGEN STELLE
UND SIE SO LANGE VERFOLGE,
BIS ICH MICH IN MEINEM HERZEN FREI FÜHLE.
WANN ICH ANTWORTEN FINDE IST NACHGEORDNET;
ENTSCHEIDEND IST,
DASS ICH IN MEINER FRAGENDEN HALTUNG BLEIBE.
MEIN LEBEN LANG!

Die Anwendung dieses Grundsatzes führt dazu, dass ich bei der Beantwortung meiner Fragen die Antworten als Grundlage für neue Fragen verwende. Mein lebendiges Herzgefühl bildet dabei die Quelle, aus der ich denkend schöpfe und mich dabei – oft auf unbekannten Gedankenwegen – meinen Zielen nähere. Es ist erforderlich, die Antworten in Geduld abzuwarten und anzunehmen. Wenn ich frage „Wie geht es mir mit meiner beruflichen Entwicklung?“ und dabei die Reaktion kommt „Ich ärgere mich über meine Mutter!“, so muss ich nicht urteilen, dass hier der Ärger über meine Mutter nichts zu suchen habe, sondern ich sollte meinen Ärger achten (25. Übung), um herauszufinden, was er mit meinem Beruf zu tun hat. Oft gleiten wir bei solchen Auseinandersetzungen wild hin und her zwischen Themen, die scheinbar nichts miteinander zu tun haben, während sie in Wahrheit in unserem Gefühlsleben im engsten Zusammenhange miteinander stehen. Der Unerfahrene neigt hier zur störrischen Abwehr und will einen geradlinigen, reinen Gedankenweg haben, um seine Klärungen durchzuführen. Der Erfahrene wird darauf erwidern, dass es gerade um die GEFÜHLSMÄSSIGEN Zusammenhänge geht, die sich äußern in der Abfolge der Antworten, die aus dem Innern aufsteigen. Aufgabe des Verstandes ist es, achtsam, aufmerksam zu fragen und dadurch den Gedanken die

Möglichkeit zu geben, sich auf den gefühlsmäßigen Verlauf einzulassen. So entstehen die besten Ergebnisse. Wenn dann beispielsweise am Ende der Auseinandersetzung mit der Frage „Wie kann ich mein Geld verdienen?" die Frage erscheint „Wie achte ich die Grenzen meiner Geduld?", dann wird die Zielfrage das Mittel sein, um die Ausgangsfrage zu lösen – und Sie werden in Ihrem Herzen genau spüren, wissen, erleben, sagen: „Ja, das ist meine Frage!" und diese Frage mit in den Alltag nehmen. Oft erscheinen bei Zielfragen auch starke Atembewegungen oder Anfälle von Müdigkeit. Geben Sie diesen möglichst nach und verinnern[66] Sie Ihre Zielfragen dabei weiter. Die Wege der Selbstachtung sind geheimnisvoll – nur wer glaubt alles über sich zu wissen, kann so dumm sein, diesen Geheimnissen keinen Respekt entgegenzubringen. **Es gibt nichts Heilsameres gegen Überheblichkeit als das Achten seiner Fragen. Das Achten seiner Fragen wirkt auch dann, wenn ich keine Fragen mehr formulieren kann. Denn dadurch rege ich an, dass meine Fragen wieder aufsteigen können.** Wie die Sonne im Frühling auf den kahlen Boden scheint und dadurch das Keimen hervorruft.

Wenn Sie nicht mehr wissen, wo Ihnen der Kopf steht, weil zu viel auf einmal auf Sie einstürmt: Machen Sie die 21. Übung. Wenn Sie sich überfordert fühlen und mehr Hilfe von außen bräuchten und nicht wissen, wie Sie vorangehen sollen: Machen Sie die 21. Übung. Wenn Sie am Verzweifeln sind, weil Sie Ihre Liebe nicht leben können wie Sie möchten: Machen Sie die 21. Übung. Wir haben mit dieser Übung einen Schlüssel für Türen, die sich scheinbar nicht öffnen lassen.[67] **In unseren Fragen spiegelt sich der Lebenswille und GLEICHZEITIG die Möglichkeit, uns seiner bewusst zu werden. Durch das Achten unserer Fragen befähigen wir uns dazu, den eigenen Lebenswillen gut zu behandeln und uns geliebt zu fühlen. Dadurch bringen wir das Richtige auf den Weg.**

19. Kraftmangel oder Kraft?

Hier geht es um das Thema Gesundheit. Es ist ein extrem ernstes Thema, denn **ohne Gesundheit scheitert alles**. Wir müssen uns daher die Mühe machen und uns fragen, was wir für unsere Gesundheit brauchen und was nicht. Das ist in der Tat eine Sache des Maßhaltens. Setzen Sie deshalb die 20. Übung an, präzisieren Sie damit Ihre Vorstellungen von dem was Sie brauchen, und arbeiten Sie an der Umsetzung so gut Sie es können.

Wenn ich versuche meine Kräfte bestmöglich zu nutzen, ist es besonders wichtig, mein Bedürfnis nach Ruhe zu achten. Es hilft in hohem Maße die Gesundheit zu schützen und rechtzeitig aufzuhören, bevor ich mich überlaste. Wenn es eine spezielle Übung für die Gesundheit gibt, dann diese. Dabei kann ich natürlich auch so vorgehen, dass ich mich frage, was mich beunruhigt – um dann gezielt dasjenige zu verfolgen, was mir mehr Ruhe bringt. Die Tragweite dieses Zusammenhangs kann einem im Alltag leicht entgehen.

22. Übung:

22.1 Was beunruhigt mich?
22.2 Warum beunruhigt es mich?
22.3 Wie kann ich zur Ruhe kommen?

* * * * * * * * * *

22.4 Wie möchte ich zur Ruhe kommen?
22.5 Wie achte ich mein Bedürfnis nach Ruhe?
22.6 Warum finde ich das Achten meines Bedürfnisses nach Ruhe gut?
22.7 Wie achte ich meine Selbstachtung?
22.8 Warum finde ich meine Selbstachtung gut?

* * * * * * * * * *

22.9 Wie komme ich zur Ruhe?
22.10 Wie achte ich meine Ruhe?
22.11 Warum finde ich das Achten meiner Ruhe gut?
22.12 Wie achte ich meine Selbstachtung?
22.13 Warum finde ich meine Selbstachtung gut?

Sie sehen an den Fragen 22.1–3, dass es die Möglichkeit gibt, gezielt nach den negativen Ursachen zu fragen – wenn Sie das möchten. Es kann helfen. In eine ähnliche Richtung geht die 36. Übung.

Hier werden verschiedene Möglichkeiten aufgezeigt, wie wir mit Hemmnissen umgehen können. Falls Sie unter Kraftmangel leiden: In der Ruhe liegt die Kraft – dieses Sprichwort ist wohl wahr.

Deshalb sei an dieser Stelle besonders empfohlen eine Übung zu machen, die sehr unscheinbar und doch sehr wirksam ist: Gedanken anhalten. Versuchen Sie es, auch wenn es anfangs vielleicht nicht gelingt. Bringen Sie Ihre Gedanken mit aller Geduld zur Ruhe und suchen Sie die Stille in Ihrem Kopf. Jeder Gedanke, der aufkommt, geht ins Nichts – ins liebevoll erfüllte Nichts, in die Unendlichkeit aller Möglichkeiten. Das Verharren mit den Augen in einer ruhigen Kerzenflamme kann dabei helfen. Oder schließen Sie die Augen.

Mit etwas Übung werden wir merken, dass auf diese Weise die Ursachen der Beunruhigung umso deutlicher hervortreten und klar wird, was wir tun müssen, um sie zu beseitigen. Wenn Sie es als nützlich empfinden, ersetzen Sie daher die gesamte 22. Übung durch das minutenlange (oder auch nur sekundenlange) Anhalten Ihrer Gedanken. Spüren Sie, was Ihnen hilft! Wir bringen auf diese Weise durch kleine tägliche Übungen mehr Ruhe in unser Leben …

Legen Sie sich ein eigenes Dokument an, in das Sie alles schreiben, was Sie ausdrücken möchten, nachdem Sie zuvor Ihre Gedanken angehalten und innere Stille und Leere verinnert[68] hatten.

23. Übung:

MEINE GEDANKEN LIEBEVOLL ZUR RUHE BRINGEN
UND NACH INNERER STILLE UND LEERE SUCHEN,
IN MICH HINEINSPÜREN,
ALLES AUFSTEIGEN LASSEN, WAS MEIN HERZ BEWEGT,
UND ES ANSCHLIESSEND AUFSCHREIBEN.

Viele Menschen tun sich schwer damit, ihre Gedanken anzuhalten. Die Erfahrung lehrt aber, dass sich jede Mühe lohnt, es zu lernen. Warum? Machen wir uns folgenden Zusammenhang klar.

Wenn wir uns von körperlichen Anstrengungen ausruhen wollen, machen wir es uns bequem und entspannen die Glieder oder wir schlafen. Wir gehen in eine körperlich passive Haltung, bei der nur noch derjenige Teil des Organismus arbeitet, der uns am Leben hält.

Wenn wir uns gedanklich entspannen wollen, reicht es nicht aus, die Gedanken einfach sich selbst zu überlassen oder uns mit irgendetwas abzulenken. Sondern wir brauchen die Konzentration auf die innere Stille. Was beim Körper unbewusst richtig verläuft, so dass er sich entspannt, wenn wir ihn loslassen, das funktioniert bei den Gedanken ausschließlich dann, wenn wir es bewusst tun. Hierfür brauchen wir Kontrolle über unsere Gedanken. Wer kennt es nicht, dass er das Gefühl hat, von Gedanken geplagt zu werden, weil sie ihn unablässig verfolgen? Hier fehlt die Kontrolle über das eigene Denken, und wirkliche Erholung ist dann allenfalls noch im Schlaf möglich. Ein schönes Leben ist das nicht. Gefangener seiner Gedankenkreisläufe zu sein ist nicht nur sehr unangenehm; es hindert uns auch daran, das zu tun, was wir gerne tun würden. Und je mehr Anforderungen das Leben an uns stellt, desto wichtiger ist es, seine Gedanken gezielt lenken zu können.

Was uns dabei am meisten hilft, ist einerseits das Verinnern unserer Herzensfragen – andererseits das Anhalten unserer Gedanken.

Auch wenn es jemand nicht schafft seine Gedanken anzuhalten: Allein der regelmäßige Versuch, es zu tun, zeigt seine Wirkung und führt nach und nach dazu, dass er es immer besser kann. Die Unscheinbarkeit der Übung vermag darüber hinwegzutäuschen, welche großen Vorteile sie mit sich bringt. Einige seien hier genannt.

> *Erstens:* Wer übt seine Gedanken anzuhalten, wird dadurch konzentrationsfähiger, weil er die vollständige Beherrschung seines Denkens lernt.

Zweitens: Mit stillem Kopf (angehaltenen Gedanken) ist unsere Fähigkeit größer, zu empfinden, was wir brauchen. Denn die Gefühle werden dann nicht durch Gedanken überdeckt und können sich besser bemerkbar machen.[69]

Drittens: Mit angehaltenen Gedanken kann ich mich viel besser körperlich entspannen, weil meine Kräfte im Körper besser fließen können. Vollständige Gedankenruhe im Tiefschlaf ist extrem erholsam. Wir können diesen Zustand auch ohne Schlaf herstellen, um in kurzer Zeit wieder aufnahmebereit zu sein. (Genügend Schlaf ersetzt das allerdings nicht.)

Viertens: Unter Zeitdruck hilft das Anhalten seiner Gedanken, um inneren Ausgleich zu schaffen, statt sich erst unnötig zerstreuen zu müssen.

Wer das Anhalten seiner Gedanken nicht beherrscht, der braucht darin beharrliche Übung – anders lässt es sich nicht erlernen. Eine praktikable Möglichkeit ist es, das stille Örtchen dafür zu nutzen und dort vor dem Verlassen eine Minute Gedankenruhe zu üben. So findet sich ganz von alleine regelmäßig und mehrmals am Tage die Gelegenheit, abgeschieden daran erinnert zu werden, sich seiner Gedankenruhe anzunehmen. In jedem Fall sollten Sie lernen Ihre Gedanken zu beherrschen, statt von ihnen beherrscht zu werden – sonst sind Sie nicht Herr Ihres Bewusstseins. Daran führt nichts auf der Welt vorbei, denn **bewusste Selbstachtung ohne Gedankenruhe ist so unmöglich wie Atmen ohne Luft. Wie sollte ich meine Gedanken gezielt nutzen, wenn ich unfähig bin sie zu lenken?**

Kraftmangel führt zu unkontrolliertem Rückzug und somit auch zu Störungen der Aufmerksamkeit – bis hin zu Fehlentscheidungen und Unfällen. Wir sind im Kraftmangel wenig aufnahmefähig und lernen daher nicht gut, weil wir müde und erschöpft sind. Sinnvoll ist es, rechtzeitig Pausen zu machen oder zu schlafen und konzentrationsstarke Zeiten für anspruchsvolle Aufgaben zu verwenden. Viel Schlaf vor Mitternacht unterstützt die intensive Erholung.[70]

Alles was uns belastet, raubt uns Kraft, daher gilt es Belastungen zu entdecken und zu mindern oder ganz auszuschalten. Siehe hierzu die 36. Übung.

Mangelnde Übersicht macht uns unruhig und raubt uns Kraft. Daher ist die 21. Übung auch bei Kraftmangel segensreich.

Der Umgang mit Kraftmangel setzt voraus, dass ich den Willen habe, ihn mir zuzugestehen. Solange ich mir nicht erlauben kann müde oder erschöpft zu sein, werde ich so lange dagegen angehen, bis ich gezwungen werde mich zur Ruhe zu begeben. Hier gilt es zu lernen die Grenzen seiner Kraft zu achten und die 31. Übung entsprechend anzuwenden; vergleiche hierzu die Abwandlungen dieser Übung. Sie können die 31. Übung auf jedes Gebiet anwenden; da wir uns gerade mit den Grenzen unserer Kraft und dem daraus entstehenden Ruhebedürfnis oft schwer tun, ist sie hier sehr zu empfehlen.

Im übrigen spielt das Achten der Grenzen seiner Kraft in Liebesbeziehungen eine wichtige Rolle: Was kann ich sinnvoll mit jemandem teilen und was tue ich besser ohne ihn? Nur wenn wir zu dieser Frage ernsthaft bereit sind, sind wir auch dazu bereit, die Grenzen einer Liebesbeziehung, die ja ein Kraftverbund ist, zu akzeptieren.

Das Achten der Grenzen meiner Kraft (als Abwandlung der 31. Übung) ermöglicht in einer Liebesbeziehung einerseits unbefangen zu schauen, für welche persönlichen Neigungen in welchen Zusammenhängen ich den anderen beanspruchen kann. Andererseits hilft die Übung, mir meine Kraft rücksichtsvoll einzuteilen, damit der andere genügend Aufmerksamkeit von mir bekommt, auch wenn ich viel Kraft für mich selbst oder sonstige Menschen und Angelegenheiten benötige.

Gerade weil Kraft etwas ist, das wir für selbstverständlich nehmen und schmerzlich vermissen, wenn sie fehlt, hilft hier die Achtung seiner Grenzen, sich die genannten Zusammenhänge bewusst zu machen und sein Leben umsichtig zu planen. Hiermit soll ein Hinweis gegeben sein, wie ich mit der bewussten Selbstachtung als Fortgeschrittener sehr tief in mein Lebensgefüge eingreifen kann.

Dennoch brauchen wir den Sonntag, einen Tag, an dem die Ruhe statt die (Selbst)verpflichtung im Mittelpunkt steht. Was möchte ich aus der Ruhe heraus tun? Hier nehme ich ein Stück Abstand vom Alltag, kann mich selbst besser wahrnehmen, neue Übersicht gewinnen, loslassen und Dinge tun, die unter der Woche zu kurz kommen. In welcher Form jemand den Ruhetag pflegen möchte und kann, hängt von vielen Umständen ab. Der Verzicht darauf oder allzu aufreibende Freizeitbeschäftigungen gehen auf Dauer an unser kostbarstes Gut: die Gesundheit!

20. Geldmangel oder Geld?

Ein Thema der besonderen Art ist Geldmangel. Da man ja bekanntlich für Geld fast alles kaufen kann – Selbstachtung gehört allerdings nicht dazu, abgesehen von der Anleitung – spielt es eine große Rolle, ob ich über genügend Geld verfüge oder nicht. Der Maßstab, was genügend Geld für mich ist, sollte von mir mit Hilfe meiner Selbstachtung erarbeitet und dann gezielt umgesetzt werden. Entscheidend ist dabei, dass ich einerseits das von mir verfügbare Geld achte, andererseits meine Bedürfnisse im Umgang mit Geld. Vergleiche „Bewahrendes und entwickelndes Prinzip“ im Kapitel „Sein-Wollen und Sein“.

Mein vorhandenes Geld sinnvoll zu nutzen und es mir maßvoll einzuteilen ist die eine Aufgabe. Die andere Aufgabe ist, mir meine Bedürfnisse im Umgang mit Geld bewusst zu machen – so gewinne ich den Ansporn, mein Geld nach Bedarf zu vermehren oder es anders als bisher einzusetzen. Die Unterscheidung von Wunsch- und Lebensbedürfnissen spielt dabei die entscheidende Rolle! Vergleiche Kapitel „Wir leben für die Erfüllung unserer Bedürfnisse“.

In diesem Zusammenhang gilt es ein häufiges Missverständnis auszuräumen. Man redet von finanziellen Bedürfnissen. Damit sind Bedürfnisse gemeint, welche wir mit Hilfe des Geldes befriedigen möchten. Es sind allerdings keine Bedürfnisse, die wir ans Geld haben, sondern die wir mit Hilfe des Geldes erfüllen können. Das ist ein wichtiger Unterschied. Sprechen wir deshalb von Bedürfnissen im Umgang mit Geld, nicht von finanziellen Bedürfnissen, die es nämlich nicht gibt.

Die Beziehung eines Menschen zum Geld hat nachhaltigen Einfluss auf sein ganzes Leben. Sie verdient daher sorgfältige Beachtung. Machen wir hierzu eine Übung.

24. Übung:[71]

24.1	Welche Beziehung habe ich zum Geld?
24.2	Warum habe ich diese Beziehung zum Geld?
24.3	Wie kann ich meine Beziehung zum Geld verbessern?
	* * * * * * * * * *
24.4	Wie möchte ich meine Beziehung zum Geld verbessern?
24.5	Wie achte ich meine Bedürfnisse im Umgang mit Geld?
24.6	Warum finde ich das Achten meiner Bedürfnisse im Umgang mit Geld gut?
24.7	Wie achte ich meine Selbstachtung?
24.8	Warum finde ich meine Selbstachtung gut?
	* * * * * * * * * *
24.9	Wie verbessere ich meine Beziehung zum Geld?
24.10	Wie achte ich mein Geld?
24.11	Warum finde ich das Achten meines Geldes gut?
24.12	Wie achte ich meine Selbstachtung?
24.13	Warum finde ich meine Selbstachtung gut?

Die Ergebnisse Ihrer Selbstbefragung werden Ihnen zeigen, was Sie zu tun haben.

Wenn jemand das Gefühl hat, dass er nicht genügend Geld hat, sollte er das ernst nehmen. **Geld ist ein Werkzeug, das sich gut oder schlecht gebrauchen lässt.** Wenn ich meine Bedürfnisse im Umgang mit Geld achte, werde ich daran arbeiten, mein Geld für meine größten Bedürfnisse zu nutzen. Und wenn ich mein Geld achte, wird es sich auf Dauer mehren.

Denn **wer gut mit Geld umgeht, der kann es so einsetzen, dass er auf Dauer mehr davon hat**.

Wir können davon ausgehen, dass mit jedem Schritt, den wir in der Selbstachtung tun, eine veränderte Aussicht für uns entsteht. Mit der Zeit werden die Aussichten immer besser – was nicht heißt, dass wir keinen Schwierigkeiten mehr begegnen werden, aber wir werden sie immer besser lösen können. Auch Geld spielt dabei eine Rolle. Folgende Regel ist wichtig:

48. Übung:

NICHTS WEGEN DES GELDES,
SONDERN ALLES WEGEN SEINER BEDÜRFNISSE TUN!

Achte ich meine Bedürfnisse im Umgang mit Geld, so werde ich mit Geld gezielt umgehen und es genau dort einsetzen, wo es mir entspricht. Fehlt mir Geld, werde ich durch das Achten meiner Bedürfnisse im Umgang mit Geld danach trachten, genau damit Geld zu verdienen, was mir am meisten entspricht. Keinesfalls werde ich irgendetwas tun, nur um Geld zu verdienen. Ich werde haargenau das tun, was ich unter den gegebenen Umständen am liebsten tun möchte. Auf diesem Weg werde ich sagen: Ich folge meiner Berufung, dem, was mir am meisten entspricht. Ich werde die Geschicklichkeit entwickeln, mich mit meinen persönlichen Voraussetzungen auf den Markt einzustellen. Das macht mich erfolgreich. Wenn ich dieses Prinzip durchschaue, werde ich wissen: Ich tue nichts wegen des Geldes, sondern alles wegen meiner Bedürfnisse.[72] Und da ich nicht nur körperliche, sondern auch soziale und geistige Bedürfnisse habe, werde ich das Geld, über welches ich verfüge, in dieser dreifachen Weise nutzen.

Achte ich mein Geld, werde ich einerseits sparsam wirtschaften, andererseits darauf achten, dass ich einen angemessenen Preis für meine Arbeit erziele. Ich werde versuchen, geeignete Verdienstmöglichkeiten, die meinen beruflichen Voraussetzungen entsprechen, auszuschöpfen. Ich werde versuchen, mein Geld so einzusetzen, dass es sich mehrt, werde Vorsorge treffen, um möglichst niemals in finanzielle Schwierigkeiten zu geraten. Ich werde Wohlstand anstreben, der mir Handlungsspielraum gibt, die Dinge zu tun, die mir wichtig sind. Vor allem werde ich mir überlegen, wofür ich mein Geld unter den gegebenen Umständen am liebsten ausgeben möchte – statt an meinem Geld zu kleben, werde ich mir immer wieder Gedanken machen, wofür es von mir am besten genutzt werden kann!

Selbstachtung im Umgang mit Geld heißt, das Geld in den Dienst des Menschen zu stellen. Das Sprichwort „Geld regiert die Welt" wird dabei abgelöst. An seine Stelle tritt der Leitspruch: „Geld diene dem Menschen." Selbstachtung macht es möglich!

Da Geldmangel viele Ursachen haben kann, ist es notwendig, diese zu erforschen, um sie beseitigen zu können. Alle im Buch genannten Hemmnisse können einzeln oder gebündelt zugrunde liegen, wenn ich unter Geldmangel leide. An einigen Beispielen sei dies verdeutlicht.

> *Erstens:* Aufgrund meiner Unlust leide ich unter Antriebsschwäche, brauche lange, um etwas zu erledigen, trödle herum, versuche mich abzulenken und finde auf diese Weise nur schwierig zu konzentriertem, zielgerichtetem Arbeiten, bei dem ich beschwingt und fröhlich vorwärts komme. MANGELNDE MOTIVATION macht es mir unmöglich, mich in einer Tätigkeit frei zu entfalten und diese begeistert und erfindungsreich zu verrichten; ich schleppe mich mit Unlust durchs Leben und kann wohl kaum beruflich erfolgreich werden. Eigeninitiative als Grundlage jeder sinnvollen Entwicklung ist hier von vornherein stark eingeschränkt oder ausgeschlossen. Stattdessen hangle ich mich von einem Vergnügen zum nächsten, um mich von meiner Unlust abzu-

lenken. Dies kostet natürlich auch Geld, das ich vielleicht nicht einmal habe, so dass ich unter Umständen sogar noch Schulden mache, ohne die Ursache meines Geldmangels zu beseitigen. 15. Übung!

Zweitens: Obwohl ich mich bemühe mein Bestes zu geben, merke ich immer wieder, dass mich die Arbeit überfordert, mit der ich mein Geld verdiene. Ich muss mich zu sehr verausgaben, weil sie mir nicht liegt. Obgleich ich meine Arbeit im Grunde gern verrichte, brauche ich zu viel Energie, um sie gut auszuführen, weil sie meine Fähigkeiten in einer Weise in Anspruch nimmt, die nicht zu mir passt. MANGELNDE FÄHIGKEITEN können in vielfältiger Weise zum Ausdruck kommen, da in der Regel für jede Arbeit eine ganze Reihe von Fähigkeiten erforderlich ist. Fehlt mir nur eine davon, kann die Arbeit für mich zur Qual werden. Gewiss werde ich unter solchen Umständen keine Hochleistungen erbringen können, selbst wenn ich es wollte. Allerdings brauche ich die Bereitschaft, mir das einzugestehen, um mich anderweitig orientieren zu können. 17. Übung.

Drittens: Idealismus, vielseitiges Interesse, Einsatzbereitschaft und Willensstärke zeichnen mich aus und ich gestalte mein Leben so, dass ich sinnvolle Ziele fasse, die mir liegen und der Allgemeinheit dienen. Dennoch habe ich Not mit dem Geld, denn ich leide unter ZEITMANGEL. Um alles zu tun, was mir wichtig und was auch sinnvoll ist, brauche ich so viel Zeit, dass ich beim Geldverdienen eingeschränkt bin. Künstlerische, wissenschaftliche, religiöse und soziale Betätigungen fallen oftmals in diesen Bereich. Der Mensch muss hier genau Maß halten, um alles unter einen Hut zu bekommen. 21. Übung.

Viertens: Aufgrund von Veranlagung, Überbeanspruchung von außen oder Selbstüberforderung gerate ich in gesundheitliche Schwierigkeiten und leide unter KRAFTMANGEL. Dadurch ist mein Geldverdienen beeinträchtigt. Meine Aufgabe ist es, so für mich zu sorgen, dass ich wieder arbeitsfähiger werde, doch dazu muss ich mich meinen Belastungen stellen. 22. und 36. Übung.

Fünftens: Wenn es soweit kommt, dass GELDMANGEL die Ursache weiteren Geldmangels ist, ich also meine Schulden nicht mehr bezahlen kann, stehe ich wohl vor dem Bankrott. Grenzen wurden weit überschritten. Es ist dann sehr dringend geboten, ein anderes Verhältnis zu meinen Grenzen zu entwickeln. 31. Übung!

Sechstens: Wenn ich aus ÄRGER zu viel Geld ausgebe beziehungsweise zu wenig verdiene, sollte ich mich fragen, wie ich mit meinem Ärger zukünftig umgehen will. Ärger dürfte bei allen beschriebenen Ursachen im Spiel sein, wenn auch in unterschiedlicher Form. Nicht nur Ärger über Geldmangel ist damit gemeint, sondern der Ärger, der auftritt, wenn ich mein Leben nicht befriedigend führen kann und meine Selbstverwirklichung misslingt, weil sie nicht genügend durchdacht ist beziehungsweise durch die Lebensumstände verhindert wird. Wir sollten davon ausgehen, dass bei Geldmangel immer auch Ärger zu bearbeiten ist! 25. Übung.

Siebtens: ANGST vor Geldmangel oder Geldmangel wegen Angst verknüpfen sich oft unbemerkt miteinander, da sich Angst versteckt. Es ist hier unter Umständen nicht schnell auszumachen, woher die Angst tatsächlich stammt. Habe ich wirklich Grund, mich vor Geldmangel zu fürchten, werde ich über das Achten meiner Angst einen Weg finden, dieser Furcht ins Auge zu sehen und geeignete Maßnahmen zu ergreifen, mich finanziell abzusichern beziehungsweise zu entlasten. – Wenn hingegen das Geld als Ersatzbefriedigung dient, an der mein Selbstwertgefühl hängt, ist es viel schwieriger, der Angst Herr zu werden. Es geht dann nicht ums Geld, sondern um unerfüllte Bedürfnisse, zum Beispiel das Bedürfnis nach Anerkennung. Ich habe daher Angst vor Geldmangel, weil ich mich mit dem Geld von etwas ablenke, was in meinem Leben nicht in Ordnung ist. Also muss ich erst einmal die Kraft entwickeln, der tieferen Angst auf die Schliche zu kommen. Bis ich soweit bin, wird sich die Angst am Geld festmachen. 28. Übung.

Achtens: UNSICHERHEIT und Geldmangel sind ein seltsames Paar. Das was Geldmangel nach außen ist, das ist Unsicherheit nach innen. Es fehlt schließlich in beiden Richtungen an Sicherheit, an Freiheit, an Unabhängigkeit. In der Regel wird es wohl darum gehen, erst einmal mehr äußere Sicherheit zu schaffen, also die finanziellen Verhältnisse einigermaßen zu regeln, bevor ich meinen inneren Unsicherheiten mehr Raum zur Bearbeitung geben kann. Denn zu viel Unsicherheit auf einmal tut nicht gut. Der inneren Unsicherheit auf die Spur zu gehen ist ohnehin nur langfristig möglich, weil es hierbei um Lebensaufgaben geht, deren Erfüllung immer Umstellungen mit sich bringt. Deshalb ist es besser, erst meine finanziellen Verhältnisse so zu regeln, dass die Lebensgrundlagen gewährleistet sind, bevor ich mich daran mache, den tieferen Fragen meines Lebens nachzugehen. Wem zu diesem zweckmäßigen Vorgehen die Bereitschaft fehlt, der müsste sich schon die Frage gefallen lassen, ob er überhaupt bereit ist, die Verantwortung für sich zu übernehmen? Wenn jemandem diese Bereitschaft schon bei den einfachen physischen Dingen mangelt, wird er sie wohl kaum aufbringen, wenn es um seine Gefühle geht, wo es um ein Vielfaches schwieriger ist, Unsicherheit zu beseitigen. Wir sollten uns hier von Beteuerungen und guten Vorsätzen nicht blenden lassen! 29. Übung.

Neuntens: In allen Fällen des Geldmangels stehen wir vor der Frage, wie wir uns angemessen orientieren können. Wir sind also darauf angewiesen zu prüfen, mit welchen Ansprüchen wir leben, ob sie tatsächlich angemessen sind und wie sie jeweils zu ändern sind. Geldmangel kann, wie hier gezeigt wird, sehr unterschiedliche Ursachen haben; daher brauchen wir die Bereitschaft, uns vorbehaltlos zu hinterfragen. Da dies jedoch an Bedingungen geknüpft ist, die wir erst einmal erfüllen müssen, kann die Beseitigung von Geldmangel erfordern, dass ich in mir selbst etwas Grundlegendes ändere: eine Einstellung, eine Verhaltensgewohnheit; oder ich muss die Verarbeitung schwerwiegender Erfahrungen leisten, um mich aus deren schicksalhafter Wirkung befreien zu können. In gewissen Fällen werde ich möglicherweise Geldmangel nur ausgleichen können durch die Hilfsbereitschaft anderer, beispielsweise wenn ich aufgrund einer Behinderung oder Krankheit nicht mehr selbst für mich sorgen kann. Doch ich sollte in jedem Fall mein Möglichstes tun, selbst für mich zu sorgen, denn ich bekomme immer dadurch am meisten Kraft, mich positiv ins Leben zu stellen. Selbstachtung ist ohne diesen Willen nicht möglich! FALSCHE ANSPRÜCHE bewirken, dass ich mir mein Geld nicht oder nicht auf redliche Weise beschaffe. Dieses Verhalten beweist mehr als alle Worte… und es gilt sich davor gut zu schützen.

Um die Ursachen seines Geldmangels zu erforschen, ist es sehr hilfreich, seine Grenzen im Umgang mit Geld zu achten. Hierbei hilft die folgende Übung, deren nähere Erklärung sich findet im Kapitel „Warum kommt optimale Leistung nicht über Leistungsdenken, sondern über optimale Selbstachtung?“. Mit der Übung lässt sich entdecken und herausarbeiten, wo der persönliche Ansatz gegenüber Geldmangel liegen sollte:

31. Übung, 4. Abwandlung:

31.1 (4) Was will ich von mir im Umgang mit Geld?

31.2 (4) Warum will ich es von mir im Umgang mit Geld?

31.3 (4) Wie kann ich mir im Umgang mit Geld gerecht werden?

* * * * * * * * * *

31.4 (4) Wie möchte ich mit meinen Grenzen im Umgang mit Geld umgehen?

31.5 (4) Wie achte ich mein Bedürfnis nach Achtung meiner Grenzen im Umgang mit Geld?

31.6 (4) Warum finde ich das Achten meines Bedürfnisses nach Achtung meiner Grenzen im Umgang mit Geld gut?

31.7 (4) Wie achte ich meine Selbstachtung?

31.8 (4) Warum finde ich meine Selbstachtung gut?

* * * * * * * * * *

31.9 (4) Wie gehe ich mit meinen Grenzen im Umgang mit Geld um?

31.10 (4) Wie achte ich meine Grenzen im Umgang mit Geld?

31.11 (4) Warum finde ich das Achten meiner Grenzen im Umgang mit Geld gut?

31.12 (4) Wie achte ich meine Selbstachtung?

31.13 (4) Warum finde ich meine Selbstachtung gut?

Die Selbstachtung setzt auf einen ehrlichen, sozial vertretbaren und nachhaltig erfolgreichen Weg, sich genügend Geld zu beschaffen, um das tun zu können, was man tun will. Auf der Suche nach vernünftiger Selbstbehauptung werden Sein-Wollen, Haben-Wollen und Tun-Wollen durch Selbstachtung in gewissenhafter Weise und im Einklang mit dem Herzen entwickelt. Auf kaum einem Gebiet beweist sich der Charakter eines Menschen so stark wie im Umgang mit Geld. **Geld kann dazu verleiten, sich selbstsüchtig und skrupellos durchzusetzen, deshalb bedarf es in hohem Maße der bewussten Kontrolle durch das Herzdenken. Sobald es nur ums Geld geht, fehlt das Wohlwollen!** Deshalb sind Entscheidungen, die rein nach finanziellen Gesichtspunkten getroffen werden, unmenschlich. Hier wird erst nach dem Kopf und dann nach dem Bauch entschieden – das Herz bleibt außen vor. Selbstachtung kultiviert aber die Beziehung des Kopfes zum Herzen – der Bauch ist dabei in gesunder Weise beteiligt (vergleiche Kapitel „Zeitmangel oder Zeit?"), statt zum selbstbezogenen Herrscher erhoben zu werden.

Wir geraten beim Thema Geld schnell unter Druck und schnell ins Fantasieren, weil es insgesamt ein vielschichtiges Thema ist, an dem sich unsere Entwicklung spiegelt. Wir nutzen den Spiegel positiv, indem wir an unserer Beziehung zum Geld beobachten, wo wir in unserer Entwicklung jeweils stehen. Der Umgang mit Geld führt uns an die Grenzen unseres Erfindungsgeistes.

Geldmangel aktiviert im positiven Fall den Erfindungsgeist, im negativen Fall lähmt er ihn. Das liegt jeweils an meinem Wohlwollen; ist es abhängig vom Geld, bedeutet Geldmangel für mich Verlust von Wohlwollen zu mir selbst; halte ich hingegen mein Wohlwollen zu mir selbst unabhängig vom Geld, so bin ich innerlich sicher genug, meinen Erfindungsgeist zu betätigen, um mir neue Wege zu erschließen.

Geldmangel kann ein großer Ansporn für Erfindungsreichtum sein, wenn ich dabei wohlwollend zu mir selbst bleibe. **Brauche ich Geldmangel, um erfindungsreich zu leben?** Werde ich bequem, sobald ich genügend Geld habe? Sofern ich an den Grenzen meines Erfindungsgeistes FREI-

WILLIG achtsam bleibe, brauche ich nicht den Druck des Geldmangels. Daher ist eine Übung zur Vermeidung von Geldmangel die folgende:

31. Übung, 5. Abwandlung:

31.1 (5) Was will ich von meinem Erfindungsgeist?

31.2 (5) Warum will ich es von meinem Erfindungsgeist?

31.3 (5) Wie kann ich meinem Erfindungsgeist gerecht werden?

* * * * * * * * * *

31.4 (5) Wie möchte ich mit den Grenzen meines Erfindungsgeistes umgehen?

31.5 (5) Wie achte ich mein Bedürfnis nach Achtung der Grenzen meines Erfindungsgeistes?

31.6 (5) Warum finde ich das Achten meines Bedürfnisses nach Achtung der Grenzen meines Erfindungsgeistes gut?

31.7 (5) Wie achte ich meine Selbstachtung?

31.8 (5) Warum finde ich meine Selbstachtung gut?

* * * * * * * * * *

31.9 (5) Wie gehe ich mit den Grenzen meines Erfindungsgeistes um?

31.10 (5) Wie achte ich die Grenzen meines Erfindungsgeistes?

31.11 (5) Warum finde ich das Achten der Grenzen meines Erfindungsgeistes gut?

31.12 (5) Wie achte ich meine Selbstachtung?

31.13 (5) Warum finde ich meine Selbstachtung gut?

Auch Geldüberfluss kann zur Lähmung des Erfindungsgeistes führen. Wenn mir nichts anderes einfällt, als meinen Reichtum dafür einzusetzen, immer noch reicher zu werden oder es mir nur bequem zu machen, ist mein Erfindungsgeist blockiert. Wofür ich meinen Reichtum benutze, entscheidet auch mein Wohlwollen. Auch hier bin ich gefordert, moralisch fantasievoll zu sein, und kann insofern dieselbe Übung machen, die auch gegen Geldmangel hilft, denn im Reichtum hilft sie gegen moralischen Mangel. Je größer mein äußerer Reichtum, desto notwendiger ist es, meinen inneren Reichtum zu mehren, um ersteren gut zu nutzen.

Bewusster Umgang mit Geld setzt also voraus, dass ich mich mit meiner Beziehung zum Geld befasse. Hier kann man sich eine Menge einreden und sich selbst viel vormachen. Die genannten Übungen und Überlegungen können helfen, immer unterscheidungsfähiger zu werden. Bloße Willensdurchsetzung reicht nicht aus, um verantwortungsvoll mit Geld umzugehen. Vielmehr bedarf es der prüfenden Gesinnung, um zu ermessen, welche Folgen mein Handeln hat. Erst durch die Gedankenarbeit ist es möglich, sich ein inneres Bild der Zukunft zu malen, wo die Folgen des eigenen Handelns deutlich werden.[73]

Ich kann und sollte mir durchaus die Zukunft ausmalen, die ich erleben möchte, und mir vorstellen, wie es wäre, dort zu sein – und wie ich mich dann verhalten würde.[74] In der bildlichen Vorstellung fehlt die Zeit; deshalb kann ich mir in der bildlichen Vorstellung die Zukunft ausmalen und mir vorstellen, ich sei schon dort. Das ist anregend für die Fantasie und trägt dazu bei, Denkgewohnheiten, in denen ich gefangen bin, zu verlassen. Stattdessen entwickle ich Zukunftsaussichten, die mich beflügeln können, wenn sie meinen Voraussetzungen entsprechen. Was hingegen zu Verwirrung führen muss: Wenn ich sprachlich die Zeiten verwechsle und so rede, als hätte ich etwas erreicht, das ich noch nicht erreicht habe – dadurch hänge ich wieder in der Selbsteinrede. Besser wäre es, beispielsweise zu fragen:

49. Übung:

49.1 Was würde ich tun, wenn ich unbegrenzt Geld zur Verfügung hätte?

49.2 Warum würde ich es tun, wenn ich unbegrenzt Geld zur Verfügung hätte?

49.3 Wie würde ich es tun, wenn ich unbegrenzt Geld zur Verfügung hätte?

49.4 Wann würde ich es tun, wenn ich unbegrenzt Geld zur Verfügung hätte?[75]

Entscheidend ist jedoch, dass ich in der Lage bin und bleibe, Fantasie und Wirklichkeit zu unterscheiden. Durch Selbsteinrede geht diese Fähigkeit verloren, durch wohlwollendes Fragen wird sie gestärkt![76]

21. Ärger oder Zielsicherheit?

Der Ursprung aller Hemmnisse in uns ist unverarbeiteter Ärger. Um das verstehen zu können, müssen wir uns klar machen, was Ärger ist. Der Einfachheit halber fassen wir unter dem Wort Ärger alles zusammen, was ärgerlich ist: Zorn, Hass, Wut, Unmut, Ekel, Widerwille, Gereiztheit, Aggressionen, (Selbst-)Ablehnung, Unzufriedenheit. Es ist unschwer zu erkennen, dass solche Gefühle Verachtung erzeugen, wenn wir nicht aufmerksam mit ihnen umgehen. **Da Verachtung das Ende der Möglichkeit ist, aus Übersicht zu entscheiden, ist es unbedingt zu vermeiden, dass wir Ärger anstauen und daraus Verachtung entsteht.** Vielmehr sind wir darauf angewiesen, mit ärgerlichen Gefühlen so aufmerksam umzugehen, dass wir so schnell wie möglich unsere Schlüsse daraus ziehen und uns entsprechend verhalten.

In aller Deutlichkeit versteht sich dieses Prinzip, wenn wir uns folgendes bewusst machen: Ärgerliche Gefühle bedeuten immer, dass etwas nicht so läuft, wie ich es möchte. Was mir daher hilft diese Gefühle zu überwinden, ist ein verstärktes Bewusstmachen meines Wollens. Indem ich mir genauer vorstelle was ich will, kann ich gezielter darauf eingehen. Doch dafür muss ich mich mit meinem Ärger achtsam auseinandersetzen. Wir unterschätzen häufig die Bedeutung dieses Vorgangs, bleiben stehen bei Vorstellungen von dem, was wir nicht wollen, und vergessen uns zu überlegen, was genau wir wollen. Die Folge ist immer Unzufriedenheit. Sie wird umso schlimmer, je mehr wir ärgerliche Gefühle mit uns herumschleppen und es unterlassen, sie so aufmerksam zu behandeln, dass wir uns danach mit dem Positiven beschäftigen können. Mache ich mir hingegen meinen Willen bewusst, stärke ich ihn, weil ich dadurch einerseits besonnener, andererseits ausdauernder werde. Ärger ist eine Kraft, die es gilt in die richtige Richtung zu lenken, dann habe ich großen Nutzen davon! Es lohnt sich nicht, wenn ich mich über meinen Ärger ärgere, sonst wird er noch größer; das passiert, wenn ich ihn bloß auslebe oder unterdrücke![77]

Im Grunde muss der Wert jedes Ratgebers zur Lebensführung an der Frage gemessen werden, wie er dazu anleitet, Gefühle des Ärgers zu behandeln. Denn damit steht und fällt die Möglichkeit, sein Leben wirklich in die Hand zu nehmen und zu vermeiden, Verachtung aufzubauen. Verachtung verhindert, dass wir die Übersicht erlangen können, die wir für sinnvolle Entscheidungen unbedingt brauchen. Jede gesunde Entwicklung wird durch Verachtung behindert oder verhindert – mit schicksalhaften Folgen. Wird seitens der Bezugspersonen Verachtung zum Vorbild des Kindes, wird dessen Lernfähigkeit beeinträchtigt und Selbstverachtung in ihm genährt. Wenn daher Eltern und Lehrer oder vergleichbare Personen üben ihren Ärger zu achten, ist es für ihre Zöglinge von größerem Wert als jedes materielle Geschenk.

Da wir in keiner idealen Welt leben, muss jeder Mensch früher oder später Ärgernissen ins Auge schauen, deren Überwindung seiner bewussten Selbstachtung bedarf. Nicht die Tatsache, dass es solche Ärgernisse gibt, verhindert die Lebensfreude am meisten, sondern wenn wir uns ihnen nicht stellen. Ich sollte mich davor hüten, gegen erlittenes Unrecht Verachtung in mir zu nähren, sonst lerne ich daraus nicht genügend und bleibe selbst in dem Zustand gefangen, den ich bei anderen mit Verachtung bekämpfe. Auch wenn es mir nicht gleich gelingt, der Verachtung zu entsagen, ist dennoch mein Bemühen um Achtung wirksam und auf Dauer entscheidend. Häufig ist das gegenüber den Eltern oder nach gescheiterten Beziehungen ein Thema und beherrscht das eigene Leben unterschwellig. Zur Vorbereitung der Bearbeitung helfen die 16. bis 19. Übung, seinen Weg genügend ins Auge zu fassen. Dabei tritt unverarbeiteter Ärger immer mehr zutage.[78]

In der modernen Persönlichkeitsschulung wird häufig der Begriff des positiven Denkens verwendet. Meint dieses, dass man sich angenehme Vorstellungen bilden und unangenehme meiden soll, erregt die Aussage Widerspruch. Denn wenn ich mein Denken nicht genügend auf das Achten negativer Gefühle lenke, werde ich zwangsläufig solche Vorstellungen aufbauen, die meine unangenehmen Gefühle bloß umgehen, statt ihre Ursachen zu beseitigen. Im Kapitel „Sein-Wollen und Sein" ist das an einem Beispiel ausführlich beschrieben. Das Prinzip der Selbsteinrede, so wird daran deutlich, hat niemals die Kraft der liebevollen Selbstbefragung.[79] Diese schafft die Voraussetzung, aus eigener Anstrengung einen Weg zu finden, um seine Herzensanliegen einerseits zu ergründen, andererseits in die Tat umzusetzen. Wie soll das anders machbar sein als mit Fragen, die das Herz bewegen? Wenn das Denken vor allem damit beschäftigt ist, sich etwas einzureden, statt sich selbst zu befragen, besteht die große Gefahr, dass es nicht nur einseitig, sondern auch gefühllos wird. Gefühle des Ärgers geraten dabei allzu leicht ins Hintertreffen, werden entweder verdrängt oder bloß ausgelebt. Im ersten Fall entsteht Gewalt gegen sich selbst, im zweiten Fall Gewalt gegen andere. Es kann ganz subtil beginnen…

Es kann gar nicht genug hervorgehoben werden, wie unerlässlich es ist, Gefühle des Ärgers nicht mit irgendwelchen Vorstellungen beiseite zu schieben, sondern sie zu achten. **Wenn wir unser Wollen liebevoll leben wollen, müssen wir unseren Ärgergefühlen achtsam, aufmerksam und sorgfältig begegnen.** „Positives Denken" ist nur dann diesen Namen wert, wenn es ein Denken ist, das solchermaßen mit Ärger umgeht und ernsthaft an der Überwindung seiner Ursachen arbeitet, statt mit rücksichtsloser Manier eigene Interessen auf Kosten anderer durchzusetzen oder sich selbst zu unterdrücken, um nach bestimmten Vorstellungen zu funktionieren. So genanntes positives Denken, das zu Ausbeutung und Gewalttätigkeit gegen andere oder gegen sich selbst führt, sei es auch nur im Kleinen, beweist damit, dass es mit Ärger nicht achtsam umgeht, sondern ihn bloß unterdrückt oder auslebt. Hier fehlt das Verständnis für den Lebenszusammenhang, weil es am liebevollen Denken mangelt, das am Achten seines Ärgers entwickelt wird. Selbstachtung heißt, seine Gefühle weder zu unterdrücken noch auszuleben, sondern sie anzunehmen, sich geduldig zu besinnen und dann ehrlich zu prüfen, welche Entscheidung die beste ist.

46. Übung:

PRÜFEN BEDEUTET, DASS ICH
MEINE VORSTELLUNGEN, URTEILE UND ANSPRÜCHE
FREIWILLIG IN FRAGE STELLE.

Wie sollte Prüfen von außen verordnet werden? Da nützt mir auch das Einreden nichts; ich brauche vielmehr die Bereitschaft, wohlwollend meine Fragen zu stellen, sonst gelange ich zu keinem zutreffenden Urteil. Solange

Ärger das Denken steuert, regieren Urteile statt Fragen. **Beim wahrhaft positiven Denken hat immer das Fragen das Hauptgewicht, nicht das Urteilen.**

Echtes positives Denken entsteht vor allem durch das Achten seines Ärgers. Wenn wir dieser Tatsache nicht genügend Rechnung tragen, machen wir uns selbst etwas vor, weil unser Denken vom Ärger gesteuert wird oder ganz ausbleibt. Ist es ein Wunder, dass auf diesem Weg das sorgfältige Prüfen umgangen und dadurch dem Selbstbetrug die Tür geöffnet wird? Dann ist der Weg zum Betrügen anderer nicht mehr weit. Lügenhaftigkeit – egal ob ich mich selbst oder andere belüge – beweist gerade, dass es an echter Selbstachtung fehlt. Denn Selbstachtung macht ehrlich – so wie Ehrlichkeit nach Selbstachtung verlangt.

Wir brauchen also dringend ein Verständnis davon, wie wir unsere ärgerlichen Gefühle so aufmerksam behandeln, dass wir es schaffen unser eigenes Wollen genauer zu erfassen.[80] Hierzu möchte die folgende Übung anleiten. Das Wort „Ärger" sollte nach Bedarf ersetzt werden durch Wörter für andere ärgerliche Gefühle. Entsprechend sind die Formulierungen der Fragen anzupassen.[81]

25. Übung:

25.1 Was ärgert mich?

25.2 Warum ärgert es mich?

25.3 Wie kann ich meinen Ärger überwinden?

* * * * * * * * * *

25.4 Was möchte ich tun?

25.5 Warum möchte ich es tun?

25.6 Wie möchte ich es tun?[82]

Es kann uns nun passieren, dass wir nur ein dumpfes, ärgerliches Gefühl wahrnehmen und es nicht schaffen die oben genannten Fragen zu beantworten. In diesem Fall hilft es, folgende Fragen ganz ruhig zu wiederholen und auch die gesamte Übung mehrfach durchzusprechen. Manchmal ist längeres Verinnern[83] erforderlich:

25.7 Wie achte ich meinen Ärger?

25.8 Warum finde ich das Achten meines Ärgers gut?

25.9 Wie achte ich meine Selbstachtung?

25.10 Warum finde ich meine Selbstachtung gut?

Auf der Grundlage, dass wir unseren Ärger genügend achten, können wir aussprechen, was genau uns ärgert. Ist das geschehen, sollten wir sogleich den nächsten Schritt tun und fragen, was wir (tun) wollen. Aus dem formulierten Verlangen entwickeln wir die weiterführenden Fragen. Es kann nicht genug betont werden: Diese Übung ist für die Selbstachtung die allerwichtigste![84]

Beispiel: Ich ärgere mich über einen Geschäftskollegen. Ich nehme meinen Ärger an, formuliere für mich genau, was mich an ihm ärgert. Da es um einen zwischenmenschlichen Konflikt geht, kommt hier noch die 18. Übung ins Spiel: „Was will ich vom andern und wie verwirkliche ich es an mir selbst?" Ich will, dass er aufmerksamer mit mir umgeht. Also habe ich gegenüber dem Geschäftskollegen das unerfüllte beziehungsweise missachtete Bedürfnis nach Aufmerksamkeit. Aber jetzt habe ich das Thema, um das es für mich geht, in der Hand und kann es mit meinen Fragen gezielt weiterverfolgen. Dafür gibt es mehrere Möglichkeiten, ohne dass ich den Kollegen dazu benötige.

Aus Verachtung würde ich vielleicht sagen: „Wegen dieses idiotischen Kollegens betreibe ich doch keinen solchen Aufwand!" Damit übersehe ich aber, dass es durchaus um mich selbst geht: mein Lebensgefühl am Arbeitsplatz, eine nachhaltige Verbesserung meiner Abgrenzungsfähigkeit und vielleicht auch um die Frage, wie ich mich gegenüber dem Kollegen so verhalten kann, dass er mich leichter akzeptieren kann? Außerdem kann sich die Situation wiederholen. Insofern lohnt sich der Aufwand auf jeden Fall!

Da es sich beim Ärger um das zentrale Thema der Selbstachtung handelt, sollten wir ein reiches Instrumentarium an der Hand haben und lieber einmal zu viel als einmal zu wenig fragen. Angepasst an das genannte Beispiel könnten geeignete Fragen folgendermaßen lauten – die vollständigen Fragenfolgen bitte aus den betreffenden Übungen herleiten:

7. Übung: *Wie achte ich mein Bedürfnis, dass Kollege X aufmerksamer mit mir umgeht?…*

10. Übung: *Wie möchte ich mich aufmerksam verhalten?*
Wie achte ich mein Bedürfnis, mich aufmerksam zu verhalten?…

Wie verhalte ich mich aufmerksam?
Wie achte ich meine Aufmerksamkeit?…

Hilfreich für das Achten meiner Grenzen, um mich noch klarer zu positionieren, kann auch die Anwendung folgender Kapitel sein: „Warum kommt optimale Leistung nicht über Leistungsdenken, sondern über optimale Selbstachtung?" und „Anwenden der Selbstachtung im Alltag". Aus letzterem die

43. Übung: *Womit möchte ich aufmerksamer bei mir umgehen?*
Warum möchte ich damit aufmerksamer bei mir umgehen?…

Allein wenn wir die Fragen durchsprechen, wird unser Augenmerk, ohne dass wir eine Antwort geben müssen, in eine sinnvolle Richtung gelenkt! Oft ist es die Stimmung, die sich dabei verbessert, während sich innerlich neue Gedankengänge auftun! Schon so ist viel gewonnen. Durch wiederholtes Verinnern werden allerdings konkrete Lösungen fassbar und aus dem ursprünglichen Ärger gehen konstruktive Handlungsimpulse hervor, auf die wir in Zukunft aufbauen können.[85]

Es geht immer um das Achten einerseits, das Präzisieren andererseits. Suchen Sie in diesem Wechselprozess immer wieder nach Ihren Fragen, geben Antworten darauf und fragen wieder, indem Sie aus der Antwort eine oder mehrere neue Fragen entwickeln. Es sind häufig Wie-Fragen. Das machen Sie so lange, bis Sie schließlich bei einer Frage angelangt sind, auf die Sie keine Antwort mehr haben und bei der Ihnen Ihr Herzgefühl ganz ruhig und deutlich vermittelt: Das ist meine Frage. Diese Frage verinnern Sie, das heißt, Sie wiederholen sie ganz ruhig, innerlich oder äußerlich sprechend und bündeln damit Ihre Aufmerksamkeit genau in diejenige Richtung, nach der Sie verlangen.

Dieses Verfahren ist sehr wirkungsvoll, weil Sie alle Ihre Sinne dorthin wenden, wohin Sie wollen. Damit erreichen Sie dreierlei: Erstens bleiben Sie nicht bei Ihrem Ärger stehen, sondern gehen weiter. Zweitens setzen Sie sich ganz gezielt für das ein, wonach Sie verlangen. Drittens gehen Sie anderen mit gutem Vorbild voraus, indem Sie sich so verhalten, wie Sie selbst behandelt werden wollen.

Wenn Sie so üben, bilden Sie eine Fähigkeit aus – im Umgang mit Ihrem Ärger und auf der Suche diesen zu lösen – die heißt ganz einfach GEDULD. Den Wert der Geduld können wir nicht ermessen, wenn wir ungeduldig sind. Aber wir können uns erinnern an das, was in der 16. Übung steht: „Wohlwollen, Fragebereitschaft, Vertrauen und Maßhalten im Umgang mit sich selbst bilden die Grundlage für die Nutzung und die Erweiterung unserer Fähigkeiten, auch im Umgang mit anderen.“ Wenn Sie bei der 25. Übung merken, dass Sie mit Ihrem Ärger nicht fertig werden, sollten Sie sich diesen Satz wieder sagen und Ihre Erwartungen mäßigen.

Es ist zwar unangenehm, Hassgefühle zu haben, aber dagegen ist nichts einzuwenden. Diese Gefühle können zu Hassfantasien führen, in denen sie sich ausleben. Auch dagegen ist nichts einzuwenden. Wenn wir daraus jedoch Hassgedanken entwickeln und Hassentscheidungen treffen, die zu Hasshandlungen führen, sind wir auf dem Abweg. Spätestens an dieser Stelle muss das Achten der Grenzen unseres Wohlwollens einsetzen, um Schlimmeres zu verhindern. Vergleiche 31. Übung, 3. Abwandlung. Solange wir Hassgefühle und Hassfantasien achten, sind wir auf dem richtigen Weg.

In Goethes „Faust“ gibt es eine Stelle, die den Auftakt bildet für das Unglück, in das der Titelheld sich und Gretchen hineinreißt: „Fluch sei der Hoffnung! Fluch dem Glauben, Und Fluch vor allen der Geduld!“ Hier verliert Faust sein Wohlwollen. Aber vom Wohlwollen geht alles aus …[86]

Am Abgrund bodenlosen Zorns kann ich lernen, welche Macht in der bewussten Selbstachtung liegt. Zorn in Willenskraft umzuwandeln, um den Weg zu gehen, der meinem Gewissen und Wissen entspricht, ist eine Hoffnung spendende Verheißung. Es ist die gefürchtete Fähigkeit der Fest-Entschlossenen, der Unbeirrbaren, der Durchhaltefähigen, ihren Willen am Achten ihres Zorns weiter und weiter aufzubauen und das zu tun, wozu sie ganz und gar stehen können. Denn eines ist gewiss: Feigheit und Lügenhaftigkeit sind niemals so tragfähig wie das Streben, sein Bestes zu geben. Auf Dauer siegt die Wahrhaftigkeit. Schritt für Schritt enttarnt sie das Blendwerk bequemer Lügen und erobert den Boden, auf dem diese glauben bestehen zu können. Geheuchel endet vor dem Achten seines Zorns und zerreißt in Fetzen, durch deren Risse das scharfe Auge blicken kann, noch bevor der Heuchelnde es selbst ahnt. So wird Lügenhaftigkeit bereits zu einem Zeitpunkt enttarnt, wenn sie sich noch sicher wähnt. Es ist Fluch der Verlogenheit, dass sie früher durchschaut wird, als der Verlogene selbst begreifen KANN. Vor Lügen sollten wir nicht verzagen. Im Angesicht ihrer Frechheit unseren Zorn zu achten macht uns fähig, uns innerlich aufzurichten und uns über sie hinwegzusetzen mit besseren Kräften. Dann beginnt etwas Neues – vorher nicht. Im Rückblick auf sein Leben kann ein Mensch da empfinden: Was sind schon zehn oder zwanzig Jahre, angesichts der Tatsache, dass sich danach ein ehrliches Bemühen durchgesetzt hat?

Mit dem Achten meines Zorns, meines Hasses, meiner Wut und ähnlicher Gefühle trete ich Lügenhaftigkeit entgegen – ich darf nur nicht aufgeben, darf mich nicht ihrer Scheinherrschaft beugen; sondern ich muss, im Sinne der 25. Übung, daran mein eigenes Wollen weiterentwickeln. „Das nützt doch sowieso alles nichts!" weiß Verzagtheit zu sagen. Also muss ich meine Fragen besser achten, siehe 21. Übung. „Das dauert viel zu lange!" weiß Ungeduld zu erwidern. Da helfen die 31. und 32. Übung weiter. „So viel Arbeit kann ich mir nicht machen!" Dann achte ich mein Lernen, 17. Übung. Keine Lust? 15. Übung! „Ich bin wirklich arm dran!" 8. Übung, 1. Abwandlung. Wer sich mit der Selbstachtung auskennt, findet immer einen Weg. Deshalb ist es gut, alle Übungen einmal durchgemacht zu haben, dann erinnern wir uns leichter daran, als wenn wir sie nur durchlesen.

22. Angst oder Lebenswille?

Es gibt zwei Arten von Gefühlen, die wir gemeinhin als Angst bezeichnen. Eines davon ist schützende Vorsicht. Nennen wir es Furcht und unterscheiden es von dem anderen Gefühl, das durch unverarbeiteten Ärger entsteht und hier als Angst bezeichnet wird. Was hat Ärger mit Angst zu tun?

Ärger, den wir nicht klären, sondern unterdrücken und mit uns herumschleppen, bewirkt Lähmung der eigenen Willenskräfte; deshalb raubt er die Lebenslust, die Schaffensfreude, die Aufmerksamkeit. Auch das bloße Ausleben von Ärger hat ähnliche Folgen, weil durch unser unbedachtes Handeln der Ärger dann von außen auf uns zurückkommt und immer noch nicht gelöst, sondern noch vermehrt ist. Das schränkt unsere Handlungsfähigkeit ein, macht uns wehrloser, unbeholfener und außerdem unzufrieden. Dass solche Wirkungen beängstigend sind, ist kein Wunder. Durch die 25. Übung kann sich jeder davon überzeugen, wie befreiend es ist, mit dem eigenen Ärger so umzugehen, dass die Willenskräfte durch Besinnung gestärkt statt geschwächt werden. Überhaupt ist guter Umgang mit Ärger die Voraussetzung, um Ängste abbauen zu können![87]

Im Gegensatz zur Angst ist Furcht etwas Positives, weil sie davor schützt, sich in Gefahr zu begeben. Tiere haben somit keine Angst, sondern nur Furcht. Denn Tiere unterdrücken keinen Ärger, sie leben ihn aus. Somit haben Tiere allerdings auch nicht die menschliche Fähigkeit, Ärger zu achten, um ihn durch bewusste Entscheidungen auf etwas Positives zu lenken. Da das Wort Furcht nicht mehr sehr gebräuchlich ist, wird es häufig durch „Angst“ ersetzt. Das ist auch kein Wunder, denn in der Regel unterscheiden wir die beiden nicht sorgfältig genug. Aber an dem Satz „Ich befürchte, dass etwas falsch laufen wird“ bemerken wir den Unterschied zu „Ich habe Angst, dass etwas falsch laufen wird.“ Beim Befürchten wollen wir Vorsichtsmaßnahmen ergreifen. Beim Ängstigen stecken wir bereits in einer inneren Not. Um diese soll es im Folgenden gehen, um Angst, nicht um Furcht!

Die Unterscheidung von Furcht und Angst ist so wichtig, dass wir diesem Thema hier große Aufmerksamkeit widmen sollten. Denn aus Furcht schütze ich mich wirklich, während ich aus Angst dumme Dinge tue. Wie schaffen wir also die Unterscheidung zwischen Furcht einerseits, Angst andererseits? Bei der Furcht haben wir einen klaren Verstand – den so genannten gesunden Menschenverstand, der uns so vieles lehrt, selbst wenn wir keine studierten Personen sind. Hingegen Angst macht sich geltend als dumpfes Gefühl aus dem Unterleib und erzeugt im Gehirn einen Zustand der mehr oder weniger starken Gedankenlähmung. Furcht macht sogar scharfsinnig, ruhig konzentriert beobachtend. Angst macht eher panisch. Bedenken wir diesen gewaltigen Unterschied – und sei er nur ansatzweise da – so müssen wir zu der Überzeugung gelangen, dass wir gut daran tun, ihn genau zu beobachten. Furcht schützt, Angst lähmt. Die Unterscheidung zwischen beiden – auch in der Sprache – hilft uns sehr, uns gut zu entscheiden.

Bei dieser Gelegenheit ein Blick auf die Ehrfurcht. Sie lehrt uns etwas zu begreifen, weil wir uns innerlich bereit machen für eine besondere Wahrnehmung. Auch die Furcht lehrt uns, genau aufzupassen, doch um eine Gefahr im Auge zu haben. Angst hingegen ist im hier gemeinten Sinne immer ein Zeichen dafür, dass ich ein Problem habe. Dieser Angst sollte ich meine Beachtung schenken, damit ich erfahre, was sich hinter ihr verbirgt.

Versuchen Sie grundsätzlich, in Ihrer Angst das Berechtigte zu entdecken. Denn dann können Sie herausarbeiten, was unberechtigt an ihr ist. Denn was wir lernen wollen, ist Angst von Furcht zu unterscheiden. **Furcht ist der berechtigte Anteil bei der Angst, dem wir unbedingt Rechnung tragen sollten! Denn Angst bedeutet immer auch, dass wir unsere Furcht nicht ernst genug nehmen und deshalb drohen uns in Gefahr zu begeben.** Zur Unterscheidung von Furcht und Angst hilft folgende Übung:

51. Übung:

51.1 Wovor fürchte ich mich?

51.2 Warum fürchte ich mich davor?

51.3 Wie kann ich meine Furcht berücksichtigen?

* * * * * * * * * *

51.4 Was ist zu tun?

51.5 Warum ist es zu tun?

51.6 Wie ist es zu tun?

* * * * * * * * * *

51.7 Wie achte ich meine Furcht?

51.8 Warum finde ich das Achten meiner Furcht gut?

51.9 Wie achte ich meine Selbstachtung?

51.10 Warum finde ich meine Selbstachtung gut?

Was Sie sich hingegen strikt untersagen sollten, ist panisch-hektisches Herumrätseln, wovor Sie Angst haben könnten. Sie entziehen sich sonst die Möglichkeit, gesundes Unterscheidungsvermögen aufzubauen. Der ruhige, besonnene Geist ist der größte Gegner unkontrollierter Angstanwandlungen. Deshalb sollten wir uns davor hüten, uns von unseren Gedanken beherrschen zu lassen. Wir können unsere Gedanken beherrschen, zumindest lernen wir es, wenn wir uns fest dazu entschließen und es entsprechend üben. Den Ursachen der Angst auf den Grund zu kommen ist ohne Gedankenruhe aussichtslos, es ist wie das Durchdrehen der Antriebsräder auf dem Glatteis. Die Gedankenruhe schafft das Streugut, auf dem die Räder greifen und das Fahrzeug in Bewegung setzen. Mehr dazu an späterer Stelle.

Man kann allerdings auch Angst haben wollen, um nichts tun zu müssen. Angst-Bequemlichkeit versteckt sich hinter dem Vorwand, aus Angst handlungsunfähig zu sein. Um diesem üblen Verhalten auf die Schliche zu kommen, verlangen Sie immer eine überzeugende Begründung, WARUM Sie vor etwas Angst haben. Im Ungewissen seiner Angst zu bleiben ist ein bekanntes Mittel, wenn jemand keine Verantwortung für sein Verhalten übernehmen will, so nach dem Spruch: „Was ich nicht kann, will ich auch nicht." Da gilt es sein Lernen zu achten; vergleiche 17. Übung.

Wir Menschen haben zuweilen närrische Vorstellungen vom Leben und merken es nicht, haben Angst vor unwirklichen Dingen und übersehen dabei die wirklichen Gefahren. So haben wir vielleicht Angst vor negativen Urteilen anderer und merken nicht, wie abfällig wir uns selbst behandeln. Was ist wohl schlimmer? Natürlich die Abfälligkeit gegen sich selbst! Warum? Weil wir den eigenen Kopf unablässig mit uns tragen und seinem Treiben im Fühlen wie im Handeln ausgesetzt sind. Während wir dem negativen Urteil anderer meist ausweichen können, bleiben wir dem eigenen negativen Urteil gnadenlos unterworfen – in der Ferne wie zuhause, in der Gemeinschaft wie alleine, im Beruf wie im Privatleben, immer und überall. Selbst wenn wir daran krank werden, ändert sich unser negatives Urteil nicht von alleine. Die größte Gefahr liegt daher in uns selbst!

Nicht weniger beängstigend sind aufgeblähte Wunschvorstellungen, denen wir als Erwachsene kein nüchtern prüfendes Denken entgegensetzen und sie deshalb für Wirklichkeit halten. Es ist ohnehin schwer, den Gegebenheiten ins Auge zu schauen, wenn die eigenen Wünsche allzu sehr davon abweichen. Wer sich, statt wohlwollend zu fragen, auch noch Dinge einredet und dadurch den Blick auf bestehende Voraussetzungen trübt, braucht sich nicht zu wundern, wenn er sich schließlich in Ängsten wiederfindet. Denn der Lebenstrieb weiß wohl schon, dass das Verwechseln von Fantasie und Vernunft üble Folgen haben kann.

Es ist gefährlich Mensch zu sein, denn der Mensch ist unvollkommen. Insofern müssen wir uns vor dem Menschen fürchten. Das ist durch und durch ernst gemeint. Diese Furcht macht wachsam und lernbereit und ist Teil des Daseins. Und am meisten fürchten müssen wir uns vor uns selbst, dass wir etwas Unkluges tun könnten, womit wir uns und anderen schaden und wofür wir die Verantwortung tragen. Über diese Furcht gilt es nicht zu spotten, sie ist allgegenwärtig, wenn auch nicht immer bewusst. Doch gerade wenn wir ihr ins Auge blicken, bauen wir Angst ab und sind zu Dingen fähig, über die andere nur staunen, die schon bei dem Gedanken, sie könnten unvollkommen sein, das Knieflattern bekommen. Angsthasen lassen andere alles machen und mäkeln höchstens noch daran herum. Angsthasen fragen nichts, es könnte ja als Zeichen von Unvollkommenheit gesehen werden. Angsthasen urteilen lieber, da brauchen sie ja nichts dabei zu lernen. Angsthasen werden krank vor Angst, wenn sie daran denken ihre Angst ablegen zu müssen. Da müssten sie ja etwas für ihre Entwicklung tun. Selbstachtung? Nein, der liebe Gott soll es richten. Wo bleibt da die menschliche freie Verantwortung? Wir haben eine Aufgabe, jeder seine eigene; die gilt es zu erfassen und umzusetzen.

Die Menschen tun sich wohl unterschiedlich schwer, ihre Ängste zu akzeptieren. Dementsprechend sinnvoll oder unsinnig sind ihre Entscheidungen. Es ist ein erstrebenswertes Gut, seine Angst leicht achten zu können.

Anders als beim Ärger, der immer etwas Aufdringliches an sich hat, ist Angst zurückhaltend und versteckt sich, so dass wir sie unter Umständen nicht einmal bemerken. Doch stellen Sie sich auf den Standpunkt, dass Sie die Fähigkeit entwickeln können, heute von Ihnen noch unbemerkte Ängste mit Hilfe der Selbstachtung in Zukunft entdecken zu können, so dass sie zu Tage treten werden und sich abbauen lassen.

Angst, die ich nicht bewusst wahrnehmen kann, macht sich dennoch in meinem Verhalten geltend und auch in meinen Begründungen, warum ich mich in einer bestimmten Weise verhalte. Wenn ich beispielsweise regelmäßig versuche, der Begegnung mit einer bestimmten Person auszuweichen, den ich ohne mein Zutun treffen würde, kann dies ein Zeichen dafür sein, dass ich vor etwas Angst habe. Wenn ich mein Verhalten damit begründe, den Betreffenden nicht leiden zu können, sage ich damit, dass er etwas an sich hat, was ich nicht mag. Somit erzeugt der Betreffende Widerwillen in mir. Doch warum? Will ich nur meiner Abneigung aus dem Weg gehen? Wenn ja, warum? Wäre es nicht besser, mich ihr zu stellen und auch den anderen ein Stück weit damit zu konfrontieren, um klare Verhältnisse zu schaffen? Wenn ich diese Konfrontation nicht will, muss etwas anderes im Spiel sein, zum Beispiel Bequemlichkeit, die Auseinandersetzung zu umgehen. Wenn das Ausweichen vor dem anderen jedoch mit Anstrengungen verbunden ist, die meiner Bequemlichkeit zuwider laufen, stecken dann noch andere Gründe hinter meinem Verhalten? Wenn ich gar spotte: „Vor dem habe ich doch keine Angst!" und gleichzeitig die Begegnung aufwändig vermeide, was liegt dann vor? Erinnert mich der Betreffende an jemanden, vor dem ich Angst gehabt habe? Bin ich besorgt, meine Abneigung gegenüber dem Betreffenden in einer Weise zu zeigen, dass es dadurch zu vermehrten Schwierigkeiten kommen könnte? Will ich mir meine Abneigung nicht eingestehen und bekomme Angst, weil ich sie unterdrücke?

Die Auseinandersetzung mit Angst erfordert Feingefühl im Umgang mit sich selbst. Dem entgegen stehen Bequemlichkeit und voreilige Urteile. Sie verhindern, dass wir so behutsam in uns hineinhören, dass wir die Angst zu Gesicht bekommen. Kennen Sie beispielsweise das Phänomen, dass Sie vor einem bestimmten Umstand Angst haben; dann geschieht es, dass sich die ganze Angelegenheit zu Ihrer Zufriedenheit löst? Sie freuen sich, stellen allerdings im zweiten Atemzug fest, dass Sie nun vor etwas anderem Angst haben, worüber Sie vorher nicht einmal nachdenken mussten. Schließlich schaffen Sie es, auch dieses Thema in Ihrem Sinne zu bearbeiten und der Angst den Wind aus den Segeln zu nehmen. Sie sind erleichtert, doch siehe da, auf einmal haben Sie Angst vor etwas anderem. Was liegt hier vor? Versteckte Angst. Wovor ich eigentlich Angst habe, erfahre ich hier gar nicht. Vielmehr lebe ich in einem Angstgefühl, das sich immer neue Anlässe sucht, an dem es sich festmacht. Das ist die wirkliche Angst, die da aus dem Hintergrund wirkt und immer wieder andere Dinge beängstigend erscheinen lässt. Was da auf die vordergründige Verfassung von mir hintergründig einwirkt, entzieht sich meinem Bewusstsein. Um mich dem anzunähern, was mich in Wahrheit quält, brauche ich Feingefühl. Doch zugleich muss ich auch streng zu mir sein und mir verbieten, immer wieder neue Gespenster aufzubauen. In diesem Wechselspiel der Anforderungen im Umgang mit mir selbst gibt es eine Eigenschaft, eine Tugend von unschätzbarem Wert: die DANKBARKEIT.

Vielleicht rollt jemand beim Gedanken an Dankbarkeit vor Wut schon mit den Augen? Das wäre kein Wunder, denn wir haben in unserem Kulturkreis ein einseitiges Verhältnis zur Dankbarkeit. Hier ist über Jahrhunderte geübt worden, Gott und anderen Menschen zu danken. Dagegen ist gewiss nichts einzuwenden. Doch wenn wir nicht ebenso üben uns selbst zu danken, für all unser Bemühen, all unseren Einsatz, all unsere Bereitschaft, Dinge zu verbessern, dann geraten wir unweigerlich in eine Haltung, alles von uns selbst für selbstverständlich zu halten. Das ist es aber nicht. Aus dem Gesichtspunkt der Selbstachtung muss gesagt werden, dass sich die fortschrittliche Psychologie und Theologie dadurch auszeichnen, dass sie auch genügend anleiten zum Dank im Umgang mit sich selbst. Denn richten wir unseren Dank nur nach außen, bekommen wir Angst – unüberwindliche Angst.

Was geschieht, wenn ich mein Bemühen für selbstverständlich halte und für alles danke, nur nicht mir selbst? Da mein Bemühen nicht von alleine kommt, sondern meiner Eigeninitiative – meinem Erfindungsgeist – entspringt, bewirkt das einseitige, nur nach außen gerichtete Danken nach und nach eine Lähmung meines Bemühens. Wenn ich meinem Bemühen keine Wertschätzung entgegenbringe, werde ich es irgendwann als wertlos erleben, selbst wenn es noch so groß ist. Ich kann mich dann nur noch für andere bemühen, die mein Bemühen für gut heißen. Damit gerate ich in einen Teufelskreis: Wegen der Anerkennung bemühe ich mich für das, was andere wollen – während das Bemühen, welches ich aus mir heraus erbringe, abzusterben droht. Schreckliche Aussichten für einen Menschen, sie lähmen ihn im Innersten und rauben ihm Schritt für Schritt den Zugang zu seiner Lebensmotivation. Wovor kann jemand größere Angst haben? Dieses Prinzip ist systematische seelische Folter ohne Ende – es sei denn, ich fange an mir selbst zu danken. Doch darauf muss ich erst einmal kommen, wenn ich es ein Leben lang anders gelernt hatte!

Den Missstand einseitiger Dankbarkeit zum Anlass zu nehmen, Dankbarkeit abschaffen zu wollen, da sie abhängig von anderen mache, behebt die Not keinesfalls, sondern führt nur zu Lieblosigkeit. Die Lösung liegt darin, dass wir lernen, uns selbst zu danken.

Überhaupt ist Dankbarkeit zu sich selbst die Voraussetzung für so vieles, nicht nur für den Abbau von Angst. Wer sich übt, täglich danke zu sich zu sagen für sein Tagwerk, baut dadurch einen Leuchtturm auf, der weit übers Meer strahlt und den Schiffen des täglichen Bemühens feste Orientierung gibt, wohin sie fahren sollen. Er stärkt damit seine Gesundheit auf unscheinbare und doch gnadenvolle Weise. Sie sollten es probieren, es lohnt sich und erfordert keinen großen Aufwand. Danken Sie sich, wann immer Sie können. Andere werden auf Sie zugehen, weil Sie Dankbarkeit ausstrahlen. Das macht anziehend. Statt sich in seinen Ängsten zu suhlen, gehen wir doch lieber dankbar mit uns um und lernen dabei, dass das Ende unserer Fähigkeiten kein festes ist; dass unser Bemühen keine Selbstverständlichkeit ist; ja, dass unsere Gesundheit von innen heraus erneuert werden kann.[88] Lernen wir, dass Dankbarkeit zu sich selbst die Kraft gibt, Dinge zu tun, die wir uns vorher nicht getraut hätten: positive Dinge, keine Verbrechen. Lernen wir, dass Dankbarkeit im Umgang mit uns selbst eine größere Heilsbotschaft ist als unsere ganze Technisierung und aller

Reichtum. Wir müssen nicht gegen materielle Errungenschaften kämpfen. Mit Dankbarkeit zu uns selbst haben wir die Kraft, die Technik und das Geld in den Dienst des Menschen zu stellen.

Der Glaube an den materiellen Fortschritt hat nur dann einen Wert, wenn ich mir bewusst mache, dass Zufriedenheit aus inneren Quellen kommt. In der Dankbarkeit zu mir selbst kann ich mich als Mensch erleben, ohne etwas leisten oder haben zu müssen, ohne anderen gefallen zu müssen und ohne bestimmten Ansprüchen Genüge zu tun. Einen solchen Zufluchtsort braucht das Herz, sonst verhärtet es und wird vergrämt – inmitten von materiellem Wohlstand und technischem Fortschritt, wie ihn die Menschheit nie zuvor hatte.

Wofür möchte ich mir danken? Im folgenden eine Übung, die sich mit jeder Tugend durchführen lässt, die allerdings bei der Dankbarkeit besonders dringend erforderlich ist, weil dort besonders viel Verwirrung herrscht.

43. Übung, 1. Abwandlung:

43.1 (1) Wofür möchte ich mir danken?
43.2 (1) Warum möchte ich mir dafür danken?
43.3 (1) Wie möchte ich mir dafür danken?

* * * * * * * * * *

43.4 (1) Wofür kann ich mir danken?
43.5 (1) Warum kann ich mir dafür danken?
43.6 (1) Wie kann ich mir dafür danken?

* * * * * * * * * *

43.7 (1) Wofür danke ich mir?
43.8 (1) Warum danke ich mir dafür?
43.9 (1) Wie danke ich mir dafür?

Die 43. Übung ist hier ohne die Wann-Frage angewandt, weil die Wann-Frage nur in Bezug auf physische Angelegenheiten von Bedeutung ist. Da Tugenden nichts Physisches sind, sondern Eigenschaften, entfällt die Wann-Frage. (Zur Verdeutlichung können Sie die Wann-Frage hier ausprobieren und das Ergebnis testen.)

Sie helfen sich, indem Sie sich gezielt für kleine Dinge danken, die Sie sinnvoll finden – zum Beispiel für das Schließen der Haustüre, wenn Sie das Haus verlassen; für das Auflegen des Telefonhörers nach Beendigung des Gesprächs; für das Betätigen der Klospülung nach Benutzung des Klos. Bei all diesen Verrichtungen sagen wir tendenziell: „Was gibt es da schon zu danken?" Doch nur wenn wir es im Kleinen üben, lernen wir es in schwierigen Verhältnissen anzuwenden. Wenn Sie etwa zum 38. Mal Ihren Hausschlüssel vergessen haben, wird es mehr helfen, sich zu danken für Ihr Bemühen, ihn bei sich zu haben, als sich als Idioten zu beschimpfen. Auch wenn wir unserem Ärger zuweilen Luft machen müssen, sollte danach etwas Konstruktives folgen! Danken will gelernt sein.[89]

Wir alle haben unsere schlechten Erfahrungen, unsere unverarbeiteten Ärgernisse und sind nur begrenzt fähig uns Dankbarkeit zu schenken. An der Grenze der Dankbarkeit zu uns selbst beginnt die Angst und lähmt unsere Schaffenskraft, unsere Lebensfreude, unseren Mut, unseren – Erfindungsgeist, den schöpferischen Menschen. An dieser Grenze brauchen wir Hilfe, Schutz, Trost, Entspannung. Es gibt verschiedene Wege, sie sich zu verschaffen, und je nach Veranlagung, Erziehung und Umfeld werden wir hier sehr unterschiedliche Bedürfnisse entwickeln, wie wir unsere Ängste abbauen können. Deshalb ist große Vorsicht geboten bei Verallgemeinerungen, wie jemand seine Angst abbauen könne. Allzu leicht passiert es, wenn wir jemandem (und sei es uns selbst) die Angst austreiben wollen, dass wir das Gegenteil damit erreichen und trotz besten Wissens und Gewissens nicht in der Lage dazu sind, bestimmter Ängste Herr zu werden.

Angst zu achten ist das sicherste Mittel, um den rechten Weg ihr gegenüber zu finden. Angst zu verachten – wie so weit verbreitet – bewirkt immer das Gegenteil, macht sie nur noch größer. So wie der nette Witz es erzählt, der von einem Arzt und seinem Patienten handelt. Nach langer Behandlung sagt der Patient zum Arzt: „Also, Herr Doktor, ich sehe ein, dass ich keine Maus bin. Nur eine Frage hätte ich noch: Weiß das die Katze auch?"

Angst kann man nicht ausreden, sondern man muss sie achten, um ihre Ursachen entdecken zu können. Da wo wir es nicht mehr schaffen, dankbar zu uns selbst zu sein, beginnt die Angst und beginnen die Aggressionen. Wer diesen Zusammenhang durchschaut, hört auf, Angst ausreden zu wollen und handelt, indem er die Angst achtet. Doch was ist Achten seiner Angst – vor allem dann, wenn ich nicht einmal weiß wovor ich sie habe?

Hier gibt es ein wirksames Mittel, das allgemein nützlich ist, doch besonders für das Achten seiner Angst: Gedanken anhalten, Gedanken zur Ruhe bringen und ins Leere laufen lassen. Das vermindert die Angst und löst unnötige Anspannung.

Was uns an dieser Stelle furchtbar im Wege steht und uns entsetzlich behindert, ist Selbstbedauern. Dadurch wird alles nur schlimmer. Das ist keine Selbstachtung, sondern versteckte Selbstverachtung. Denn statt uns auf die Fähigkeiten zu konzentrieren, die wir haben, um sie gut zu nutzen, beklagen wir die Grenzen unserer Fähigkeiten. Das ist uneffektiv, kostet uns viel Zeit und Kraft. Zudem belästigen wir mit Selbstbedauern in der Regel noch andere Menschen, denen wir etwas vorjammern. Selbstbedauern ist ein Fluch, den wir uns selbst auferlegen und gegen den es nur ein Mittel gibt: bleiben lassen!

Wenn Sie merken, dass Sie da nicht herauskommen, dann summen Sie, am besten auf den Laut NG[90] (nicht N und G, sondern so wie in „Klang").

Damit lässt sich Selbstbedauern ersetzen durch Freundlichkeit zu sich selbst. Wenn Sie diese wieder erlangt haben, halten Sie Ihre Gedanken an, vielleicht eine Minute lang. Auch wenn Sie es nicht schaffen, machen Sie es so gut Sie können. Mit der Zeit wird es leichter gehen. Nehmen Sie sich vor:

26. Übung:

MEINE GEDANKEN SELBST BEHERRSCHEN,
STATT VON IHNEN BEHERRSCHT ZU WERDEN.

Sagen Sie sich diesen Satz immer, wenn Sie Angst spüren und versuchen Sie dann Ihre Gedanken – am besten mit geschlossenen Augen – anzuhalten. Mit Gedankenruhe spüre ich meine Gefühle am besten. Was dann aufsteigt, sollte ich versuchen zu formulieren, am besten schriftlich. Ich werde dann wohl des Öfteren staunen, was da so alles emporsteigt. Bitte die Hinweise zur Gedankenruhe im Kapitel „Kraftmangel oder Kraft?" beachten. Diese Vorgehensweise ist ungefährlich, weil sie nichts in Gang setzt, was die eigenen Fähigkeiten überstiege. Sie können davon ausgehen, dass Ihr Gefühl nur so viel Angst preisgibt, wie Sie im Kopf an Feingefühl dafür aufbringen. Hingegen mit Drogen, Hypnose, Suggestion, Manipulation, undurchschaubaren Verinnerungen[91] oder Gewalt gegen das eigene Gefühl, zum Beispiel durch Ungeduld, kann es passieren, dass so viele Ängste freigesetzt werden, dass die Gedanken außer Kontrolle geraten – das kann gefährlich werden.[92] Wer zu schnell zu viel erreichen will, hat unter Umständen danach mehr Schwierigkeiten als zuvor. Daher die

27. Übung:

NICHTS AUS ANGST TUN ODER UNTERLASSEN,
SONDERN FREUNDLICH ZU MIR SELBST SEIN.

Aus den bisherigen Schilderungen geht hervor, dass es notwendig ist, im Umgang mit Angst gewisse Regeln zu befolgen, um ihrer Herr zu werden. Wenn wir diese Regeln einhalten, können wir davon ausgehen, dass wir unsere Ängste schrittweise verarbeiten werden. Dabei passiert es durchaus, wie bereits beschrieben, dass der einen Angst die nächste folgt und die weiteren Ängste sogar stärker werden. Was passiert nämlich? Es kommt die Angst vor der Angst zu Tage, was besonders unangenehm ist. Falls sich das bei Ihnen einstellen sollte, machen Sie sich klar, dass es ein Zeichen von Fortschritt, keinesfalls von Rückschritt ist. In der Auseinandersetzung mit Ihren Ängsten haben Sie sich bereit gemacht, den tieferen Ängsten näher ins Auge zu sehen. Steigen diese nun auf, begreifen Sie es als Folge Ihrer Übung, nicht als Misserfolg. Denn nun können Sie den schwereren Ängsten überhaupt erst auf den Grund gehen, die bisher noch verdeckt waren (und dennoch wirken, ohne dass Sie Einfluss darauf hatten). Will ich einen Mülleimer ausleeren, muss ich wohl den Deckel aufmachen – und hole ich den Müll erst heraus, dann stinkt es. Ein Misserfolg? Nein, nur unangenehm. Die seelische Selbstfürsorge funktioniert nicht so, dass wir unseren ganzen Abfall luftdicht verpackt ins Müllauto laden lassen können und weg ist er. Denn das Müllauto ist unsere Selbstachtung. Mit ihr transportieren wir den Müll auf die Halde. Dort wird er verarbeitet. Doch die Müllhalde sind unsere Gedanken und die Müllverarbeitung leisten unsere Tugenden. So baut Geduld mit sich selbst Ärger ab, Dankbarkeit zu sich selbst Angst. Haben wir keine Kraft mehr zur Dankbarkeit, brauchen wir mehr Geduld. Fehlt uns Geduld, sollten wir besser Maß halten. Gelingt uns das nicht, benötigen wir mehr Vertrauen zu uns selbst. Mangelt es an diesem, so hilft uns Fragebereitschaft weiter. Bringen wir das nicht auf, so bleibt uns nur eines übrig: mehr Wohlwollen im Umgang mit der eigenen Persönlichkeit zu entwickeln. Sind wir dazu nicht bereit, müssen wir eben leiden. Und je mehr wir uns bedauern, desto mehr werden wir leiden.[93]

Hier können wir die Stufen der Tugenden erkennen, wie sie aufeinander aufbauen. Angst zu achten setzt also eine ganze Menge an Fähigkeiten voraus. Falls Sie daher mit der folgenden Übung noch nichts anfangen können, probieren Sie es wieder mit der vorigen.

Der Verfasser möchte nochmals betonen: Dies ist ein Übungsbuch. Wenn wir etwas lernen wollen, müssen wir wiederholen. Alle Lebensrhythmen wiederholen sich, dieses Prinzip ist keine menschliche Erfindung, sondern Naturgewalt. Bringen wir genügend Respekt davor auf, dann sehen wir die Notwendigkeit ein, immer wieder dort anzusetzen, wo wir es jeweils brauchen.

Machen wir uns noch einmal klar: Erstens ist Angst keine Schande; und zweitens ist unterdrückte Angst dazu geeignet, unserem Leben das Beste zu entziehen: Unbefangenheit und Begeisterung.

28. Übung:

28.1 Wovor habe ich Angst?

28.2 Warum habe ich davor Angst?

28.3 Wie kann ich meine Angst abbauen?

* * * * * * * * * * *

28.4 Was kann ich tun?

28.5 Warum kann ich es tun?

28.6 Wie kann ich es tun?

Sie können diesen Teil der 28. Übung an den ersten Teil der 25. Übung anhängen, dann sehen Sie die logische Verbindung zwischen beiden. Bei Bedarf können Sie es umgekehrt machen und nach 28.1–6 25.1–6 folgen lassen. Wie es für Sie gerade am besten passt.

Wenn Sie beim ersten Teil der 28. Übung allerdings zu keinen Ergebnissen kommen, versuchen Sie unter Verwendung der in diesem Kapitel bereits beschriebenen Übungen die folgenden Fragen zu verinnern:

28.7 Wie achte ich meine Angst?

28.8 Warum finde ich das Achten meiner Angst gut?

28.9 Wie achte ich meine Selbstachtung?

28.10 Warum finde ich meine Selbstachtung gut?

Beim Achten von Angst geht es immer darum, sich bewusst zu machen, was sich hinter der Angst verbirgt. Um das zu können, brauchen wir etwas, das wir der Angst als positive Lebens- und Gedankeninhalte entgegensetzen können. Das bloße Achten von Angst reicht natürlich dafür nicht aus. Willensstarke Menschen sind hier leichter in der Lage, sich zu behaupten, als willensschwache. Wer schon weiß, was er will, doch viele Ängste hat, der wird durch das Achten seiner Angst entlastet, und er kann danach wahrscheinlich das, was er ohnehin tun wollte, einfach tun. Schwieriger wird es, wenn der Angst nichts Konkretes entgegengesetzt werden kann. Wer nicht weiß, was er will, und zugleich viele Ängste hat, für den ist es schwierig, sich überhaupt zurechtzufinden. Deshalb muss hier zugleich mit besonderer Sorgfalt daran gearbeitet werden, herauszufinden, was genau ich will. Dafür gibt es verschiedene Möglichkeiten, die wegen der hohen Bedeutung des Themas hier näher erörtert werden. Folgende Übersicht kann weiterhelfen:

Durch das Achten von Angst können

Erstens: aggressive Gefühle hervortreten, die dann gemäß der im Kapitel „Ärger oder Zielsicherheit?“ beschriebenen Maßnahmen verfolgt werden sollten, um dadurch den eigenen Willen zu stärken.

Zweitens: Grenzen bewusst werden, vor deren Übertreten ich mich fürchte und die es zu achten gilt, um gut mit ihnen umzugehen; vergleiche Kapitel „Warum kommmt optimale Leistung nicht über Leistungsdenken, sondern über optimale Selbstachtung?".

Drittens: Bedürfnisse bewusst werden, die es dann zu achten gilt, um ihnen besser gerecht zu werden. Geht es um Sein-Wollen, Haben-Wollen oder Tun-Wollen? Siehe die betreffenden Kapitel.

Viertens: noch tiefer liegende Ängste auftauchen, die sich zuvor verborgen hatten hinter der ursprünglich empfundenen Angst. Hier gilt es zunächst, erneut Angst zu achten, nämlich die zuletzt bewusst gewordene und dann zu schauen, was sich als weitere Empfindung bemerkbar macht.

Fünftens: sich Gefühle einstellen, die uns zeigen: Nun bin ich frei, mein Tagwerk zu verrichten. In diesem Fall ist es besonders hilfreich, die 20. Übung folgen zu lassen, mit der wir klären, was wir jetzt am liebsten tun möchten und am dringendsten tun sollten.

Sechstens: Fragen entstehen, die es zu formulieren und zu achten gilt, um das eigene Wollen genau erfassen zu können. Siehe 21. Übung.

Siebtens: Zustände der Leere herauskommen, die uns veranlassen sollten, die Gedanken eine Weile anzuhalten (23. Übung), um anschließend besser empfinden zu können, was wir brauchen.

Achtens: Unsicherheiten aufkommen, die es dann zu achten gilt, um festzustellen, was genau mich verunsichert. Hier ist es ratsam, weiter zu verfahren im Sinne des Kapitels „Unsicherheit oder Übersicht?".

Wir haben hier also eine vielgestaltige Aufgabe, deren Bewältigung voraussetzt, dass wir in verschiedene Richtungen denken können und die Bereitschaft haben, Unannehmlichkeiten in Kauf zu nehmen. **Ich muss mich entwickeln wollen, sonst bleibe ich auf meiner Angst sitzen!**

Die Frage ist immer, ob ich mich nur unter Leidensdruck vom Fleck bewege oder ob ich so geistesgegenwärtig bin, dass ich vorausschauend lebe und keine äußeren oder inneren Aufgaben vor mir herschiebe, sondern sie beherzt anpacke, wenn sie auftauchen. Bin ich bereit mein Bestes zu geben oder ziehe ich es vor, mit Reserviertheit zu leben und lieber abzuwarten, wie ich es am bequemsten haben könnte? **Spätestens gegenüber Angst versagen alle bequemlichen Verhaltensgewohnheiten, die im Genießen statt im Lernen das höchste Lebensziel haben.** Gerade in Liebesbeziehungen zeigt sich, welche Einstellung die tragfähigere ist. Nur wer sein Lernen achten kann, hat auch den Willen, seinen Ängsten ins Auge zu sehen; vergleiche 17. Übung.

Wenn Sie im Dunkel Ihrer Ängste stehen, soll innerlich ein ruhiges, warmes, helles Licht den Weg weisen. Dieses Licht kann nur von innen kommen, aus der Gedankenstille. Dadurch kann das Herz zeigen, was es braucht, weil Sie Ihren Kopf zusammennehmen, statt den Angstgedanken oder Wahnvorstellungen zu erliegen. Hier bedarf es der Strenge, sich nicht gehen zu lassen, sondern Herr seiner Vernunft zu bleiben! Bei Bedarf lesen Sie sich in Angstzuständen dieses Kapitel immer wieder laut vor und versuchen Sie eine Übung nach der andern daraus zu machen. Geben Sie nicht klein bei, sondern verlangen Sie von sich, Ihr Denken selbst zu lenken, so gut Sie es können. Schauen Sie sich einen starken Baum an, dessen Wurzeln fest im Boden leben. Gleich seinen Wurzeln sollen Sie mit festem Willen in Ihren Gedanken den Weg bestimmen, indem Sie dort ein inneres Licht suchen und sich Dank entgegenbringen. Sich selbst zu danken heilt die Schmerzen der Angst in unseren Herzen und gibt uns neue Kraft, dem Leben ins Auge zu blicken mit innerer Aufrichtung und der Freude, das Leben zu meistern. Treten Sie der Angst entgegen mit festem Entschluss, am eigenen Ich im Herzen festzuhalten. Das Herzens-Ich vermag zu wenden, was sonst unüberwindlich scheint. Hell soll es werden bis ins Herz hinein – dann sehen Sie, woher Ihre Angst kommt: aus unverarbeiteten Aggressionen.

Es gehört zu den größten Herausforderungen, versteckten Ängsten auf die Spur zu kommen und dafür zu sorgen, dass wir sie nicht als Entscheidungsgrundlage benutzen. Auch nach Jahrzehnten der Übung kann es einem passieren, undurchschauter Angst zu folgen und deshalb Fehlentscheidungen zu treffen. Das beste Mittel dagegen ist, sich genügend Ruhe zu gönnen, um Zeit zu haben, sein Leben gedanklich an sich vorüberziehen zu lassen. Wer unablässig arbeitet, nicht genügend schläft, keinen Sonntag hält, sich keinen erholsamen Urlaub gönnt und womöglich ständig im Lärm lebt, der braucht sich nicht zu wundern, wenn er schließlich Entscheidungen trifft, die angstgesteuert sind. Denn **Mangel an Ruhe macht Angst**.

Beim Handeln aus Angst bezieht man sich bloß auf Vergangenes und prüft nicht seine gegenwärtigen Möglichkeiten, weil man sich nicht darauf besinnt, was man heute tun kann. Deshalb führt Handeln aus Angst zu keinen guten Ergebnissen. Die Verhältnisse in der Gegenwart sind andere als die der Vergangenheit. Theoretisch ist das wohl jedem klar, doch im Leben kommt es darauf an, praktische Konsequenzen daraus zu ziehen. Durch genügend Ruhe – ohne Zerstreuung, ohne Ablenkung – haben wir die notwendige Zeit, unsere Eindrücke zu verarbeiten, um frei für Neues zu werden. Dafür gilt es gezielt zu sorgen.

Das regelmäßige Hinauszögern von Entscheidungen oder das Gefühl, durch Entscheidungsdruck in Angst zu geraten, beides zeigt uns die Notwendigkeit zu mehr Besinnung. Also muss ich zusehen, wie ich mich zur Ruhe bringe, wenn ich mich richtig entscheiden will. **Auch unterlassene Entscheidungen können Fehlentscheidungen sein!**

Wir schaffen es in bestimmten Lebenslagen nicht, unserer Ängste Herr zu werden, weil wir nicht genügend Ruhe, ausreichend Dankbarkeit zu uns selbst und so viel Besonnenheit und daraus folgende Strenge aufbringen, dass wir uns richtig entscheiden können. Auch dieser Tatsache gilt es ins Auge zu sehen. Schaffe ich es trotzdem, wohlwollend mit mir zu bleiben? Und kann ich nach Hilfe suchen? Bringe ich an dieser Stelle noch die Kraft auf, zwischen meinen Gedanken und meinen Gefühlen zu unterscheiden oder fange ich hier an sie zu verwechseln? Ohne Wohlwollen muss ich scheitern, denn ich werde dann glauben, was ich denke, statt zu glauben, was ich fühle, und werde meine Gefühle ändern wollen, statt sie anzunehmen.

42. Übung:

GEDANKEN SIND ZU ÄNDERN,
GEFÜHLE SIND ANZUNEHMEN,
NIEMALS UMGEKEHRT!
WOHLWOLLENDES FRAGEN MACHT ES MÖGLICH.
SO GELINGEN GUTE ENTSCHEIDUNGEN.

Wenn Sie nicht schaffen sich dankbar zu sein, geben Sie Ihr Wohlwollen trotzdem unter keinen Umständen auf – im Gegenteil: Vermehren Sie es mit aller Kraft!!! Nutzen Sie dazu die 31. Übung, 3. Abwandlung.

23. Unsicherheit oder Übersicht?

Die Schwester der Angst ist die Unsicherheit. Ihre Brüder heißen Ärger und falsche Ansprüche. Letzteren lernen wir im Kapitel „Falsche Ansprüche oder Handlungsfähigkeit?" kennen. Sie alle stammen aus dem Hause Leid. Aus dem Hause Freude stammen die Gefährten Wohlwollen, Fragebereitschaft, Vertrauen, Maßhalten, Geduld, Dankbarkeit und – HINGABE. Im Hause Freude herrscht Achtung. Im Hause Leid herrscht Verachtung. Beide Häuser haben viele Gästezimmer und können von jedem Besucher bewohnt werden. Ins Haus Leid kann man ohne anzuklopfen und um Aufnahme zu bitten einfach hineingehen. Im Hause Freude herrschen strenge Sitten. Nur wer höflich darum bittet, dem wird Einlass gewährt. Wer seine Schuhe nicht abputzt, fliegt wieder raus. Jeder Besucher muss im Rahmen seiner Möglichkeiten im Haushalt helfen. Im Hause Leid kann der Besucher dagegen den ganzen Tag faul herumliegen, darf andere beschimpfen, belügen und quälen, wie es ihm gerade passt. Vor allem darf er glauben über alles Bescheid zu wissen, braucht auf keinen Fall seine Meinung zu hinterfragen und sollte ohnehin davon ausgehen, dass es nichts Besseres als ihn gibt. Während im Hause Freude Fleiß, Rücksichtnahme, Ehrlichkeit und Hilfsbereitschaft herrschen und der Besucher sich lernbereit und mitfühlend zeigen sollte, wird im Hause Leid über derlei Gebaren allenfalls gespottet. Allerdings hat das Haus Leid einen Nachteil, der auf Dauer manche Besucher dazu bewog, das Haus wieder verlassen zu wollen: Je länger er sich dort aufhält, desto enger wird es. Denn das Haus Leid hat seinen Zugang von oben und neue Besucher sorgen dafür, dass die Anwesenden immer weiter nach unten müssen, wo es leider keinen Ausgang gibt. Wer also lange im Hause Leid war, muss enorme Anstrengungen leisten, um – gegen den Druck der anderen – wieder nach oben zu kommen. Dieses Problem stellt sich im Haus Freude nicht, da der Zugang unten ist und neue Besucher grundsätzlich Wohnräume beziehen, die weit vom Ausgang entfernt, nämlich ganz oben liegen. Je länger sie im Haus Freude wohnen, desto näher dürfen sie zum Ausgang ziehen – und da ja kein Leben von Ewigkeit ist, werden immer wieder Wohnungen im Ausgangsbereich frei. Das Leben im Haus Freude wird daher mit zunehmendem Alter immer angenehmer, während es anfangs recht mühsam ist. Doch die Zufriedenheit der Älteren ist den Jüngeren Vorbild, so dass sie einsehen, mehr Mühen auf sich zu nehmen, als es die Zugänge im Haus Leid haben. Dessen Alte quälen sich mit aller Kraft nach oben, werden von den Jüngeren verlacht und verhöhnt und fragen sich natürlich warum.

Falls diese Beschreibung Sie an Himmel und Hölle erinnert, sollte Sie das nicht davon abhalten, die Sache doch auch psychologisch anzuschauen. Denn hier geht es keinesfalls um religiöse Bilder, sondern ausschließlich um die Darstellung der Wirkung von Tugenden und Untugenden.

Im Haus Freude wohnt also auch die freiwillige Hingabe. Diese Fähigkeit, die uns Erwachsene bei den Kindern so entzückt, ist eine wunderbare. Sind Kinder unsicher? Sehr wohl. Abhängig von den Erwachsenen, unselbstständig und noch nicht fähig, sich im Leben alleine zu behaupten, brauchen sie ein enormes Vertrauen in ihre Umgebung, deren Einflüssen sie mehr oder weniger schutzlos ausgeliefert sind und von denen sie in so starkem Maße geprägt werden, dass etliche lebenslange Folgen haben. Soll da keiner sagen, Kinder seien nicht unsicher. Und doch erleben wir Kinder oft genug als – wenn auch umtriebige – seelische Ruhepunkte, die großes Licht in das Leben der Erwachsenen bringen und diesen Trost und Zuversicht spenden. Womit? Mit ihrer schier grenzenlosen Hingabe. Schiller sagt in „Die Worte des Glaubens“: „Und was kein Verstand des Verständigen sieht, das übet in Einfalt ein kindlich Gemüt.“ Mit welcher Selbstverständlichkeit passen sich Kinder – solange sie noch klein sind – an ihre Umgebung an! Dann verlernen sie es erst einmal. Doch welch große Unterschiede gibt es auch bei den Erwachsenen, vom verkalkten Sturkopf bis zum lebensfrischen Weisen! Alles Zufall? Natürlich nicht. Hingabe hält jung, Verbohrtheit macht alt.

Um meine Hingabe als Erwachsener muss ich mich bemühen. Dieser Umstand bereitet den Menschen viel Kopfzerbrechen, denn sie sehnen sich nach Unbeschwertheit. Dass bewusste Hingabe nur dem eigenen Bemühen entspringen kann, könnte fast neidisch machen, wenn man sieht, wie einfach es Kinder da haben. Aber bitte kein Neid: Wir alle waren Kinder, wenn auch mit unterschiedlich schönen Erfahrungen. Waren unschöne dabei, viele sogar, sehr viele, sehr, sehr viele? Kein Selbstbedauern![94] Hingabe neu lernen! Das löst die Unsicherheit allmählich. Es kann lange dauern, aber seien Sie gewiss: Es gelingt, Schritt für Schritt und sicher. Wenn wir uns in den kleinen und großen Dingen des Alltags genügend Dankbarkeit schenken, stellt sich Hingabe ganz von alleine ein und wie von Zauberhand genommen verschwindet dabei die Unsicherheit.[95]

29. Übung:

29.1 Was macht mich unsicher?

29.2 Warum macht es mich unsicher?

29.3 Wie kann ich meine Unsicherheit beseitigen?

* * * * * * * * * *

29.4 Was tue ich?

29.5 Warum tue ich es?

29.6 Wie tue ich es?

Hier knüpfen wir an die 28. Übung an, wie diese an die 25. Übung. Kommen Sie damit nicht weiter, steigen Sie in folgende Fragen ein:

29.7 Wie achte ich meine Unsicherheit?

29.8 Warum finde ich das Achten meiner Unsicherheit gut?

29.9 Wie achte ich meine Selbstachtung?

29.10 Warum finde ich meine Selbstachtung gut?

Der Wert einer solchen Selbstbefragung wird sehr leicht unterschätzt – und **je mehr ich meine Ängste und Ärgernisse unterdrücke oder auslebe, desto weniger Zugang habe ich zu meiner Unsicherheit**. Dabei ist Unsicherheit etwas ganz Natürliches, auch wenn ich ein selbstsicherer Mensch bin, denn ich trage immer etwas von der Vergänglichkeit des Lebens in meinem Gefühl. Unsicherheit abzulehnen bedeutet daher auch, das Wesen des Lebens abzulehnen. Unsicherheit zuzulassen heißt, sich dem Leben zu stellen. Gibt es ein Gebiet, wo wir mehr von unseren Kindern lernen können als hier?[96] **Im Angesicht von Unsicherheit gut leben, denn die wahre Sicherheit kommt von innen!** Doch was gibt mir innere Sicherheit?

Hier begegnen wir dem Thema Grenzen. Wenn es mir gelingt meine Grenzen zu achten, kann ich gut mit ihnen umgehen und sie womöglich auch erweitern. Dazu brauche ich allerdings die Bereitschaft, an meine Grenzen zu gehen und sie anzunehmen. Es liegt nahe, dass dies weder mit Ärger noch mit Angst möglich ist; deshalb muss ich sie vorher bereinigen. Aber auf dieser Grundlage ist meine Unsicherheit der ideale Wegweiser, um mir zu zeigen, was ich brauche.[97]

Es ist ein Irrtum zu glauben, dass ich von alleine wissen müsse, was ich brauche und will! Eine solche Gewissheit kann mit viel Auseinandersetzung verbunden sein. Der Anspruch, von alleine über sich Bescheid wissen zu müssen, ist sehr unklug und doch weit verbreitet. Selbsterkenntnis ist mühsam und hat Bedingungen, ohne deren Erfüllung es allenfalls zu Einbildung kommt. Wenn ich hingegen frage, warum ich etwas tue (Übung 29.5), lerne ich meine Bedürfnisse schon kennen, weil ich den Beweggründen meines Verhaltens auf die Spur gehe. Denn an meinem Tun und Lassen sehe ich den Spiegel meiner Bedürfnisse. Frage ich dann, warum ich mich so verhalte, lerne ich früher oder später auch die Ursachen meines Verhaltens kennen. Genau dieser Vorgang kann mit erheblicher Verunsicherung einhergehen. Um sich seiner Unsicherheit nicht stellen zu müssen, behauptet man gerne, genau zu wissen, was man tue.

Immer wenn ich mich auf Neues einlasse, entsteht auch Unsicherheit. Ist das der Grund, wenn ich sinnvolle Veränderungen scheue? Das Achten meiner Unsicherheit fördert meine Lernbereitschaft in hohem Maße – und dadurch auch innere Freiheit. Wie soll ich mich frei fühlen, wenn ich mit meinem Denken nur am Bestehenden hafte?

Wir kommen also nicht darum herum, unser Denken auf den Prüfstand zu stellen. Nicht die guten Absichten sind entscheidend, sondern was ich tatsächlich tue. Deshalb das eigene Verhalten beobachten, statt in guten Absichten zu schwelgen! Das herrliche Sprichwort sagt es treffend: Der Weg zur Hölle ist mit guten Vorsätzen gepflastert.

Auch das Vergleichen mit andern hilft uns hier nicht weiter, denn es geht um das innere Erfassen des individuellen Lebensweges. Wir stehen hier vor ganz anderen Aufgaben, als denen des Leistungsvergleiches, zu dem das gängige Bildungswesen ständig anhält. Vielmehr brauchen wir die Bereitschaft, den Maßstab unseres Handelns in uns selbst zu finden. **Was kann ich mit meinem Gewissen vereinbaren? Dieser Frage nachzugehen erfordert mehr als blindes Glauben, es verlangt mein fortwährendes prüfendes Abwägen zwischen meinem Innern und den Lebensverhältnissen. Gewissenhaftigkeit ist mehr wert als jeder Leistungsvergleich, weil sie dort ansetzt, wo es um den Menschen geht.**

Gewissenhafte Menschen stellen sich ihrer Unsicherheit, weil sie die Kraft besitzen, der Vergänglichkeit des Lebens ins Auge zu sehen, ohne deswegen das Leben abzulehnen. Sie sehen im Leben das übergeordnete Prinzip, dem sie folgen, statt sich an den Wirkungen dieses Prinzips festzuklammern. Den Schlüssel dazu bietet wohlwollendes Fragen, den Weg versperrt selbstbedauerndes Urteilen. Letzteres steigert die Unsicherheit und führt zu seltsamen Auswüchsen menschlichen Verhaltens, bei denen sich alles nur noch ums Physische dreht. Dann brauchen wir angeblich Kranke, damit die Ärzte nicht arbeitslos werden; Schrotterzeugnisse, damit die Wirtschaft Neues verkaufen kann; Werbelügen, damit der Verbraucher sich schnell entscheidet; Erzeugung künstlicher Bedürfnisse, damit die Wirtschaft immer weiter wächst – und somit dreht sich das Denken nicht mehr um den Menschen, sondern ums Geld. **Die scheinbare Sicherheit, welche Geld uns bietet, schmilzt dahin, sobald es um Glück und Gesundheit geht, weil sich diese nicht kaufen lassen.** Da achte ich doch lieber meine Unsicherheit und gewinne daraus die Kraft, meinen Bedürfnissen auf den Grund zu gehen, statt Scheinbedürfnissen aufzusitzen!

Im Ungewissen liegen viele Möglichkeiten, gleich Enden von Fäden, die ich ergreifen kann, um zu schauen, wohin sie leiten. Das Achten meiner Unsicherheit ist ein seltsam geheimnisvolles Mittel, um mich selbst zu verwandeln: Weg von dem abstoßenden, selbstsüchtigen Gebaren, sich für den Besten zu halten, führt das Achten von Unsicherheit zu einer Haltung, sich im Gemeinsamen als etwas Wertvolles zu entdecken. Das Herz ruft nach Gemeinsamkeit, der Kopf hingegen braucht auch Einsamkeit für sein Lernen. Wohin der Weg jeweils geht, ist oftmals unsicher. Es macht mich innerlich weich und äußerlich hart, wenn ich meine Unsicherheit annehme. Das ist eine gute Grundlage für die liebevolle Selbstbehauptung. Schmierige Lügnerei arbeitet anders herum und ist entsprechend gehässig.

Ist es eine Schande, sich unsicher zu fühlen? Liegt die Schande nicht eher darin, sein Gefühl von Unsicherheit zu unterdrücken und statt dessen anderen etwas vorzuspielen – sich als jemand darzustellen, der man nicht ist? In Gesellschaft von Wichtigtuern, Ellenbogentypen und Prahlhälsen gehört schon ein gewisser Mut dazu, einen Weg einzuschlagen, bei dem im Vordergrund die Ehrlichkeit steht, zumindest vor sich selbst zu seinen Schwächen zu stehen.[98] Die Angst, abgelehnt, ausgelacht und verspottet zu werden, hat ihre stärksten Wurzeln doch in der Selbstablehnung. Denn selbst wenn ich von anderen abgelehnt, ausgelacht und verspottet werde, werde ich dem gut entgegentreten, wenn ich gelernt habe meine Unsicherheit zu achten. Es macht regelmäßig großen Eindruck auf Menschen, wenn jemand offen bekennen kann, wo seine Grenzen sind, statt herumzuheucheln wie toll er sei – aus Angst, abgelehnt zu werden. Dieser Feigheit und Faulheit gilt es entgegenzutreten durch das Achten seiner Unsicherheit. Eine Zauberkraft liegt darin, den Feinsinn im Denken aufzubringen, seinen Empfindungen der Unsicherheit nicht den Weg zu versperren, sondern sie alle aufsteigen zu lassen und sich gedanklich freundlich in sie hineinzubegeben, um daran anzuknüpfen. **Unsicherheit sind empfundene Grenzen. Hingabe macht uns fähig damit gut umzugehen.**

Es ist ein sehr stiller Vorgang, um den es sich hierbei handelt. Ich werde mich bestimmt nicht auf den Marktplatz stellen und herumposaunen, wie unsicher ich mich fühle. Allzu lautstarke Bekundungen solcher Art sind eher ein Zeichen dafür, dass hier jemand die Hilfsbereitschaft anderer missbrauchen möchte. Im politischen Schauspiel, wo unverfrorenes Lügen von etlichen geübt wird, hilft das Achten seiner Unsicherheit, nüchternen Abstand zu bewahren und nur den Taten, nicht den Worten der Redner zu vertrauen. Im Achten meiner Unsicherheit suche ich die Stille, die heilsame Ruhe mitten im Alltag, die Bedachtsamkeit. Wahrhaft fromme Menschen legen großen Wert darauf, sich ihre Unsicherheiten selbst zu offenbaren und darin ganz bewusst zu verweilen. Denn sie wollen erkunden, wohin sie den inneren Blick wenden müssen, um des Herzens Tiefen ergründen zu können. Ablenkung stört dabei nur, Lügen ganz besonders.

Dort wo Dankbarkeit zu sich selbst an die Stelle des Stolzes getreten ist,[99] beginnen sich die Schleusen der Unsicherheit aufzutun und der Blick in die eigenen Abgründe wird möglich – an denen Ehrgeiz kaltherzig vorbeizieht. Dieser unsinnige Ehrgeiz, Quelle des Neides und der Zerstörung, lässt sich umgehen durch Dankbarkeit zu sich selbst. Denn aus dieser erwächst die Fähigkeit zur Hingabe. Doch wir müssen viel dafür tun. In einer Welt, in der von Personen des öffentlichen Lebens gewissenlos gelogen wird, haben wir gute Vorbilder oftmals nur noch dort, wo wir es selbst besser machen. Meistens ist der Medienrummel das Gegenteil von Aufklärung, er ist eher verwirrend und vom Wesentlichen ablenkend. Aufsehen erregt der Schuss in der Nacht, nicht die schlafende Bevölkerung. Folglich berichten die Medien vom Schuss in der Nacht und lenken von der Selbstbesinnung am Abend ab. Wie kann da noch Hingabe geübt werden?

Wir leben in einer Ehrgeiz-Unkultur, weil wir Dankbarkeit zu uns selbst durch Stolz ersetzen. Das muss nicht so bleiben, wenngleich es lange dauern kann, bis sich eine neue Haltung im Umgang mit sich selbst eingebürgert haben wird. Gehen wir es an, Schritt für Schritt – und unablässig. Denn über eines sollten wir uns im Klaren sein: **Wer einmal mit der bewussten Selbstachtung begonnen hat, der sollte nie mehr damit aufhören. Es hängt so unermesslich viel daran, weil ein Aufhören oder Vernachlässigen innere Verunsicherung und Rückschritt in der Entwicklung zur Folge haben muss...**

Wenn ich hin- und hergerissen bin, wie ich mich entscheiden soll, stehe ich im inneren Zwiespalt. Ich weiß also nicht, was ich genau will. Dies kann viele Ursachen haben. Wichtig ist hier, dass ich mir Gedanken in verschiedene Richtungen mache. Doch vor allem ist es wichtig, meine Unsicherheit anzunehmen. So kann ich leichter anschauen, wie ich mich verhalte – und an meinem Verhalten beobachten, was ich am meisten will. Denn **am Verhalten ist am besten zu sehen, was einem Menschen am wichtigsten ist**.

Eine Abwandlung der 29. Übung kann helfen, der Zwiespältigkeit Herr zu werden. Anhaltende Zwiespältigkeit macht handlungsunfähig und führt zu Verzweiflung; vergleiche 36. Übung, 1. Abwandlung. Hier gilt es rechtzeitig einzugreifen:

29. Übung, 1. Abwandlung:

29.1 (1) Was macht mich zwiespältig?
29.2 (1) Warum macht es mich zwiespältig?
29.3 (1) Wie kann ich meine Zwiespältigkeit beseitigen?

* * * * * * * * * *

29.4 (1) Was tue ich?
29.5 (1) Warum tue ich es?
29.6 (1) Wie tue ich es?

* * * * * * * * * *

29.7 (1) Wie achte ich meine Zwiespältigkeit?
29.8 (1) Warum finde ich das Achten meiner Zwiespältigkeit gut?
29.9 (1) Wie achte ich meine Selbstachtung?
29.10 (1) Warum finde ich meine Selbstachtung gut?

Die Übung kann verschiedene Gefühle auslösen, die ich in Verbindung mit meiner Zwiespältigkeit habe. Die Beachtung dieser Gefühle gilt es anschließend mit den zugehörigen Übungen zu suchen. So kann ich die notwendige Übersicht gewinnen, die mich aus meinem Zwiespalt herausführt und handlungsfähig macht.

24. Falsche Ansprüche oder Handlungsfähigkeit?

Wenn wir die genannten Tugenden erlernen, verschwinden dabei alle Ansprüche, die uns nicht gut tun. Doch wir können jederzeit neue aufbauen. Deshalb ist Selbstachtung eine lebenslange Aufgabe.

Das Loslösen von falschen Ansprüchen ist zunächst immer unangenehm, in der Folge aber angenehm. Das Beste ist natürlich, gar nicht erst falsche Ansprüche aufzubauen. Das erfordert, dass Eltern, Erzieher und Lehrer den Kindern ein gutes Vorbild im Umgang mit sich selbst sind.

Die entscheidende Tugend gegen falsche Ansprüche ist EHRLICHKEIT. Auf den ersten Blick mag das unverständlich erscheinen. Denn was ist schon Ehrlichkeit, könnte man meinen. Dass man die Dinge halt so sagt und so nimmt, wie sie sind? Ja ist denn das etwas Besonderes? Da unsere verstandesbetonte Erziehung und Bildung uns tendenziell zu Wesen macht, die sich für sehr gescheit halten, vergessen wir leicht, dass es überhaupt nicht selbstverständlich ist, die Dinge zu sagen und zu nehmen, wie sie sind. Vielmehr ist es ein gewaltiger Lernprozess.

Kleine Kinder verfügen noch über so viel Hingabe, dass sie durch und durch ehrlich sind. Doch wer als Erwachsener auch nur ein wenig darüber nachdenkt, der dürfte einsehen, dass Ehrlichkeit zu sich selbst eine Angelegenheit ist, für die er eine Menge tun muss. Und da der Umgang mit sich selbst die Grundlage für den Umgang mit anderen ist, ist es auch einsehbar, dass es sich hier um etwas außerordentlich Kostbares handelt, das ungeheuren Einfluss auf unser Leben hat.

Doch nur, wenn wir solche Überlegungen tatsächlich anstellen, haben wir Zugang zu der Tatsache, dass Ehrlichkeit zu sich selbst Hingabe erfordert, die wir erst einmal aufbringen müssen und die wiederum ihre Voraussetzung in der Dankbarkeit zu sich selbst hat – und so weiter! Wenn ich schon zur Dankbarkeit ein gestörtes Verhältnis habe, KANN ich nicht ehrlich zu mir sein, sondern ich mache mir selber etwas vor. Wehe man spricht so etwas bei jemandem an, der sich selbst nicht danken kann. Er könnte leicht bitterböse werden... Ärgern Sie diese Worte? Dann bitte im Buch zum Kapitel „Angst oder Lebenswille?“ oder zum Kapitel „Ärger oder Zielsicherheit?“ zurückgehen!

Ehrlich zu mir sein zu wollen heißt noch lange nicht, dass ich die Kraft aufbringe es zu sein. Da bleibt mir nur übrig, mir mein Bemühen um Ehrlichkeit zu danken und weiterzumachen.

Sehen Sie es bitte mit einer gewissen Gelassenheit, dass an dieser Stelle der Ausführungen mit der Ehrlichkeit so streng ins Gericht gegangen wird. Es ist unerlässlich zum Schutz unserer Entwicklung, dass wir uns dieser Strenge beugen. Ist es nicht fürchterlich zu erleben, wenn sich jemand selbst etwas vormacht und es nicht merkt, während rings umher andere sich nur abwenden? Diese Situation finden wir auf allen Stufen der Entwicklung. Also Vorsicht, wir BRAUCHEN die Dankbarkeit zu uns selbst, sonst schaffen wir es niemals, aus den Verwirrtheiten unserer Gedanken herauszukommen, halten uns für klar und selbstständig, während wir in Wahrheit Illusionen nachrennen...

Im Buddhismus wird gesprochen von Enthaftung: Vorstellungen loszulassen, um sie überhaupt genauer anschauen zu können. Und schon sind wir wieder beim Selbstvertrauen. Wie soll ich eine Vorstellung loslassen, an die ich mich klammere, um mein Selbstwertgefühl aufrechtzuerhalten? Ich würde sie um nichts in der Welt loslassen, wenn ich nicht etwas anderes dafür bekäme. O ja, wir lassen unsere Ansprüche nicht einfach fahren. Sie bedeuten uns die Welt, selbst wenn sie der größte Unsinn sind.

Es mag vielleicht unglaublich klingen, wenn hier behauptet wird, Ehrlichkeit sei das Heilmittel gegen falsche Ansprüche. Doch es geht um Ehrlichkeit im Umgang mit sich selbst. Sie baut auf Geduld, Dankbarkeit und Hingabe auf, wie es ab dem Kapitel „Mangelnde Fähigkeiten oder Geschicklichkeit?" beschrieben ist. Sie bauen auf den Tugenden der 16. Übung auf. Alle diese Eigenschaften müssen wir uns selbst in ausreichendem Maße entgegenbringen, damit wir die Kraft zur Ehrlichkeit haben.

30. Übung:

DURCH GEDULD, DANKBARKEIT UND HINGABE
IM UMGANG MIT MIR SELBST
EHRLICHKEIT ZUR KRAFT ENTWICKELN,
DEN KOPF AM HERZEN IMMER AUSZURICHTEN;
DADURCH WERDEN DIE ANSPRÜCHE
DEN BEDÜRFNISSEN ANGEPASST.

Ehrlichkeit fängt dort an, wo ich aufhöre an das zu glauben, was ich denke, und anfange zu bedenken, was ich glaube. Mich im Recht zu glauben ist keine Kunst; mein Denken und Verhalten zu prüfen zeigt erst, wie ehrlich ich bin.

Diese Ehrlichkeit ist mehr als seine Meinung zu sagen. Sie ist die Fähigkeit, zum eigenen Denken so viel Abstand zu gewinnen, dass ich es wirklich hinterfragen kann. Anders kann ich auch mein Verhalten wohl kaum verbessern.[100]

Ehrlichkeit ist auch die Fähigkeit, in allen Situationen des Lebens mit den Gedanken an seinem Herzen zu bleiben. Es nützt mir nämlich nichts, wenn ich in angenehmen Situationen nach dem Herzen gehe und in unangenehmen Situationen nach dem Kopf. Niemand sollte glauben, dass Selbstachtung so funktioniert! Es ist erforderlich, Stetigkeit im Herzdenken zu entfalten, sonst bleibt alles ein windiges Unterfangen. **Gerade wer auch für andere eine verlässliche Größe sein will, der braucht die strengstmöglichen Maßstäbe an seine Ehrlichkeit zu sich selbst! Nur so bringt er die Kraft auf, unbeirrbar im Prüfen zu sein und Unbestechlichkeit zu entwickeln. Ehrlichkeit macht Menschen zu Freunden.**[101]

Hier zeigt sich in aller Deutlichkeit die soziale Wirksamkeit der Selbstachtung. Denn was gibt es Wichtigeres zwischen den Menschen, als dass sie sich aufeinander verlassen können?

Falsche Ansprüche bedeuten, dass wir uns nicht angemessen orientieren können und deshalb glauben Dinge tun zu müssen, die uns nicht weiterhelfen, zumindest nicht zum jetzigen Zeitpunkt. Wenn wir nicht beweglich genug im Denken sind, verfolgen wir aus mangelnder Orientierung Ziele, die vielleicht zu einem anderen Zeitpunkt von uns verfolgt werden sollten, die jedoch derzeit nachgeordnet sind. Deshalb gehört es zu den höchsten Aufgaben des menschlichen Lebens, sein Denken UMFASSEND auszubilden, nicht bloß schematisch, kategorisch und technisch. Dafür brauchen wir Achtung vor und Beschäftigung mit dem Lebendigen! Es ist von großer Bedeutung, sich den Kräften der Natur regelmäßig auszusetzen und sich ihrer Wirkung hinzugeben. So manche Schwierigkeiten lösen sich dadurch von alleine. Die tägliche Beobachtung des Himmels, der Pflanzenwelt, das Erleben der Tiere und die eigene Bewegung in der Natur lösen Gedankensperren und machen uns bereit, tiefer zu blicken und der abgegrenzten Enge unserer Zivilisation für einige Zeit zu entweichen. Erstarrendes Denken führt zwangsläufig zu falschen Ansprüchen. Fernsehen und Autofahren helfen dagegen keinesfalls, sie gaukeln Gedankenbeweglichkeit bloß vor. Auf die Eigenaktivität kommt es an!

Das Eine sind die Grundsätze, das Andere ist ihre Anwendung. Es geht sowohl darum, seine Grundsätze zu hinterfragen, als auch darum zu beobachten, wie sie sich sinnvoll verwirklichen lassen. Sonst geschieht es einem schnell, wie in der Geschichte vom Hasen und Igel erzählt wird: Man läuft sich tot mit falschen Ansprüchen. In der besagten Erzählung unterliegt der Hase dem Irrtum, er dürfe den Igel verspotten, weil er schneller laufen kann als jener. Er verhält sich nach dem Grundsatz, Überlegenheit im Rennen rechtfertige Überheblichkeit. Dadurch verärgert er den Igel. Doch nicht genug damit. Beim Wettrennen, wo der Igel seine Frau am Ziel warten und sagen lässt „Ich bin schon da!“, so dass der Hase ungläubig zum Start zurückrast, wo der andere Igel sitzt, begreift der Hase auch nichts. Er kommt nicht auf die Idee, innezuhalten und zu überlegen, was hier vor sich geht. Erst unterlässt er es, seinen Grundsatz zu hinterfragen. Dann wendet er ihn so an, dass er vergisst zu beobachten, wie die Verhältnisse sind, rast selbst immer nur los und fällt am Ende auf seiner Rennbahn tot um! Das ist der Fluch falscher Ansprüche: Sie machen orientierungslos. Dagegen hilft nur Besonnenheit! Früher oder später führt fehlende Besonnenheit zu orientierungslosem, weil lieblosem Denken, in diesem Fall zur Überheblichkeit des Hasen gegenüber dem Igel. Sie ist der Ausgangspunkt seines Elends. Wer lieblos denkt, hat keine Schwierigkeiten damit, andere zu ärgern und auch noch zu erwarten, dass sie sich alles gefallen lassen. Ist es ein Wunder, wenn er am Ende selbst Opfer seines Verhaltens wird?

Bei der bewussten Selbstachtung brauchen wir möglichst immer Besonnenheit, denn ohne sie gelingt uns nichts. Die Frage ist nur: Worauf besinne ich mich? Hier hilft uns eine Fragenfolge, die dazu führt, seine Aufmerksamkeit beweglich zu halten und gleichzeitig zielgerichtet zu bleiben:

34. Übung:

34.1 Was bewegt mich?

34.2 Warum bewegt es mich?

34.3 Wie kann ich mir gerecht werden?

Die Wörter „bewegt mich“ sollten je nach Bedarf ersetzt werden, zum Beispiel durch:

beschäftigt mich
bedrückt mich
hemmt mich
treibt mich um
irritiert mich
verletzt mich
verfolgt mich
ergreift mich
reizt mich
erregt mich
beflügelt mich
begeistert mich
erfüllt mich
erfreut mich

empfinde ich
fühle ich
erlebe ich
wünsche ich
will ich
begehre ich
mache ich
bewirke ich
entwickle ich
begreife ich
denke ich

Der Fantasie sind hier keine Grenzen gesetzt und die Übung kann sehr viel Gutes bewirken, wenn wir dabei mit freundlichem Scheitel auf unser Herz gerichtet sind.[102]

An die 34. Übung sollte die 8., 9. oder 10. Übung angeknüpft werden, um die Befragung zu konkretisieren und seine Konsequenzen daraus zu ziehen.

Wenn Sie die Übungen dieses Buches durch regelmäßige eigene Anwendung kennen gelernt haben, können Sie sich nach und nach eigene Pfade in der Abfolge der Übungen schaffen, die von der vorgegebenen Reihenfolge abweichen. Dabei ist die 34. Übung eine Türe, durch die Sie eintreten können in den Vorraum der Selbstachtung, von wo aus die einzelnen Gemächer der anderen Übungen individuell zugänglich sind. Wie Sie sich in den Gemächern aufhalten, ist ebenfalls Sache des eigenen Ermessens: Sie können auch innerhalb einer Übung deren Blöcke bei Bedarf verschieben; dennoch ist es in der Regel erforderlich, alle Fragen einer Übung zu stellen.

Sollten Sie feststellen, dass sich Ihre Konzentration auf den Bauch verlagert, suchen Sie so lange Ihren freundlichen Scheitel, bis Sie dort oben wieder ganz aufmerksam und achtsam sind. Wir brauchen die Möglichkeit, unsere Gedanken Schritt für Schritt zu entwickeln. Es muss ausdrücklich davor gewarnt werden, die Regel zu missachten; denn dadurch ginge wieder verloren, was zuvor an guten Fähigkeiten aufgebaut wurde. Die Kraft der Besinnung ist entscheidend. Sie geht vom freundlichen Scheitel aus zum Herzen, das zwischen Bauch und Kopf vermittelt. Diesen Zusammenhang zu begreifen ist maßgeblicher Bestandteil der Selbstachtung![103]

25. Warum kommt optimale Leistung nicht über Leistungsdenken, sondern über optimale Selbstachtung?

Alles im physischen Leben hat Grenzen. Manchmal sind sie so weit, dass wir sie nicht kennen lernen. Manchmal sind sie so eng, dass wir schon frühzeitig die Erfahrung machen müssen, wo sie liegen. Unsere Zeit, unsere Kraft, unser Wissen, unser Können, sie alle unterliegen Grenzen, die wir teilweise und in gewissem Maße erweitern können, wenn wir es geschickt anstellen. Es geht also darum, einerseits das Vorhandene so gut wie möglich auszuschöpfen; andererseits an die Grenzen so heranzugehen, dass wir sie gefahrlos erweitern können, so gut es eben geht.

Gehen wir von diesen Voraussetzungen aus, dann gewinnen wir die wesentliche Einsicht: dass es unerlässlich ist, Grenzen zu achten, um geschickt mit ihnen umzugehen. Diese Geschicklichkeit kommt nicht über Leistungsdenken, sondern über Selbstachtung.

Ihre Grenzen zu achten fällt den Menschen zuweilen sehr schwer. Es ist auch Sache der Erfahrung und der Übung. Halte ich mich für schlecht, wenn ich nicht gleich zu allem eine Meinung abgeben kann, werde ich wahrscheinlich vorlaut. Halte ich mich für feige, wenn ich mir nicht alles zutraue, werde ich wahrscheinlich übermütig oder tollkühn. Halte ich mich für dumm, wenn ich nicht alles alleine kann, werde ich wahrscheinlich zum Eigenbrötler. Halte ich mich für unattraktiv, wenn ich nicht jedem gefalle, werde ich wahrscheinlich verklemmt. Halte ich mich für toll, wenn ich mich überall durchsetze, werde ich wahrscheinlich brutal. So lässt sich die Reihe der Beispiele beliebig fortsetzen, denn sie sind mannigfaltig. Bei all diesen Fällen sehen wir: Da kann einer seine Grenzen nicht achten. Der schlimmste Fall: Halte ich mich für untäuschbar und allwissend, gehe ich früher oder später wahrscheinlich daran zu Grunde, weil ich mir Dinge zumute, mit denen ich meine Gesundheit und mein Leben aufs Spiel setze. Denn wer glaubt, immer alles richtig beurteilen zu können, dem ist der Leichtsinn auf den Fersen und holt ihn irgendwann ein.

Was veranlasst uns dazu, unsere Grenzen nicht angemessen zu respektieren? Vielleicht wollen wir uns selbst etwas beweisen, weil wir uns minderwertig fühlen? Vielleicht wollen wir anderen etwas beweisen, weil wir uns für erlittenes Unrecht rächen wollen? Vielleicht haben wir Angst, nicht gut genug zu sein? Vielleicht wurden wir zu übertriebenen Erwartungen an uns selbst erzogen? Vielleicht wurden wir als Kind abgelehnt, wenn wir bestimmte Erwartungen nicht erfüllten? Vielleicht wurden wir von Erwachsenen damals überfordert und glauben heute, wir müssten uns wieder überfordern, weil wir es nicht anders kennen? Letztendlich müssen wir die eigenen Erwartungen hinterfragen; es nützt uns nichts, andere anzuklagen. In diesem Sinne das Folgende:

31. Übung:

31.1 Was will ich von mir?

31.2 Warum will ich es von mir?

31.3 Wie kann ich mir gerecht werden?

* * * * * * * * * * *

31.4 Wie möchte ich mit meinen Grenzen umgehen?

31.5 Wie achte ich mein Bedürfnis nach Achtung meiner Grenzen?[104]

31.6 Warum finde ich das Achten meines Bedürfnisses nach Achtung meiner Grenzen gut?

31.7 Wie achte ich meine Selbstachtung?

31.8 Warum finde ich meine Selbstachtung gut?

* * * * * * * * * * *

31.9 Wie gehe ich mit meinen Grenzen um?

31.10 Wie achte ich meine Grenzen?

31.11 Warum finde ich das Achten meiner Grenzen gut?

31.12 Wie achte ich meine Selbstachtung?

31.13 Warum finde ich meine Selbstachtung gut?

Erfahrungsgemäß sind mit diesem Thema bei vielen Menschen Schmerzen, Ängste, Verstörtheit und Selbstablehnung verbunden. Möglicherweise wurden sie verdrängt und wirken unterschwellig. Seien Sie hier vorsichtig. Selbst wenn Sie sich erfolgreich und zufrieden fühlen, halten Sie diesen Zustand nicht für unerschütterlich. Es kann morgen etwas passieren, was all Ihr Glück zerstört. Darauf sollen Sie sich natürlich nicht konzentrieren, doch Sie sollten sich schon vorstellen, wie Ihr Leben wäre ohne das, was Sie heute erfolgreich und zufrieden macht. Es gehört zu den sehr nützlichen

Übungen sich vorzustellen, einsam und verlassen zu sein, ohne Anerkennung und Zuspruch von außen. Sich diesen Zustand einmal am Tag zu vergegenwärtigen ist äußerst heilsam, um sich von außen nicht abhängig zu machen und sich auf das zu besinnen, was einem inneren Halt gibt! Dieser innere Halt hat sehr viel zu tun mit dem Achten seiner Grenzen.

Wenn Sie im Gespräch mit jemandem über dieses Thema merken, dass er keinen Zugang dazu hat, bedrängen Sie ihn nicht, sondern üben Sie bei sich selbst. So helfen Sie sich und dem anderen am meisten.

An unseren Grenzen muss das Achten unseres Erfindungsgeistes einsetzen, sonst verfallen wir in Leistungsdenken; vergleiche 8. Übung, 2. Abwandlung. Aus Angst, nicht gut genug zu sein, tun wir dann Dinge, die wir von uns aus gar nicht oder nur bedingt wollen, nur um Anerkennung von außen zu bekommen; vergleiche Kapitel „Das Erlernen der bewussten Selbstachtung“. Dadurch geraten wir in ungute Abhängigkeitsverhältnisse, denen wir mehr oder weniger hilflos ausgesetzt sind. Weil wir hier angstgesteuert sind, handeln wir nicht vernünftig und missachten Grenzen, eigene und fremde. Übel wird es immer dann, wenn wir uns das nicht eingestehen können. Im (undurchschauten) überheblichen Leichtsinn herrscht dabei der Glaube, im Vollbesitz der Übersicht zu stehen und alles unter Kontrolle zu haben. Oft läuft dieses Verhalten gleichzeitig ab mit Unterdrückung der eigenen Ängste. An keiner Stelle im menschlichen Leben ist die Quelle der Fehlentscheidungen so groß wie hier! Wer sich mit vielen Schicksalen und Aussagen über die eigene Befindlichkeit befasst hat, der muss erfahren, wie tief die Angst, nicht gut genug zu sein, in den Gemütern sitzt. Es gibt kein Entkommen als über bewusste Selbstachtung. Und je mehr jemand diese Tatsache von sich weist, desto hilfloser ist er seinen versteckten Ängsten ausgesetzt.[105] Hier kann nur immer wieder geraten werden, sich auf den Standpunkt zu stellen, nicht alles über sich zu wissen und an den Grenzen der eigenen Übersicht vorsichtig zu sein. Das alte Sprichwort gilt: Hochmut kommt vor dem Fall. Durch das Achten unseres Erfindungsgeistes wirken wir dem sicher entgegen – solange wir dabei bleiben.[106]

Auch die eigene Selbstachtung hat Grenzen – wobei sich diese durch Übung mit der Zeit extrem erweitern lassen! Vernünftigerweise müssen wir dennoch davon ausgehen, dass unsere Selbstachtung versagen KANN. Gerade für Menschen, die ihr Leben über die bewusste Selbstachtung neu aufgebaut haben, kann es wie ein grauenhaftes Gespenst sein, wenn sie daran denken, ihre Selbstachtung könne Grenzen haben, an denen sie in ihr altes Elend zurückfallen. Aus diesem Grunde ist es sehr hilfreich, die 31. Übung auf die Selbstachtung als solche anzuwenden. Wir verinnern dann folgende Fragen:

31. Übung, 1. Abwandlung:

31.1 (1) Was will ich von meiner Selbstachtung?

31.2 (1) Warum will ich es von meiner Selbstachtung?

31.3 (1) Wie kann ich meiner Selbstachtung gerecht werden?

* * * * * * * * * *

31.4 (1) Wie möchte ich mit den Grenzen meiner Selbstachtung umgehen?

31.5 (1) Wie achte ich mein Bedürfnis nach Achtung der Grenzen meiner Selbstachtung?

31.6 (1) Warum finde ich das Achten meines Bedürfnisses nach Achtung der Grenzen meiner Selbstachtung gut?

31.7 (1) Wie achte ich meine Selbstachtung?

31.8 (1) Warum finde ich meine Selbstachtung gut?

* * * * * * * * * *

31.9 (1) Wie gehe ich mit den Grenzen meiner Selbstachtung um?

31.10 (1) Wie achte ich die Grenzen meiner Selbstachtung?

31.11 (1) Warum finde ich das Achten der Grenzen meiner Selbstachtung gut?

31.12 (1) Wie achte ich meine Selbstachtung?

31.13 (1) Warum finde ich meine Selbstachtung gut?

Der Nutzen einer solchen Fragenfolge kann dem Unwissenden schleierhaft sein. Wer aber tiefer in seine Selbstachtung eingetaucht ist, der wird sehr wohl an den Punkt gelangen, wo es ihm unerlässliche Hilfe ist, solchermaßen zu fragen. Neue Türen werden sich auftun, jenseits vergangener Bedrohungen, deren Ruinen schließlich zu Staub zerfallen werden, der vom

Winde verweht wird – und der eigene Boden kann neu bebaut werden. Sümpfe werden trocken gelegt, Kloaken entgiftet, Müllhalden abgetragen – und das eigene Lebensland wird neu zur Verfügung stehen, um für die Zukunft darauf zu bauen.[107]

Selbstachtung kann dem schwer Traumatisierten helfen, sein Leben neu in die Hand zu nehmen, wie sie dem erfolgreichen Geschäftsmann Mittel an die Hand gibt, seinen Erfolg umsichtig zu nutzen. Sie kann einer Beziehungskrise die entscheidende Wendung geben, wie dem unglücklich Verliebten den Weg zu einem neuen Leben frei machen. Sie kann das Berufsleben aus Langeweile oder Überforderung lösen und zu einer freudenreichen und sinnvollen Entwicklung führen. Auch kann sie am gesundheitlichen Abgrund davor bewahren, noch einen Schritt weiterzugehen; denn sie ermutigt innezuhalten und sich zu besinnen. Sie kann den Wohltätigen davor schützen, sich ausnutzen zu lassen; und den Ausbeuter in seine Grenzen weisen.

Gerade die universelle Anwendbarkeit der Selbstachtung ist auf den ersten Blick kaum zu erfassen, so dass leicht das Urteil entsteht, Selbstachtung sei nur Erfolgreichen vorbehalten oder nur für Erfolglose nötig. Beides ist falsch und verzerrt den Blick für das wahre Wesen der Selbstachtung, die jenseits von „Erfolg" oder „Nicht-Erfolg" immer nur eines im Auge hat: Aus jedem Leben das Beste zu machen. Was dabei als Erfolg gewertet werden kann, lässt sich nur individuell ermessen. Es wollen schließlich nicht alle Männer dieselbe Frau haben und nicht alle Frauen Kinderkrankenschwester werden …

Die Wirksamkeit der Selbstachtung reicht vom einfachen Strukturieren der Gedanken für den Alltag über das umfassende Organisieren komplizierter beruflicher Zusammenhänge bis zum tiefenpsychologischen Eingriff bei unkontrollierten Persönlichkeitsspaltungen, Auflösung von Familiendramen und Gestaltung von Beziehungen. Deshalb ist die Selbstachtung kein Spielzeug, sondern ein Werkzeug, das verantwortungsvollen Umgang erfordert. Wir tun daher sehr gut daran, uns logisch von ihrem Nutzen zu überzeugen und uns auf dieser Grundlage mit der Wirkung der Übungen vertraut zu machen. Danach sollten wir die Entscheidung treffen, unseren weiteren Lebensweg mit der täglichen liebevollen Selbstbefragung zu gehen oder bewusste Selbstachtung bleiben zu lassen.

Selbstachtung ist ein zeitgemäßes Mittel der Selbsterziehung und Erziehung, das den Menschen als freies Wesen von innen fördert und schützt. Doch Selbstachtung bedeutet auch, für sein Bedürfnis nach Anerkennung die Verantwortung zu übernehmen – und davon ausgehend für den Umgang mit all seinen Bedürfnissen. Daraus ergeben sich LEBENSLANG neue Aufgaben. **Das innere Verhältnis zu sich selbst ändert sich durch die bewusste Selbstachtung; sie bedeutet den selbstständigen Eingriff in das eigene Schicksal, für den ich die volle Verantwortung trage.** Ich sollte mich gut davon überzeugen, ob ich diese Verantwortung übernehmen will, denn ich werde sie nicht mehr abgeben können. So wie ich verantwortlich bin für ein Kind, dessen Mutter oder Vater ich geworden bin.[108]

Der Verfasser ist der Auffassung, dass sich die Auseinandersetzung mit dem Weg der Selbstachtung für jeden lohnt, der sein Denken selbst beherrschen, seine Gefühle ernst nehmen und sein Handeln eigenverantwortlich gestalten will. Die Selbstachtung ist die BEWUSSTE Fortsetzung eines Verhaltens, das von Geburt an als Bedürfnis bei jedem Menschen natürlich angelegt ist. Will ich dieses natürliche Verhalten bewusst fortsetzen? Wenn ja, warum? Und wie kann es mir gelingen?[109]

Früher oder später werde ich die Erfahrung machen, dass ich mit meinem Bedürfnis, mich zu entwickeln, an Grenzen stoße, entweder an Grenzen dieses Bedürfnisses oder an Grenzen meiner Fähigkeiten, es zu erfüllen.

Lernen besteht immer aus dem Bedürfnis nach Lernen und aus der Fähigkeit, lernen zu können. Lernen ist die Voraussetzung für bewusste Entwicklung. Es kann durch die Arbeit mit der Selbstachtung unter Umständen der Eindruck bei mir entstehen, mein Lernen unterliege keinen Grenzen mehr. Dieser Eindruck ist falsch. Zwar kann ich wahrscheinlich viel schneller lernen als zu Zeiten ohne bewusste Selbstachtung, doch das sollte mich nicht darüber hinwegtäuschen, dass ich mich immer innerhalb der Grenzen meiner Selbstachtung bewege und darum auch mein Lernen deren jeweiligen Grenzen unterliegt. Hier sollte die 31. Übung folgendermaßen angewandt werden:

31. Übung, 2. Abwandlung:[110]

31.1 (2) Was will ich von meinem Lernen?

31.2 (2) Warum will ich es von meinem Lernen?

31.3 (2) Wie kann ich meinem Lernen gerecht werden?

* * * * * * * * * *

31.4 (2) Wie möchte ich mit den Grenzen meines Lernens umgehen?

31.5 (2) Wie achte ich mein Bedürfnis nach Achtung der Grenzen meines Lernens?

31.6 (2) Warum finde ich das Achten meines Bedürfnisses nach Achtung der Grenzen meines Lernens gut?

31.7 (2) Wie achte ich meine Selbstachtung?

31.8 (2) Warum finde ich meine Selbstachtung gut?

* * * * * * * * * *

31.9 (2) Wie gehe ich mit den Grenzen meines Lernens um?

31.10 (2) Wie achte ich die Grenzen meines Lernens?

31.11 (2) Warum finde ich das Achten der Grenzen meines Lernens gut?

31.12 (2) Wie achte ich meine Selbstachtung?

31.13 (2) Warum finde ich meine Selbstachtung gut?

Auch für den positiven Umgang mit Kritik ist das Achten der Grenzen seines Lernens erforderlich. Ich kann dadurch die Selbstachtung wahren, mich von unberechtigter Kritik zu distanzieren und berechtigte Kritik dankbar anzunehmen. Dafür brauche ich die Fähigkeit, an den Grenzen meines Lernens zu unterscheiden, in welches Verhältnis ich mich zur jeweiligen Kritik setzen sollte, das heißt, wie ich die Kritik einzuordnen habe. Diese Fähigkeit ist davon abhängig, wie ich die Grenzen meines Lernens achten kann. Wem das Lernen sehr viel bedeutet, so dass er sich stark darum bemüht, ist auf diese Übung besonders angewiesen, um sich nicht unnötig verletzen zu lassen.

Das bewusste Erleben der Grenzen seiner Fähigkeiten gehört in der Selbstachtung zu den zentralen Themen. Was den größten Fortschritt bei der Erweiterung seiner Fähigkeiten ausmacht, ist immer die Achtsamkeit an deren Grenzen. Denn es bedeutet Schutz, mit dem Vorhandenen gut umzugehen; und dadurch entsteht die Möglickeit, es zu mehren. Wir müssen uns weniger davor fürchten, dass unsere Fähigkeiten Grenzen haben, als vielmehr davor, dass wir mit deren Grenzen achtungslos umgehen!

An den Grenzen unserer Fähigkeiten wirkt Selbstablehnung schrecklich. Sie führt dazu, dass wir uns entweder nicht mehr einsetzen und entwickeln wollen oder uns überfordern und uns dadurch lähmen. Wenn wir hingegen an den Grenzen unserer Fähigkeiten Selbstannahme betreiben, verschaffen wir uns genau dadurch die Voraussetzungen, die bestehenden Fähigkeiten gut zu nutzen. Erst dadurch lassen sie sich erweitern. Auch die Bereitschaft, Hilfe anzunehmen und erhaltene Hilfe wertzuschätzen hängt davon ab, dass wir die Grenzen unserer Fähigkeiten annehmen.

31. Übung, 6. Abwandlung:

31.1 (6) Was will ich von meinen Fähigkeiten?

31.2 (6) Warum will ich es von meinen Fähigkeiten?

31.3 (6) Wie kann ich meinen Fähigkeiten gerecht werden?

* * * * * * * * * *

31.4 (6) Wie möchte ich mit den Grenzen meiner Fähigkeiten umgehen?

31.5 (6) Wie achte ich mein Bedürfnis nach Achtung der Grenzen meiner Fähigkeiten?

31.6 (6) Warum finde ich das Achten meines Bedürfnisses nach Achtung der Grenzen meiner Fähigkeiten gut?

31.7 (6) Wie achte ich meine Selbstachtung?

31.8 (6) Warum finde ich meine Selbstachtung gut?

* * * * * * * * * *

31.9 (6) Wie gehe ich mit den Grenzen meiner Fähigkeiten um?

31.10 (6) Wie achte ich die Grenzen meiner Fähigkeiten?

31.11 (6) Warum finde ich das Achten der Grenzen meiner Fähigkeiten gut?

31.12 (6) Wie achte ich meine Selbstachtung?

31.13 (6) Warum finde ich meine Selbstachtung gut?

Diese Fragenfolge kann besonders wichtig für Menschen sein, die einen starken Willen haben sich zu entwickeln; denn bei ihnen ist es normal, dass sie bis an ihre Grenzen gehen. Sie neigen aufgrund ihrer Bedürfnisse dazu, das entwickelnde Prinzip wichtiger zu nehmen als das bewahrende Prinzip, und begeben sich dadurch in Gefahr, den Bestandsschutz zu vernachlässigen – und dies, obwohl sie sich alle Mühe geben! Vergleiche Kapitel „Sein-Wollen und Sein".

Jeder Mensch macht Fehler, wenn er seine Grenzen überschreitet, aus welchem Grund auch immer. Durch das Achten der Grenzen unserer Fähigkeiten üben wir einerseits Missgeschicke zu vermeiden und andererseits Fehlbarkeit einzuräumen. Wir lernen zu begreifen, dass wir trotz besten Bemühens unvollkommen sind und uns von übertriebenen Erwartungen abgrenzen müssen. Und wer sich selbst zugesteht unvollkommen zu sein, der kann es auch anderen zugestehen. Dadurch wird die Grundlage geschaffen, sich nach Streitigkeiten neu zu verständigen.

Das Achten seiner Grenzen ist ein besonders wichtiges Thema und tritt in den verschiedensten Zusammenhängen auf. Es kann früher oder später notwendig werden, jedes Gebiet des Verinnerns hinsichtlich seiner Grenzen zu bearbeiten. **Je weiter man in der Selbstachtung kommt, desto wichtiger wird das Achten seiner Grenzen – denn die Selbstachtung führt an die eigenen Grenzen, um diese zu schützen und zu erweitern.** Ganz besonders gilt das für die Grenzen seiner Fähigkeiten, zum Beispiel die Grenzen seiner Geduld.[111] Auch die Grenzen seiner Bedürfnisse, seines Fragens,[112] seines Bemühens, seines Erfindungsgeistes und so weiter sind bedeutende Angelegenheiten. Am allerwichtigsten ist jedoch das Achten der Grenzen seines Wohlwollens – weil auf dem Wohlwollen alles ruht. Wurde das natürliche Wohlwollen des Kindes missbraucht, ist das Urvertrauen verletzt und die Entwicklung des Kindes beeinträchtigt. Schenken Sie diesem Thema unbedingt Ihre Aufmerksamkeit, um auf jeden Fall dafür zu sorgen, dass Sie hier mit sich ganz ins Reine kommen – immer wieder! Das Wohlwollen hat Grenzen, an denen wir uns schützen müssen, um nicht (erneut) missbraucht zu werden oder andere zu missbrauchen!

In menschlichen Beziehungen ist das Achten der Grenzen seines Wohlwollens entscheidend, weil wir uns dadurch auf die eigenen Voraussetzungen besinnen und dann die Voraussetzungen des anderen besser sehen können. Dies gilt ebenso für die Beziehung innerhalb der eigenen Persönlichkeit zwischen deren bewussten und unterbewussten Anteilen, um die Verhältnisse neu zu ordnen.

31. Übung, 3. Abwandlung:

31.1 (3) Was will ich von meinem Wohlwollen?

31.2 (3) Warum will ich es von meinem Wohlwollen?

31.3 (3) Wie kann ich meinem Wohlwollen gerecht werden?

* * * * * * * * * * *

31.4 (3) Wie möchte ich mit den Grenzen meines Wohlwollens umgehen?

31.5 (3) Wie achte ich mein Bedürfnis nach Achtung der Grenzen meines Wohlwollens?

31.6 (3) Warum finde ich das Achten meines Bedürfnisses nach Achtung der Grenzen meines Wohlwollens gut?

31.7 (3) Wie achte ich meine Selbstachtung?

31.8 (3) Warum finde ich meine Selbstachtung gut?

* * * * * * * * * * *

31.9 (3) Wie gehe ich mit den Grenzen meines Wohlwollens um?

31.10 (3) Wie achte ich die Grenzen meines Wohlwollens?

31.11 (3) Warum finde ich das Achten der Grenzen meines Wohlwollens gut?

31.12 (3) Wie achte ich meine Selbstachtung?

31.13 (3) Warum finde ich meine Selbstachtung gut?

Optimale Leistung wird gesteuert durch optimale Selbstachtung. Optimale Selbstachtung ruht auf dem Wohlwollen, dessen Grenzen geachtet werden. **Das Geheimnis, sich bedingungsloses Wohlwollen zu schenken, ist das größte Erfolgsgeheimnis überhaupt!**

Leistung führt nicht unweigerlich zur Selbstachtung, aber Selbstachtung führt auf jeden Fall zur Leistung. Aus meinem Innern zu entscheiden, was ich tun will, führt zum rechten Funktionieren; hingegen nur funktionieren zu wollen, übergeht mein Inneres wahrscheinlich. Um Grenzen zu erweitern, muss ich sie annehmen – und indem ich sie annehme, kann ich das Vorhandene schützen. Von daher stärkt das Achten unserer Grenzen unser Leistungsvermögen nachhaltig. Die Pflanze wächst nicht schneller, wenn ich an ihr ziehe und sie vielleicht dabei ausreiße, sondern geht wahrscheinlich daran zugrunde. Selbstachtung sucht stets den sicheren Weg der Entfaltung. Hingegen Leistungsdenken schreckt vor skrupelloser Ausbeutung nicht zurück, weil ihm alles nicht schnell genug gehen kann – auch gegenüber sich selbst. Falsche Ansprüche sind die Ursache…

An dieser Stelle vermag uns auch zu helfen, die Grenzen unseres Prüfens zu achten. Denn vom Prüfen ist ein sicheres Urteil abhängig, doch das Prüfen hat seine Grenzen, je nach den Voraussetzungen des Einzelnen. Die wundersame Wirkung dieser Übung liegt darin begründet, dass ich mich selbst dazu bringe, mir genau klar zu machen, in welchem Verhältnis Erkennen und Glauben bei mir gerade stehen. Eine äußerst nützliche Unterscheidung! Wie gerne hätte man manchmal etwas erkannt, das nur Wunsch und Vermutung ist. Wie leicht kommt es zum Wunschdenken, wenn wir unseren Begehrlichkeiten nicht genügend Nüchternheit entgegensetzen können! **So wichtig Wunschträume einerseits sind, so unerlässlich ist es, sie von der gegenwärtigen Wirklichkeit gut zu unterscheiden. Durch das Achten der Grenzen unseres Prüfens ist es möglich, Wunsch**

und Wirklichkeit friedlich nebeneinander bestehen zu lassen, ohne sie miteinander zu verwechseln.

Bilden Sie nach dem Vorbild der aufgeführten Abwandlungen der 31. Übung eine Abwandlung hinsichtlich des Prüfens.

In der Selbstachtung spielt das Prüfen eine große Rolle, daher auch das Achten der Grenzen seines Prüfens. Denn wenn wir uns einerseits intensiv auf unsere Gefühle einlassen, brauchen wir andererseits nüchterne Gedanken. Sie gilt es zu entwickeln auf der Grundlage der achtsamen Aufmerksamkeit.

So wird Leistungsdenken verwandelt in Lebensfreude, Geistesgegenwart und Handlungsfähigkeit. Überzeugen kann sich davon jeder nur selbst.[113]

26. Maßvolle Erwartungen als Notwendigkeit für erfolgreiches Arbeiten

Wir kommen hiermit zu dem Thema, das schon in den Kapiteln „Warum kommt optimale Leistung nicht über Leistungsdenken, sondern über optimale Selbstachtung" und „Falsche Ansprüche oder Handlungsfähigkeit?" zur Sprache kommt. Wie gehe ich vor, um mir immer so viel abzuverlangen, dass ich weder unterfordert, noch überfordert bin? Viele Menschen beschäftigt wohl diese Frage. Eine wichtige Regel heißt:

32. Übung:

LIEBER WENIG VORNEHMEN,
ES GEWISSENHAFT ERLEDIGEN,
MIR DAFÜR DANKEN UND DANN
PRÜFEN, WAS ICH TUN MÖCHTE
UND WEITER ENTSCHEIDEN –
ALS MIR SO VIEL VORZUNEHMEN,
DASS ICH ES NICHT ERFÜLLEN KANN
UND DANN FRUSTRIERT BIN.
NUR DAS ZUMUTBARE KANN GELINGEN.

Das ist der Segen der Selbstachtung: dass man immer das Machbare verfolgt und den Rest bleiben lässt.

Im Übrigen gilt, was in den Kapiteln „Mangelnde Fähigkeiten oder Geschicklichkeit?“ und „Mangelnde Motivation oder Begeisterung?“ steht. Denn nur wenn ich ein positives Verhältnis zu meiner Motivation und zu meinen Fähigkeiten habe, kann ich auch einschätzen, was ich mir sinnvollerweise vornehmen sollte. **Solange ich mich über- oder unterfordere, bleibe ich in meinen Möglichkeiten zwangsläufig behindert.** Doch um die Behinderung zu überwinden, MUSS ich einen ungetrübten, vorbehaltlosen Blick auf meine Voraussetzungen gewinnen. Hier gilt es auch Denkgewohnheiten in Frage zu stellen und nicht zu glauben, dass etwas gut sei, nur weil ich es schon immer so gemacht habe!

Entwicklung ist auch mit Verunsicherung verbunden, wenn wir Sicherheiten der Gewohnheit loslassen müssen, um etwas Neues zu beginnen. Doch erst brauchen wir die Bereitschaft, Verunsicherung zuzulassen. Wenn sie fehlt, dann kann es nur Festhalten am Gewohnten geben und damit das

Gegenteil maßvoller Erwartungen. Denn **nicht nur Zeiten ändern sich – auch die Menschen, die in den Zeiten leben. Deshalb müssen die Erwartungen den Menschen, nicht die Menschen den Erwartungen angepasst werden. Modern ist, wer seine Ansprüche hinterfragt**. Vergleiche Kapitel „Unsicherheit oder Übersicht?“.

Schauen Sie immer wieder nach, welche Übung Sie gerade besonders anspricht. Folgen Sie Ihrem Herzen. **Das Herz ist der König, der Kopf ist der Diener, nicht umgekehrt!** Wenn Sie in dem Gefühl leben, dass bewusste Selbstachtung Ihren inneren Halt stärkt, dann haben Sie Erfahrungen mit den Fragen gesammelt, die Ihrem Herzen entspringen. Solche Erfahrungen sollten Anlass dazu bieten, die liebevolle Selbstbefragung ganz fest in Ihr Leben einzubauen. Das heißt, sich täglich etwas Zeit dafür zu nehmen, am besten gleich nach dem Aufwachen, bevor die Eindrücke des neuen Tages von außen auf einen einwirken. **Darin liegt die entscheidende Herausforderung: der Selbstachtung täglich nachzugehen.** Denn sie muss täglich neu angepasst werden an die Befindlichkeit der eigenen Persönlichkeit in ihren jeweiligen Lebensumständen. Selbstachtung ist so groß wie das Leben, denn sie umfasst alles, was im Leben geschieht.

Die Selbstachtung ist keine Heilslehre, die den Anspruch erhebt, den allein selig machenden Weg zu verkünden. Vielmehr begreift sie sich als möglichen Weg zu einem zufriedeneren Leben, der allerdings seine Bedingungen hat. Wenn ich mich dafür entschieden habe, ist es notwendig, die bewusste Selbstachtung beständig zu üben. Denn **das eigene Gefühl stellt sich darauf ein, ob es Selbstanerkennung bekommt oder die Anerkennung von außen suchen muss**. Deshalb entscheiden Sie sich am Ende dieses Buches, ob Sie den darin beschriebenen Weg weiterverfolgen wollen und tun Sie es dann jeden Tag. Als Verfasser muss ich ausdrücklich davor warnen, mit Selbstachtung gelegentlich zu arbeiten, denn man verwirrt sein Gefühl damit. Der Segen der Selbstachtung ist unermesslich, doch ihre Macht kann sich nur gesund entfalten, wenn ich sie auf alle meine Lebensgebiete anwende. Denn das Bedürfnis nach Anerkennung ist allgegenwärtig.

Wenn Sie sich dazu entscheiden sollten, den hier beschriebenen Weg weiterzuverfolgen, dann sollten Sie sich JEDEN Morgen beim Aufwachen zwei Fragen stellen:

35. Übung:

35.1 Was ist meine Frage?

35.2 Was brauche ich?[114]

Es geht hier darum, beim Erwachen das eigene Bewusstsein in der Hinwendung zum Herzen so aufzubauen, dass ich mich sofort mit mir selbst verständige. Bei Bedarf – der unterschiedlich sein kann – muss ich mir dann Zeit nehmen, meine Gedanken und Gefühle aufzuschreiben, meine Fragen zu formulieren und zu wiederholen, bis ich das Gefühl bekomme, dass mein Herz frei ist. Eine solche Auseinandersetzung kann, je nach Zustand, Minuten oder Stunden dauern. Die gewonnenen Fragen, die am Ende der Beschäftigung übrig bleiben, sollte ich auf einer fortlaufenden Liste festhalten und gewissenhaft im Auge behalten. Es bietet sich an, die Fragen zu nummerieren und alle Aufzeichnungen mit Datum zu versehen. Den jüngsten Teil der Liste sollte ich bei mir haben, um im Alltag darauf zurückzugreifen. Vergleiche Kapitel „Zeitmangel oder Zeit?“.

Mit dieser einfachen, doch wirkungsvollen Maßnahme sorge ich dafür, dass ich mit meinen Herzensfragen allzeit bewusst in Verbindung bin. Die Übungen dieses Buches sind elementarer Art und bedürfen der Anwendung auf bewegliche Weise im Alltag. Darüber hinaus sollte die 35. Übung ihren beständigen Platz beim Aufwachen bekommen. Das garantiert mir Sicherheit im Verfolgen meiner Herzensfragen.

Wer in dieser Weise verfährt, der verankert seine Gedanken täglich neu im Herzen und sorgt dafür, dass er sein Leben aus sich heraus gestaltet. Er vermeidet dadurch, fixen Ideen nachzurennen und nur zu funktionieren. Fanatiker werden wir dann, wenn wir nicht an den Punkt kommen, uns liebevoll zu hinterfragen. Die besten Ansätze werden dadurch wieder zunichte gemacht, weil sie in Verbohrtheit, Sturheit und Einseitigkeit enden. So unscheinbar die Übungen des Buches sind, so sicher sorgen sie dafür, dass sich das Denken immer mitentwickelt und niemals stehen bleibt. Dadurch passt es sich den Gegebenheiten an und wird immer fähiger, sinnvolle Ziele zu fassen und zu erreichen, selbst gegen größten Widerstand – und ohne brutale Gewalt! Schulungsmethoden, die dazu führen, dass eine Persönlichkeit nur noch an sich denkt, sind das Gegenteil dessen, was in der Selbstachtung verfolgt wird. Sie entwickeln falsche Selbstachtung, besser gesagt: Selbstüberhebung. **Selbstüberhebung ist liebloses, gefühlloses Denken. Selbstachtung ist aufrichtig und empfindsam und zeigt sich am Bemühen, gerecht zu sein.** Genau hier stellt sich die Frage, wie ein Mensch mit Widerständen umgeht, wie er nach Lösungen sucht, die langfristig sinnvoll sind. Ist er so geschult im Denken, dass er es schafft, über den eigenen Geldbeutel, die eigene Macht, die eigene Annehmlichkeit hinauszuschauen? Oder kann er nur sich sehen und verstrickt sich dadurch in Verhaltensweisen, mit denen er Schaden anrichtet, Schuld auf sich lädt, Leid schafft?

Maßvolle Erwartungen müssen entwickelt und gepflegt werden, sie sind Gedankenkultur und somit auf Sprechkultur angewiesen.[115] Maßvolle Erwartungen dienen dem Wohlergehen, während maßlose Erwartungen schaden. Erwartungen in ihrer Wirkung zu unterscheiden ist die Kunst des Herzdenkens!

Selbstachtung gründet sich auf mein Bedürfnis nach Selbstachtung, auf nichts sonst. Mein Besitz, mein Erfolg, mein Aussehen, mein Wissen, mein Können, meine Familie, meine Gesundheit[116] und so weiter sind für meine Selbstachtung untergeordnet. Idealerweise könnte ich mich ohne diese natürlichen Gaben beziehungsweise Errungenschaften ebenso achten. Wenngleich das ein Ideal ist, sollten wir danach streben, denn es macht uns natürlich, bescheiden und liebenswert. Auf Angeberei und Einbildung versucht zu verzichten, wer sein Herz der Selbstachtung geschenkt hat. Vielmehr ist es ihm ein Bedürfnis, sich mit seinen Voraussetzungen zum Wohle des Ganzen zu betätigen – nicht weil es ihm jemand vorschreibt, sondern weil es sein Herzensanliegen ist.[117]

Ein Mensch, der in solcher Weise lebt und strebt, entwickelt das innige Verlangen, seiner inneren Berufung zu folgen. Daher ist für ihn Berufsorientierung etwas geradezu Heiliges. Sie kann durchaus auch im Bereich der Familie liegen, denn Elternsein ist ein vollwertiger, hoch ehrenwerter Beruf, wenngleich er heutzutage auch für Frauen meist nicht der einzige ist.[118] Das Geheimnis guter Berufsorientierung liegt gerade darin, in jeder Hinsicht das richtige Maß an Betätigung zu finden![119]

Solange ich mich für etwas anderes mehr achte als für mein Bedürfnis nach Selbstachtung, fehlt mir noch das Verständnis wahrhafter Selbstachtung, die nirgends wurzelt als im eigenen Herzen. Lasse ich mich von Äußerlichkeiten ablenken, laufe ich Gefahr, in meinen Erwartungen unmäßig zu werden. Das rechte Maß zu erlernen erfordert positiven Umgang mit Belastungen.

Jeder Mensch ist durch sein Leben mehr oder weniger vielen und großen Belastungen ausgesetzt, mit denen er mehr oder weniger gut zurechtkommt. Was der eine als belastend empfindet, scheint einem anderen egal zu sein oder gefällt ihm sogar. Während der eine jammert und klagt, ist ein anderer beherzt entschlossen, erhobenen Hauptes und guten Mutes sein Leben zu meistern. Was dem einen erstrebenswert erscheint, ist einem anderen ein Gräuel. Belastung ist also etwas, das von den Umständen abhängt, ob und in welchem Maße sie als solche erlebt wird oder nicht.

Verschiedene Lebensphilosophien, religiöse Lehren und Schulungsmethoden versuchen auf unterschiedliche Weise mit den Widrigkeiten des Lebens fertig zu werden und nach Wegen zu suchen, dem Leben einen Sinn zu geben, für den es sich lohnt, sich anzustrengen. Belastung hat grundsätzlich damit zu tun, dass ich mich anstrengen muss, um damit zurechtzukommen. Der entscheidende Unterschied ist immer nur einer: **Strenge ich mich gerne an, bemühe ich mich mit Freude oder nicht?** Finde ich es toll, auf einen Baum zu klettern, oder ist es mir zuwider? Damit habe ich bereits das Wesentliche von Belastung erfasst. Belastung ist etwas, dem ich nichts abgewinnen kann oder das meine Möglichkeiten übersteigt. Was ich nicht will oder was ich nicht kann oder beides zusammen, das belastet mich.

In diesem Buch ist von neun verschiedenen Belastungen die Rede:

Mangelnde Motivation
Mangelnde Fähigkeiten
Zeitmangel
Kraftmangel
Geldmangel
Ärger
Angst
Unsicherheit
Falsche Ansprüche

Jede dieser Belastungen kann uns das Leben zur Hölle machen. Beim Umwandeln von Belastungen in Herausforderungen lernen wir, entwickeln wir uns, gewinnen wir unser Bewusstsein und unsere Möglichkeiten. Das ist im Zustand der Belastung oft wenig Trost, sehnen wir uns doch nur danach, von ihr loszukommen! Hinterher begreifen wir meist: Ich habe etwas daran gelernt. Darin kann man den Sinn des Lebens sehen: im Lernen.

Dem gegenüber steht das Genießen. Hier ist nicht die Belastung der Gegenstand unserer Aufmerksamkeit, sondern die Entlastung. Es entlastet mich, meinen Durst zu löschen, es belastet mich, ihn nicht löschen zu können. Unerfüllte Bedürfnisse sind belastend, erfüllte Bedürfnisse sind entlastend, deshalb streben wir nach der Erfüllung unserer Bedürfnisse. Wir können beim Erfüllen unserer Bedürfnisse lernen. Wie wir das tun, zeigt unsere menschliche Reife, die durch unsere Tugenden und den sich daraus bildenden Charakter bestimmt wird. **Wir zeichnen uns dadurch aus, in welcher Art wir versuchen unseren Bedürfnissen gerecht zu werden, ob wir uns liebevoll oder gehässig anstrengen.** Man kann der Auffassung sein, das spiele keine Rolle, Hauptsache man verfolge seine Ziele.

An dieser Stelle scheiden sich die Geister im wahrsten Sinne des Wortes! Ob ich ein Ziel erreiche über Achtung oder über Verachtung, das hat Folgen – viele Folgen, lange Folgen. Ob ich beispielsweise ein Kind durch gutes Vorbild oder durch Gewaltandrohung erziehe, wird ein Leben lang auf es einwirken. Ob ich mir Rechte verschaffe durch Verletzung der Rechte anderer oder durch Erringen einer gerechten Lösung, das wirkt und wirkt.

Der Vater streichelt dem Kind über den Kopf und fragt: „Was hast du heute denn gemacht?“ Das Kind erzählt ihm nun, was es beschäftigt. Es erlebt Anteilnahme an dem, was es erlebt: Eine Stimmung des Wohlwollens und der Fragebereitschaft im Umgang mit ihm, seinem Leben, seinen Gedanken und Gefühlen. Sie gibt ihm Vertrauen – Vertrauen in die Welt, in der es lebt; Vertrauen zu sich selbst, dass es sich ausdrücken darf mit dem, was es beschäftigt. Wenn diese Anteilnahme aufrichtig, also nicht künstlich gespielt und dadurch unstetig, sondern beständig ist, sorgt sie dafür, dass das Kind lernt ganz selbstverständlich darüber zu sprechen, was in ihm vorgeht. So bildet es die natürliche Fähigkeit aus, sich auszudrücken und erlangt dadurch später die Voraussetzung, gut mit sich selbst umzugehen – durch Wohlwollen und Fragebereitschaft des Erwachsenen. Doch wenn der Erwachsene selbst nicht so mit sich umgeht, wird er es dem Kind allenfalls vorspielen und damit nicht überzeugen können.

Wenn wir mehr als aufgesetztes Verhalten und kurzfristige Erfolge wollen, müssen wir zurückkehren zu den altbewährten Tugenden früherer Weisheitslehrer, auf denen unsere Kultur beruht. Technische Errungenschaften werden innere Werte niemals ersetzen, denn wie wir mit äußerem Fortschritt umgehen, wird immer Sache unserer menschlichen Reife bleiben.

Um mir mein Leben maßvoll einzuteilen und für alles Notwendige genügend Zeit zu haben, brauche ich nicht in erster Linie gute Vorsätze, sondern Übersicht. Übersicht kann ich nur gewinnen, wenn ich meine Bedürfnisse ernst nehme und schaue, wie ich ihnen in den bestehenden Lebensverhältnissen am besten gerecht werden kann.

Um meine Bedürfnisse genügend wahrnehmen zu können, brauche ich bedingungsloses WOHLWOLLEN mit mir selbst. Um mir die notwendigen Gedanken machen zu können, brauche ich FRAGEBEREITSCHAFT. Daraus entstehen meine bewussten Herzensfragen. Indem ich mich mit ihnen auseinandersetze, gewinne ich VERTRAUEN, Vertrauen in mich und meinen Weg. Dieses Vertrauen brauche ich, um das richtige Maß in meinen Plänen, Zielen, Erwartungen und Entscheidungen zu finden – und ich muss mein MASSHALTEN täglich neu überprüfen, um damit im Alltag bestehen zu können. Dafür brauche ich GEDULD, denn es läuft nicht immer alles so, wie ich es will. Mit Geduld lerne ich mich gut zu behaupten. Und dafür sollte ich mir danken, denn mein Bemühen ist nicht selbstverständlich, es ist nicht von alleine da, sondern ein Mensch steht dahinter. Aus DANKBARKEIT für mein Bemühen kann ich mich immer neu dafür begeistern, meinem Leben seinen Sinn zu geben und mich für das einzusetzen, was mir wichtig ist. Dabei entwickle ich die Fähigkeit, auch dem Wohle des Ganzen zu dienen, ganz von allein. Denn es ist mir ein Bedürfnis, mich dem Leben hinzugeben und sinnvolle Dinge zu tun. Mit dieser HINGABE knüpfe ich bewusst an die kindliche Unbeschwertheit und Freude am Lernen an.

Ich brauche also einen Weg, gegenüber Belastung achtsam zu bleiben. Das erfordert, dass ich mich der Belastung stelle und lerne ihr gewachsen zu sein, immer und immer wieder. **Am Widerstand beweisen wir, wie fähig wir wirklich sind. Die Ausbildung des Denkens ist dafür unerlässlich. Mit dem bloßen Willen landen wir in Gewalttätigkeit gegen andere wie gegen uns selbst.**

Die Zusammenfassung aller Übungen dieses Buches
ist daher die folgende:

36. Übung:

36.1	Was belastet mich?
36.2	Warum belastet es mich?
36.3	Wie kann ich meine Belastung bewältigen?
	* * * * * * * * * *
36.4	Was denke ich?
36.5	Warum denke ich es?
36.6	Wie denke ich es?
	* * * * * * * * * *
36.7	Wie achte ich meine Belastung?
36.8	Warum finde ich das Achten meiner Belastung gut?
36.9	Wie achte ich meine Selbstachtung?
36.10	Warum finde ich meine Selbstachtung gut?

Mit dieser Übung kann ich mich orientieren bei der Suche nach Bewältigung meiner Schwierigkeiten, wenn ich nicht weiß, wo ich ansetzen soll; Voraussetzung ist allerdings, dass ich Vorstellungen erlangt habe, welche Arten von Belastungen es gibt. **Die Übung dient als Schlüssel, um täglich rasch zu erschließen, wo angesetzt werden muss, um die Selbstachtung auf dem Laufenden zu halten.**

Wenn Belastung zur Überlastung wird und wir keine Aussicht mehr gewinnen, wie wir damit fertig werden können, entsteht Verzweiflung. Aus Verzweiflung tun wir Dinge, die wir besser nicht tun sollten. Wenn wir es schaffen, die Verzweiflung anzunehmen, müssen wir nicht nach ihr handeln:

36. Übung, 1. Abwandlung:

36.1 (1) Was macht mich verzweifelt?

36.2 (1) Warum macht es mich verzweifelt?

36.3 (1) Wie kann ich meine Verzweiflung bewältigen?

* * * * * * * * * *

36.4 (1) Was denke ich?

36.5 (1) Warum denke ich es?

36.6 (1) Wie denke ich es?

* * * * * * * * * *

36.7 (1) Wie achte ich meine Verzweiflung?

36.8 (1) Warum finde ich das Achten meiner Verzweiflung gut?

36.9 (1) Wie achte ich meine Selbstachtung?

36.10 (1) Warum finde ich meine Selbstachtung gut?

Überlastung kann zu verschiedenen negativen Reaktionen führen, abhängig von der Art der Überlastung und den Voraussetzungen der Persönlichkeit. So lässt sich die Übung auch anwenden auf Vorstufen der Verzweiflung, wie

Erschöpfung
Traurigkeit
Schwermut

Wer einmal die Kraft und Sicherheit kennen gelernt hat, die durch die gewissenhafte tägliche Beschäftigung mit seinen Herzensfragen in der gesundheitlichen, beruflichen und privaten Lebensführung möglich ist, der will darauf nicht mehr verzichten. Wer die Erfahrung damit nicht hat, der kann es sich kaum vorstellen.

Dass im eigenen Denken die Quelle für Misserfolg und Erfolg liegt, weiß jeder, der sich damit gebührend beschäftigt hat. Denn am Denken richten wir unser Handeln aus. Damit unser Denken unbefangen und lebenstauglich ist, müssen wir Fragen stellen, statt uns Dinge einzureden. Doch Fragen ohne Wohlwollen gleitet ins Theoretische ab, ihnen fehlt der Halt im eigenen Empfinden. Fragebereitschaft muss vom Herzen ausgehen, dazu ist Wohlwollen im Kopf die Voraussetzung.

37. Übung:

WOHLWOLLENDES FRAGEN
IST DER WEG DES FREIWILLIGEN LERNENS.
WOHLWOLLEN VOM KOPF HER ÜBEN
UND FRAGEN VOM HERZEN HER STELLEN –
DANN KOMMT VERTRAUEN
UND DIE WEISHEIT,
ALLES IM RECHTEN MASS ZU TUN.

Das Gegenteil ist gehässiges Urteilen. Dabei verlieren wir das Gefühl für die Wirkung unseres Denkens und werden diesem hilflos ausgeliefert. Deshalb gilt der Satz: „Man muss sich der Idee erlebend gegenüber stellen können; sonst gerät man unter ihre Knechtschaft."[120]

Fixe Ideen, an die man sich klammert aus Angst oder die man verbissen verfolgt aus Ärger, führen nicht zur Zufriedenheit, weil man sie allenfalls unzufrieden verfolgt. Erst wenn ich die Idee in ihrer Wirkung erleben kann, habe ich die Kraft, ihr prüfend zu begegnen. Es nützt auch nichts, wenn eine Idee so angenehm ist, dass sie einen in befangene Träumereien und verblendete Wahnvorstellungen abgleiten lässt. Am wohlwollenden Fragen führt nichts vorbei, auch wenn die Lust noch so groß ist. Ein wacher, prüfender Verstand sollte unser stetiger Begleiter sein. **Wohlwollen ist mehr als Lust und Laune! An der Stetigkeit seines Wohlwollens erkennen wir den wahren Charakter eines Menschen.**[121]

Wir müssen uns dennoch nicht alles gefallen lassen, wenn wir uns um ein Leben aus Wohlwollen und Achtsamkeit bemühen. Stets geht es auch darum, dass wir unsere Grenzen ernst nehmen. Dies mag im Widerspruch zu gewissen Erziehungsmethoden und Verhaltensgrundsätzen stehen. Doch letztendlich ist jede vernünftige Entscheidung davon abhängig, dass wir Maß und Ziel im Rahmen unserer Möglichkeiten setzen. Für jeden einzelnen ist es zu verschiedenen Zeiten unterschiedlich. Deshalb ist das rechte Maß stets eine individuelle Angelegenheit.

Das Achten seiner Grenzen fördert das Maßhalten mehr als alles andere. Ich muss an meinen Grenzen nicht in Selbstablehnung verfallen, sondern kann versuchen mich anzunehmen. Ich muss mich auch nicht bedauern, sondern kann üben, trotz meiner erlebten Unzulänglichkeit oder einer empfundenen Ungerechtigkeit im Verhalten anderer, Wohlwollen mit mir selbst zu bewahren. Hier stoße ich früher oder später an die Grenzen meines Wohlwollens mit mir selbst. Indem ich die Grenzen meines Wohlwollens achte, auch gegenüber anderen, gewinne ich immer wieder inneren Boden unter den Füßen und vermag mich dadurch wieder aufzubauen.

38. Übung:

WENN NICHTS MEHR GEHT,
BRAUCHE ICH
DAS ACHTEN DER GRENZEN MEINES WOHLWOLLENS.
LIEBER SO VIEL SELBSTACHTUNG MACHEN,
DASS DIE ANDERE ARBEIT STILLSTEHT,
ALS STILLZUSTEHEN, WEIL MIR SELBSTACHTUNG FEHLT!

Nur so ist Selbstachtung dauerhaft möglich: indem ich die Grenzen meines Wohlwollens achte. Nur so finde ich meinen Weg zu angemessenen Entscheidungen; vergleiche 31. Übung, 3. Abwandlung.

Selbstbedauern verhindert, dass wir die Grenzen unseres Wohlwollens achten. Deshalb gilt der Satz:

52. Übung:

KEIN ERBARMEN MIT BEQUEMLICHKEIT, SONDERN ERBARMEN MIT DEM BEMÜHEN …

Daran entscheidet sich unsere Entwicklung!

Entscheidungen zu treffen ist die Grundlage dafür, um Ziele bewusst zu verfolgen. Welche Wirkung hat eine Entscheidung auf mein Leben und wie wirkt sie nach außen? Was sind die Voraussetzungen für eine sinnvolle Entscheidung? Wann sollte ich eine Entscheidung treffen, wann sollte ich es lassen? Was muss ich beachten, damit meine Entscheidung den Lebensumständen ebenso gerecht wird wie meinem Verlangen?

Vor solchen Fragen stehen wir in kleinen und großen Zusammenhängen. Von den richtigen Entscheidungen – von Augenblick zu Augenblick und von Tag zu Tag – hängt im Leben alles ab. Jeder Erfolg und jeder Misserfolg hat mit Entscheidungen zu tun, die wir treffen. Die Frage ist daher, wie wir es schaffen, uns so viel Übersicht zu verschaffen, dass wir nicht zu kurzfristig denken, sondern uns von Grund auf orientieren können. Dieser Herausforderung stehen wir nicht nur im Geschäftsleben, in der Politik und bei unseren finanziellen Planungen gegenüber – sie betrifft vielmehr unsere Gesundheit, unser Privatleben und somit unser Glück und unsere Zufriedenheit im weitesten Sinne.

In diesem Buch ist ein Weg aufgezeigt, der es ermöglicht, Entscheidungen so zu treffen, dass sowohl die Bedürfnisse, als auch die Lebensumstände dabei genügend berücksichtigt werden. Was der einzelne Mensch dabei vollbringen muss, ist die Ausbildung seiner Persönlichkeit zu Charakterstärke. Dafür braucht er die Bereitschaft zu Aufmerksamkeit und Achtsamkeit und den Willen, sein Bestes zu geben. Halbherzigkeit, in welcher Form und aus welchem Grund auch immer, führt zu kurzsichtigen Entscheidungen und ist somit ungeeignet, den hier verfolgten Weg zu gehen. Daher muss ich mich auch entscheiden, bewusste Selbstachtung entweder dauerhaft zu betreiben oder sie ganz bleiben zu lassen. Denn alles andere ist nur Augenwischerei, Selbstbetrug und endet kläglich.

Die Entscheidung, Selbstachtung als Lebensweg zu wählen, ist gewiss keine Kleinigkeit, sondern hat umwälzende Folgen für einen Menschen. Deshalb sollte er sich vergewissern, ob dieser Weg für ihn der richtige ist und ob er dessen Logik begreifen kann. Dieses Buch möchte die Grundlage dafür liefern.

Wege der Hoffnung

Das Unerschütterliche
der Selbstachtung
liegt in der Möglichkeit,
sie unabhängig von
Raum und Zeit
und anderen Menschen
immer neu zu üben

und dabei nur das tun,
was ich aus mir heraus
und aus Achtung tue,
für andere wie für mich,
doch immer so,
dass ich dahinter stehen kann
mit Herz und Verstand.

27. Endnoten

1 Wir Menschen neigen zu dem Glauben, dass wir wüssten, was die Ursachen unserer Schwierigkeiten, Hindernisse, Leiden und Krankheiten seien – ohne unser Dafürhalten ausreichend zu hinterfragen. Auch die Auffassung, genug Selbstachtung zu haben, gehört zu den Einbildungen, deren Folgen zu durchschauen wir nur lernen können. Es gibt auch scheinbare Selbstachtung, durch Selbsteinrede aufgesetztes Gedankenspiel ohne echten Bezug zum Herzen. Klarheit ist erst durch sorgfältiges Prüfen und Unterscheiden möglich. Wer sich dem Thema Selbstachtung zuwendet, wird immer wieder überrascht sein, welches Ausmaß es auch noch nach Jahrzehnten der Übung hat.

2 Der Begriff „Herzensfrage" setzt sich aus zwei Wörtern zusammen, die so bekannt sind, dass sich wohl jeder darunter vorstellen kann, dass hier von Fragen des Herzens die Rede ist. Wer praktisch damit nichts anzufangen weiß, braucht mehr Auseinandersetzung mit seinen Herzgefühlen. Diese Anleitung kann helfen, sich Schritt für Schritt seine Herzensfragen zu erschließen.

Die Bedeutung einer Herzensfrage kann uns daran klar werden, dass ein Mensch, dem eine Herzensfrage bewusst wird, von Selbstmord abgehalten wird. Denn in den Herzensfragen drückt sich der Lebenswille aus! Die Selbstachtung erschließt den Weg zu den Herzensfragen, täglich aufs Neue. Sie schafft Zugang zur Lebensmotivation; vergleiche Kapitel „Zeitmangel oder Zeit?".

3 Zum Verhältnis von Selbstachtung und Selbstanerkennung siehe Kapitel „Das Bedürfnis nach Selbstanerkennung (Selbstachtung)".

4 Dementsprechend verwunderliche bis abstoßende Verhaltensweisen entwickeln die Menschen, wenn sie ihr Bedürfnis nach Anerkennung nicht ernst nehmen oder nicht genügend darüber nachdenken, wie sie ihm gerecht werden können.

Unterlassenes Eigenlob führt zwangsläufig dazu, dass wir unser Bedürfnis nach Anerkennung auf andere Weise zu befriedigen versuchen, zum Beispiel indem wir abfällig über andere reden, um dadurch die Aufmerksamkeit auf uns zu lenken; so verfolgen wir den Wunsch, selbst besser dazustehen. Oder indem wir uns abhängig machen von der Meinung anderer, um sie uns gewogen zu machen. Im einen Fall betreiben wir die verquere Erfüllung des Bedürfnisses nach Anerkennung auf Kosten anderer; im andern Fall machen wir es auf Kosten der eigenen Entfaltung. Beides ist untauglich für ein menschengerechtes Verhalten und für ein erfülltes Leben, also leidvoll.

Prahlen lenkt davon ab, sich selbst zu loben; Selbstlob wiederum gelingt nur in dem Maße, wie ich mir klar mache, wofür ich Anerkennung BRAUCHE. Beim Prahlen ist eher unklar, wofür jemand Anerkennung will, deshalb wirkt es störend, unangemessen, unsachlich, aufdringlich oder sogar dreist. Die Wahrheit ist hier eher unwichtig, die eigene Meinung steht im Vordergrund. Zur Not wird auch gelogen, um sich hervorzutun und um sich vermeintliche Vorteile zu verschaffen, ohne die Folgen zu bedenken.

Eigenlob ist mühsamer, wirkt aber nachhaltig. Prahlen macht nicht zufrieden, sondern süchtig. Eigenlob kostet mehr Überlegung, bringt aber den ersehnten inneren Frieden und zugleich neue Übersicht. Gute Werbung und Beratung sind immer wahrheitsgemäß, schlechte Werbung und Beratung nehmen es mit der Wahrheit nicht genau. Die Folgen kommen unausweichlich... **Der Angeber will die Mühen des wahrheitssuchenden Denkens umgehen und übersieht dabei die Folgen. Der ehrlich bemühte Mensch versucht hingegen, die Folgen seines Verhaltens so weit wie nur möglich zu bedenken. Er glaubt nicht, was er denkt, sondern prüft es!**

Daran dürfte deutlich werden, dass der Umgang mit dem Bedürfnis nach Anerkennung erhebliche Wirkung auf unsere Entwicklung hat, weil wir die Folgen unseres Verhaltens früher oder später immer selbst tragen müssen!

5 Was bedeutet es, seine vorhandene Selbstachtung zu schützen? Wenn die natürliche Selbstachtung eines Kindes und Jugendlichen nicht geschützt wird durch achtungsvollen Umgang mit dem Heranwachsenden, wenn also die natürliche Selbstachtung des jungen Menschen missachtet wird, weil er verächtlich behandelt oder regelmäßig überfordert wird, geht sie vorzeitig verloren. Daran wird deutlich, was geschieht, wenn Selbstachtung nicht geachtet wird. Auch der Erwachsene hat in der Regel noch natürliche Selbstachtung, die altersbedingt immer mehr abnimmt oder durch ungeeignetes Verhalten und durch negative Erfahrungen zerstört werden kann. Schutz der natürlichen Selbstachtung ist auch beim Erwachsenen das Achten der Selbstachtung.

Bei der bewussten Selbstachtung verhält es sich anders. Durch Verachtung geht sie nicht verloren, weil sie bewusst ist. Doch um sie anwenden zu können, braucht sie ebenfalls Achtung. Allerdings kann diese schwerlich von außen kommen wie bei der natürlichen Selbstachtung. Vielmehr bin ich darauf angewiesen, meine bewusste Selbstachtung SELBST zu achten – so wie ich bewusste Selbstachtung auch nur selbst ausbilden kann.

Was heißt wiederum Anwendung der bewussten Selbstachtung? Damit ist gemeint, dass ich sie in meinem Leben für dasjenige einsetze, was mir viel bedeutet, und dass ich täglich meine Herzensfragen formuliere und durch gezielte Wiederholung verinnerliche.

Bei der bewussten Selbstachtung besteht das Schützen also darin, dass ich sie achte, um sie anwenden zu können, statt mich damit zurückziehen zu müssen. Ich verliere keine bewusste Selbstachtung so wie ich natürliche Selbstachtung verliere. Was ich verlieren kann, ist die Fähigkeit, bewusste Selbstachtung anzuwenden, wenn ich mich damit nicht immer neu achte in den bestehenden Lebensverhältnissen!

6 Die Frage „Warum finde ich meine Selbstachtung gut?" ist keine Selbsteinrede. Vielmehr dient sie der immer neuen Bewusstmachung dessen, was meine Selbstachtung ausmacht. Achtung bedeutet immer, das Positive zu suchen und sich daran zu orientieren – also auch am Schlechten das Gute zu suchen, zu dem es dienen kann. Ein negatives Beispiel kann mir zeigen, was ich anders machen möchte. Es geht immer darum, das Unterscheiden zu üben – deshalb frage ich, WARUM ich meine Selbstachtung gut finde.

7 Es hat sich als sehr hilfreich erwiesen, die Lehre der Selbstachtung in der Gruppe zu erarbeiten. Siehe „Lesekreis Selbstachtung" im Kapitel „Weitere Angebote zum Thema Selbstachtung".

8 Weil Abels Opfer von Gott anerkannt wurde, Kains Opfer nicht, überkam Kain der Neid und er erschlug seinen Bruder Abel. So die biblische Geschichte.

Auch harmlosere Fälle können immer noch schreckliche Folgen mit sich bringen. Wenn ich beispielsweise wegen der Anerkennung seitens meiner Eltern einen anderen Beruf ergreife, als es mir im tiefsten Herzen lieb ist, stelle ich damit Weichen für mein Leben. Solche Entscheidungen lassen sich nachträglich oft nur mit großen Anstrengungen korrigieren. Welche Auswirkungen hat berufliche Unzufriedenheit auf meine Gesundheit, meine beruflichen Entwicklungsmöglichkeiten und meine Beziehungen?

Zu fragen ist auch, ob einem die Motive für eine Entscheidung überhaupt genügend bewusst sind oder ob man nur glaubt, die Übersicht zu haben?

9 Dieses Buch hat KEINERLEI Anspruch, eine Antwort auf die Frage zu geben, WARUM wir das Bedürfnis nach Anerkennung in uns tragen. Es will nur dazu anleiten, mit dem Anerkennungsbedürfnis gut umzugehen. Alles Weitere bleibt dem Anwender überlassen, weil es Sache der Anwendung IST. **Wir erfassen das Wesen von Bedürfnissen dadurch, dass wir uns darum bemühen, ihnen gerecht zu werden. Warum es diese betreffenden Bedürfnisse**

gibt, erfahren wir so am besten. Das Schöne ist, dass wir dabei das Verlangen entwickeln, uns auch zu anderen gerecht zu verhalten.

10 Als Fortgeschrittener in der bewussten Selbstachtung kann es für mich hilfreich sein, die 2. Übung auch anzuwenden auf das Achten der Anerkennung, die mir von außen zuteil wird. Dann wende ich die Übung sowohl für das entwickelnde als auch für das bewahrende Prinzip an; vergleiche Kapitel „Sein-Wollen und Sein". Die 2. Übung ist dafür folgendermaßen zu erweitern:

2.3 Wie achte ich meine Selbstachtung?

2.4 Warum finde ich meine Selbstachtung gut?

* * * * * * * * * *

2.5 Wie achte ich meine Anerkennung?

2.6 Warum finde ich das Achten meiner Anerkennung gut?

2.7 Wie achte ich meine Selbstachtung?

2.8 Warum finde ich meine Selbstachtung gut?

11 Im Kapitel „Was hat Selbstachtung mit Entscheidungen zu tun?" wird das Achten definiert als Sammelbegriff für verschiedene achtungsvolle Tätigkeiten. Dementsprechend ist das Sich-Selbst-Achten zu verstehen:

Achtung	**Selbstachtung**
jemanden oder etwas annehmen	sich selbst annehmen
jemanden oder etwas beachten	sich selbst beachten
jemanden oder etwas beobachten	sich selbst beobachten
jemanden oder etwas anerkennen	sich selbst anerkennen
jemanden oder etwas akzeptieren	sich selbst akzeptieren
jemanden oder etwas respektieren	sich selbst respektieren
jemanden oder etwas würdigen	sich selbst würdigen

Wie im Verlauf des Buches gezeigt wird, bauen diese Tätigkeiten aufeinander auf. Achtung ist etwas sehr Großes, ebenso Selbstachtung, und sie haben Stufen; die ersten sieben sind hier dargestellt, die daraus hervorgehende achte Stufe an späterer Stelle. Da der Begriff von Achtung beziehungsweise Selbstachtung von jedem Menschen mehr oder weniger stark erst ausgebildet werden muss, wird er zwar in den Übungen verwendet; doch für die Einführung wird mit den geläufigeren Begriffen der Anerkennung und Selbstanerkennung gearbeitet, beziehungsweise mit den Begriffen Lob und Eigenlob. Die Vielschichtigkeit des Themas bringt es mit sich, dass die sprachliche Darstellung einerseits Vereinfachung erforderlich macht, andererseits Unterscheidung verlangt. Dem kann nur schrittweise Rechnung getragen werden.

Mit einmaligem Lesen des Buches ist dessen Inhalt wohl nur ansatzweise zu erfassen, weil wir es hier mit einem lebensübergreifenden Thema zu tun haben, für das jeder Mensch seinen individuellen Zugang braucht, den er sich ausschließlich selbst Schritt für Schritt verschaffen kann.

12 Die Unscheinbarkeit des Bedürfnisses nach Selbstachtung erklärt sich dadurch, dass es sich im Bedürfnis nach Achtung verbirgt. Es möge der aufmerksame Leser hier auch die Frage stellen, welche Achtung er von anderen haben möchte und welche er sich selbst geben will. An dieser Unterscheidung kann uns sehr gut deutlich werden, wie eng verwoben beide Bedürfnisse miteinander sind – weshalb es so schwer sein kann, das Bedürfnis nach Selbstachtung überhaupt zu ENTDECKEN, denn es tritt in der Entwicklung später auf, als das Bedürfnis nach Achtung durch andere. Sobald wir allerdings anfangen über Selbstachtung nachzudenken, sollten wir die Achtung unseres Bedürfnisses nach Selbstachtung UNBEDINGT bewusst beginnen; ansonsten laufen wir Gefahr, es zu vernachlässigen. Denn wer einmal beginnt über Selbstachtung nachzudenken, der kann sein Bedürfnis danach anschließend gewiss nie mehr unbewusst erfüllen. Es gehört zum Wesen der Selbstachtung, dass sie von einem selbst vollzogen wird. Unbewusst ist das nur so lange möglich, wie wir nicht darüber nachdenken, was Selbstachtung ist.

Aus diesem Grund sollten wir uns immer wieder auf den Standpunkt stellen, nicht alles über Selbstachtung zu wissen und sehr vorsichtig mit Urteilen darüber sein. Schließlich sagen wir ja auch nicht: Ich weiß nun was Essen ist und brauche deshalb keines mehr! Offene und versteckte Persönlichkeitsspaltungen, die unkontrolliert verlaufen (Psychosen), sind immer eine Folge mangelnder Selbstachtung. Denn je schwieriger die Erlebnisse sind, denen wir zuvor ausgesetzt waren, desto nötiger haben wir es, sie durch Selbstachtung auszugleichen. An dieser Tatsache kommt kein Mensch vorbei, egal wie intelligent, reich, berühmt und äußerlich gesund er auch sein mag. Kein äußerer Erfolg ersetzt auf Dauer Selbstachtung. Und dass es GENÜGEND Selbstachtung ist, entscheidet kein Richter, sondern ausschließlich das eigene Gefühlsleben. Deswegen sollten wir dieses so sorgsam behandeln, wie wir überhaupt nur können – auch wenn wir dabei auf manche Äußerlichkeiten verzichten müssen. Wir BRAUCHEN Selbstachtung als Grundlage für jeden äußeren Erfolg! Der Verfasser hofft, dass viele Menschen das verstehen oder verstehen lernen – in einer Zeit, in der es immer mehr psychische Schwierigkeiten gibt…

13 Sich zu vergegenwärtigen, woran man glaubt, schafft die Grundlage, seinen Glauben zu hinterfragen. Das ist die Voraussetzung dafür, sich bewusst zu machen, was Glaube ist und was Bedürfnis ist.

Herzensglaube ist im Einklang mit den Bedürfnissen. **Den Glauben im Herzen lassen, nicht in den Kopf holen!** Kopfglaube verselbstständigt sich und spaltet sich ab von den Bedürfnissen. Er ist überwindungsbedürftig.

14 Sollten Sie der Auffassung sein: „Wer nur für seine Bedürfnisse lebt, ist ein liebloser, ein unsozialer, ein verwerflich denkender Mensch!“ dann denken Sie etwas anderes als hier gemeint ist. Hier sind mit Bedürfnissen auch solche gemeint, die auf andere gerichtet sind, nämlich soziale Bedürfnisse.

Wenn ich einem anderen helfen will, mit einer bestimmten Situation fertig zu werden, dann entspringt das meinem BEDÜRFNIS ZU HELFEN, meiner Hilfsbereitschaft.

Oder wenn ich Gott dienen möchte, entspringt es meinem Bedürfnis, meiner Vorstellung von Gott gerecht zu werden – also ein geistiges Bedürfnis.

Wir finden hinter sämtlichen Handlungen Bedürfnisse; es geht nur darum, sie uns bewusst zu machen! Das kann zuweilen unangenehm ernüchternd sein, aber es hilft uns, in unseren Ansichten von recht und schlecht klarer zu werden.

15 Wenn ich mir beispielsweise als Frau wünsche, jedem Mann zu gefallen und mich entsprechend aufreizend zurechtmache, um auf der anderen Seite die Männer abblitzen zu lassen, dann lebe ich gewiss ein Wunschbedürfnis aus, hinter dem sich Hass auf das andere Geschlecht verbirgt. Mein Lebensbedürfnis ist wohl eher, einen Mann zu lieben, der gut zu mir ist; statt Männer aufzuregen, um sie verachten zu können. Doch um zu einer solchen Einsicht gelangen zu können, müsste ich mein Bedürfnis zu gefallen besser achten, statt es gedankenlos oder gar boshaft auszuleben. Ich würde dann hinter meiner Gefallsucht früher oder später wohl eine Sehnsucht entdecken, einem Mann, dem ich vertrauen kann, offen zu begegnen. Mehr dazu im Kapitel „Ärger oder Zielsicherheit?“.

Wunschbedürfnisse können sich auch aneinanderreihen. Hier ein Beispiel: Ich wünsche mir ein größeres Auto, um damit meinen Geschäftskollegen neidisch zu machen. Ich wünsche mir, meinen Geschäftskollegen neidisch zu machen, weil ich ihn als überheblich empfinde. Ich ärgere mich über das Verhalten meines Geschäftskollegen, weil er mich an meinen Vater erinnert – was mir zwar nicht bewusst ist, doch den Ärger dennoch erleben lässt. Ich wünsche mir, dass sich mein Geschäftskollege so über mich ärgert wie ich mich über ihn. Ich hoffe, meinen Ärger durch Genugtuung vergessen zu können. – Zugrunde liegt der Irrtum, ich könne meinen Ärger überwinden, indem ich ihn auslebe. Mein wahres, mein Lebensbedürfnis ist, mit meinem Ärger fertig zu werden. Doch statt meinen Ärger zu achten und mir auf dieser Grundlage genau zu überlegen, was ich will (25. Übung), baue ich lauter Wunschbedürfnisse davor.

Das Verhältnis zwischen Wunsch- und Lebensbedürfnissen kann so verwirrend werden, dass ich den Überblick verliere und dadurch in Misstrauen zu mir selbst verfalle. Gerade wenn ich merke, dass Bedürfnisse, die ich für tragfähig und deren Erfüllung ich längere Zeit für erstrebenswert erachte, sich entweder in der betriebenen Weise nicht erfüllen lassen oder ihre Erfüllung mich enttäuscht, kann mich das so erschüttern, dass ich an meiner Fähigkeit, mich selbst zu verstehen, zweifle. Solche Zweifel führen häufig auch dazu, an den Bedürfnissen zu zweifeln. Ich zweifle dann sowohl an meinem Verstand als auch an meinem Gefühl und weiß womöglich nicht mehr, woran ich mich überhaupt noch orientieren soll ... Wer in eine solche Verunsicherung gerät, sollte eisern Wohlwollen mit sich selbst üben, seine Fragen formulieren und dann prüfen, wer in der Lage ist, Hilfestellung zu geben, um das Selbstvertrauen neu aufzubauen. Doch Vorsicht: Nur weil ich an mir zweifle, heißt es nicht, dass andere alles richtig machen. Deshalb über die genannte Maßnahme die Grundlage schaffen, sich neu zu orientieren! Die Kapitel „Angst oder Lebenswille?“ und „Unsicherheit oder Übersicht?“ können dabei helfen.

16 Wem sich an dieser Stelle das Verhältnis von Wunsch- und Lebensbedürfnissen nicht genügend erschließt, sollte das Buch vollends durchgehen; denn es gibt keine allgemeine Regel, wo jemand bei der Unterscheidung ansetzen muss, da die persönlichen Voraussetzungen sehr unterschiedlich sind. Manchen Aufschluss können die Kapitel „Sein-Wollen und Sein“, „Haben-Wollen und Haben“ und „Tun-Wollen und Tun“ bringen. Doch wenn es um negative Gefühle geht, müssen diese erst aufgelöst werden – wovon die noch späteren Kapitel handeln –, um einen klaren Blick auf die eigenen Bedürfnisse zu gewinnen. Eine gewisse Übersicht kann die 34. Übung bringen.

17 Die beiden Fragen „Wie achte ich meine Selbstachtung?“ und „Warum finde ich meine Selbstachtung gut?“, die als 1. Übung den Grundstock aller Übungen bilden, werden bei vielen weiteren Übungen verwendet. Dies bedarf einer gewissen Erklärung.

Einfach gesprochen kann man sagen: Mit diesen beiden Fragen kehre ich immer wieder zu meinem „Haus“ zurück, in dem ich „wohne“. Denn was tue ich, wenn ich frage „Wie achte ich meine Selbstachtung?“ Ich mache mir bewusst, dass ich ein gewisses (großes oder kleines) Maß an Selbstachtung habe und in welcher Weise ich ihm Anerkennung entgegenbringe, beziehungsweise bringen will. Somit konzentriere ich mich auf das Bestehende meiner Selbstachtung und knüpfe bewusst daran an. Wer etwas Erfahrung mit dem Meditieren (dem gezielten inneren und äußeren Wiederholen und Verinnerlichen von Gedanken) hat, der weiß diese Frage GANZ BESONDERS zu schätzen; ebenso die daran anknüpfende, „Warum finde ich meine Selbstachtung gut?“. Als Anfänger hingegen mag man glauben, das sei überflüssig. Also halten Sie sich einfach an den Rat eines Erfahrenen und beziehen Sie beide Fragen immer in Ihre Übungen ein, selbst wenn Sie dazu NICHTS zu sagen haben. Denn mit den anderen Fragen gehen Sie aus Ihrem Haus heraus. Damit Sie Ihr Haus immer wieder finden, sollten Sie den Weg dorthin wissen. Dafür brauchen Sie ein sich immer tiefer verwurzelndes Bewusstsein vom Achten Ihrer Selbstachtung. Es hilft auch maßgeblich, sich gegen Neid abzugrenzen, den man erleben muss, wenn man Selbstachtung übt, während es ein anderer unterlässt oder mangelhaft betreibt – oft unbewusster oder unterdrückter Neid!

Die Notwendigkeit dieser Vorgehensweise ist ausführlich erklärt im Kapitel „Sein-Wollen und Sein“.

18 Hier kann der Einwand kommen: Was ist, wenn ein Verbrecher sich darin bestärkt fühlt, seinem Bedürfnis nach einer verbrecherischen Tat nachzugehen? Muss hier nicht mit aller Deutlichkeit gesagt werden: „Nicht jedes Bedürfnis ist in Ordnung?“ Aus der Sicht der Selbstachtung gibt es keine „guten“ und „schlechten“ Bedürfnisse, es gibt nur guten und schlechten Umgang mit Bedürfnissen. Selbstachtung heißt ja auch nicht, seine Bedürfnisse einfach auszuleben; sie heißt nur, seine Bedürfnisse anzunehmen; vergleiche 20. Übung. Was passiert, wenn ich ein verbrecherisches Bedürfnis annehme? Ich werde fragen, warum ich es habe. Und dann werden andere Bedürfnisse beziehungsweise Gefühle dahinter erscheinen, zum Beispiel Zorn. Dann werde ich meinen Zorn achten (siehe Kapitel „Ärger oder Zielsicherheit?“) und lernen, was sich dahinter als mein wahres Wollen verbirgt. Das Annehmen von Bedürfnissen führt viel eher dazu, von ihrer Erfüllung Abstand nehmen zu können, als wenn ich sie mir gar nicht erst zugestehen kann. Die Unsitte, Bedürfnisse zu beurteilen und zu verurteilen, statt sie zu achten, zeugt von mangelnder Bereitschaft, ihre Ursachen begreifen zu wollen. Wenn ein Verbrecher zu diesen gedanklichen Schritten nicht in der Lage ist – aus welchen Gründen auch immer –, dann ist das etwas anderes. Aber das sollte nicht dazu verleiten, bestimmte Bedürfnisse zu verurteilen. **Alle Bedürfnisse haben das gleiche Recht, geachtet und verstanden zu werden.** Nur so schaffen wir es, uns selbst und anderen gerecht zu werden. Die Erfahrung lehrt, dass gerade das Achten seiner Bedürfnisse

die sozialen Bedürfnisse und somit die Herzensseite STÄRKT. Deshalb können Kinder, die in einer achtungsvollen Umgebung aufwachsen, ihre sozialen Bedürfnisse in der Regel besonders gut entfalten.

19 Nähere Erklärungen zum psychologischen Verhältnis zwischen Kopf, Herz und Bauch finden sich im Kapitel „Zeitmangel oder Zeit?".

20 Duden, Das Herkunftswörterbuch; Bibliographisches Institut & F. A. Brockhaus AG, Mannheim 2007.

21 Damit wird nichts gegen Reichtum und Berühmtheit als solche gesagt, sondern auf die Notwendigkeit gewiesen, dass der gute Umgang damit erst gelernt werden muss und dieses Lernen an bestimmte Bedingungen geknüpft ist!

22 Die Fragen 43.11–14 können auch in einer anderen Zeitform stehen.

Für früher begonnene und noch anhaltende Tätigkeiten: „Was habe ich erreicht? ..."
Für abgeschlossene Tätigkeiten: „Was erreichte ich? ..."

23 Durch die Anwendung des genannten Fragesystems werden unlautere Motive aufgedeckt, derer ich mir selbst nicht genügend bewusst bin. Spätestens bei der Wie-Frage 43.11 wird deutlich, ob mein Verhalten mit meinem Dafürhalten in Einklang zu bringen ist, sofern die vorangehenden Fragen nach bestem Wissen und Gewissen beantwortet wurden. Das heißt, ich kann auf dem beschriebenen Weg auch aufdecken, wenn ich mir selbst etwas vormache.

24 Die Ideale der Französischen Revolution: FREIHEIT, GLEICHHEIT, BRÜDERLICHKEIT, stehen in einem direkten Verhältnis zu den drei Gebieten des menschlichen Zusammenlebens: KULTUR, RECHTSWESEN, WIRTSCHAFT. Nur wenn in der Kultur Freiheit herrscht, kann sich dort das Denken umfassend entfalten. Nur wenn im Rechtswesen Gleichheit herrscht, ist eine auf Mitgefühl bauende Rechtsprechung möglich. Und nur wenn im Wirtschaften Brüderlichkeit geübt wird, ist ein Zusammenwirken der Kräfte möglich, das menschenwürdig und im Einklang mit der Natur gelingt. Werden diese Verhältnisse verschoben, kommt es zu Katastrophen. So will beispielsweise der Kommunismus Gleichheit im Wirtschaftsleben und verdirbt dadurch die Eigeninitiative. Hingegen der Kapitalismus will Freiheit im Wirtschaftsleben und ruiniert dadurch das Gemeinwesen. Der Nationalsozialismus wollte Gleichheit im kulturellen Leben, die so genannte Gleichschaltung, und vernichtete damit die Möglichkeit demokratischer Regierungsformen. Selbst ein staatlich gelenktes Bildungswesen

widerspricht dem Prinzip der kulturellen Freiheit und führt zu einer unnötigen und auch unsinnigen Erstarrung des Lehrbetriebs, in dem die Lehrer nicht genügend auf die Voraussetzungen der Schüler vor Ort eingehen können. Auch die fehlende Möglichkeit der politischen Mitbestimmung der Bevölkerung in der Gesetzgebung ist unorganisch und führt zu einer wirtschaftlich gelenkten Parteiendiktatur, weil eine sichere Interessenvertretung der Bevölkerung fehlt; hier wird das Prinzip der Gleichheit vor dem Gesetz verletzt. Auf diese Zusammenhänge wurde schon während des Ersten Weltkrieges von Rudolf Steiner in seiner sozialwissenschaftlichen Lehre eindringlich hingewiesen.

Zwei Organisationen, die sich maßgeblich und erfolgreich für die direkte Demokratie einsetzen und immer Unterstützung brauchen: www.omnibus.org und www.mehr-demokratie.de

25 Auch innerhalb der vierteiligen Form der Achtungsfragen, hier der Fragen 8.2 bis 5 und 8.7–10, findet sich die Gegenüberstellung des bewahrenden und des entwickelnden Prinzips. Die ersten beiden Fragen zielen auf die Entwicklung der Selbstachtung, die letzten beiden Fragen suchen das Bewahren der bestehenden Selbstachtung. Dieses Wechselspiel ist auf Dauer unerlässlich.

Weitere Hinweise hierzu im Anschluss an die 7. Übung.

26 Beim Sein-Wollen begegnen wir der Geltungssucht. Wer es nicht schafft, sein Bedürfnis nach Anerkennung unabhängig von anderen zu erfüllen und nicht den Willen aufbringt, an seiner Selbstachtung ausreichend zu arbeiten, versucht sich auf andere Weise Geltung zu verschaffen. Gelingt ihm dies auf sinnvolle Weise, ist es Zeichen guter Erziehung beziehungsweise Selbsterziehung, so dass er durch gutes Beispiel auf sich aufmerksam macht. Verselbstständigt sich hingegen sein Bedürfnis nach Anerkennung, gibt es Schwierigkeiten, die sich auf das menschliche Zusammenleben negativ auswirken: Weil ich nicht der bin, der ich sein will, verschaffe ich mir meine Geltung mit mehr oder weniger ungeeigneten Methoden. Ein besonders trauriges Beispiel sind getrennte Eltern, die sich über ihre Kinder versuchen aneinander zu rächen und den Kindern damit Schaden zufügen. Auch wenn berufliche Abhängigkeitsverhältnisse dazu genutzt werden, Untergebene oder Kollegen zu schikanieren, kann es zu beträchtlichen Schwierigkeiten kommen. In diesen und allen anderen Fällen ist es sehr hilfreich, das eigene Sein und Sein-Wollen zu achten, um sich nüchtern zu verteidigen beziehungsweise sein eigenes Geltungsbedürfnis zu bändigen. Da die Maßnahme mit Arbeit verbunden ist, kann sie missfallen, so dass man sich lieber selbst bedauert und andere tyrannisiert. Im Zweifelsfall helfen ganz besonders die 31. Übung und ihre Abwandlungen, um über das Achten seiner Grenzen den rechten Weg zu gehen.

Spätestens wenn ich bemerke, dass mich meine Gefühle zu Verhaltensweisen treiben, durch welche die bestehenden Schwierigkeiten noch vergrößert werden, sollte ich mich darum kümmern in einer Weise, die geeigneter als die bisherige Form ist. Hier kann die 36. Übung als Einstieg wertvolle Dienste leisten. Sturer Stolz, alles in der gewohnten Gangart oder alleine zu schaffen, führt leicht zu Handlungen, die ich am Ende bitter bereuen werde!

Vergleichbares gilt für Haben-Wollen und Haben sowie Tun-Wollen und Tun.

27 Ohnehin ist als Tauschmittel das Geld nur ein Ausdruck für das Verhältnis, welches ich durch Geben und Nehmen mit anderen eingehe. Gäbe es keine anderen Menschen, wäre kein Geld erforderlich. Durch die Besinnung auf das Verhältnis zu anderen Menschen gebe ich dem Geld erst seinen Wert; wenn sie fehlt, wird Geld zur Ersatzbefriedigung für die menschliche Beziehungen und entsprechend herzlos gebraucht! Auf diesem Gebiet kann man sich selbst viel vormachen!

28 Damit befassen sich die Ausführungen ab dem Kapitel „Hemmnisse und ihre Überwindung“.

29 Eine solche Unterscheidung ist UNABHÄNGIG davon, ob es sich um ein körperliches, soziales oder geistiges Bedürfnis handelt und ob dieses ein Wunsch- oder ein Lebensbedürfnis ist. Vergleiche Kapitel „Wir leben für die Erfüllung unserer Bedürfnisse“.

30 In dieser Haltung zu verharren ist der Nährboden für Feigheit.

31 Vergleiche die Endnote nach der 25. Übung.

32 Was für den einzelnen Menschen erstrebenswert ist, bleibt dabei absolut in seiner Freiheit. Es werden keine anderen Ziele durch die Selbstachtung vorgegeben, als dem innersten Verlangen des Ich gerecht zu werden und sich damit im Leben zu behaupten. Und es wird verfolgt auf dem Wege der Achtung – der Liebe.

Das Streben nach Freiheit ruht auf dem Bedürfnis nach Freiheit. Da über die Selbstachtung alle Bedürfnisse gleichermaßen ernst genommen werden, dient sie auch dem Streben nach Freiheit. Und da Streben nach Freiheit liebevoll geschehen sollte, ist es gerade die Selbstachtung, die davor schützt, lieblos dabei zu werden!

33 Der Glaube, ein Mensch müsse über sein Handeln nicht nachdenken, sondern könne seinen Willen einfach ausleben, führt zur Barbarei. Maßloser Alkoholgebrauch fördert solche Gedankenlosigkeit und führt daher nicht nur gesundheitlich, sondern auch entwicklungsmäßig auf Abwege. Doch nur wenn die Menschen das Denken als etwas Kostbares erfahren, statt als etwas Niederdrückendes und Zerstörendes, möchten sie ihr Leben gedankenvoll führen. Dafür muss Erziehung und Bildung in erster Linie an den Bedürfnissen der Menschen ausgerichtet werden, erst in zweiter Linie am Funktionieren. In dieser Hinsicht ist ein gewaltiger gesellschaftlicher Wandel erforderlich, ausgehend vom Einzelnen.

34 Es geht hier nicht darum, mir einfach Gedanken zu verbieten, sondern zu fragen warum ich etwas denke. Auf dieser Grundlage kann ich erst richtig entscheiden, was ich denken will. Vergleiche Kapitel „Maßvolle Erwartungen als Notwendigkeit für erfolgreiches Arbeiten“.

35 „Geiz“ stammt von dem mittel- und althochdeutschen Wort „git(e)“ ab, welches (Hab)gier bedeutet. Die Wortbildung „Ehrgeiz“ aus dem 16. Jahrhundert bedeutet somit, nach Ehre zu gieren. (Duden, Das Herkunftswörterbuch; Bibliographisches Institut & F. A. Brockhaus AG, Mannheim 2007)

Der Verfasser verwendet das Wort bewusst in seiner ursprünglichen Bedeutung, was heißen soll: Fehlende Selbstachtung soll ausgeglichen werden durch Anerkennung von außen. Dass dieses Streben nicht nur abhängig macht von der Anerkennung anderer, sondern darüber hinaus auch der Nährboden für Skrupellosigkeit, Rücksichtslosigkeit und Fanatismus ist, machen wir uns oft nicht klar. Leider wird das Wort „Ehrgeiz“ heutzutage auch für **Zielstrebigkeit, Hingabe und Entschlossenheit** verwendet, was dazu führt, dass die Unterscheidung der dahinterstehenden Beweggründe zu kurz kommt und (unbewusst) Verwirrung entsteht. Es wäre besser, „Ehrgeiz“ nur negativ zu verwenden und die jeweils gemeinte Eigenschaft positiv zu bezeichnen.

36 Duden, Das Herkunftswörterbuch; Bibliographisches Institut & F. A. Brockhaus AG, Mannheim 2007.

37 In diese Richtung argumentiert beispielsweise der bekannte Nachrichtensprecher Ulrich Wickert in seinem Buch „Gauner muss man Gauner nennen. Von der Sehnsucht nach verlässlichen Werten“; Piper Verlag GmbH, München 2007, Seite 40: „Klartext zu reden wagt nur, wer über ein gefestigtes Selbstbewusstsein verfügt und die Wertmaßstäbe seiner Gesellschaft kennt und akzeptiert. Diese Maßstäbe – Werte und Tugenden – gründen letzlich zwar immer

in der Würde des Menschen, in jeder Gemeinschaft aber werden sie anders gewichtet."

Voraussetzung für den bewussten Umgang mit Werten und Tugenden ist zweifellos ihre eindeutige Benennung (wofür der betreffende Buchtitel wirbt)! Dabei kommt es zwangsläufig zur Überprüfung eigener Sprachgewohnheiten – die nicht immer angenehm ist.

38 Der Begriff der Tugendleiter entstand für den Verfasser aus dem der Tonleiter: Eine geordnete Abfolge von Stufen, die aufeinander aufbauen und mit dem achten Schritt in eine höhere Ebene übergehen, wo die Abfolge aufs Neue beginnt. Für Menschen mit musikalischen Grundbegriffen kann es äußerst nützlich sein, sich folgenden Vergleich begrifflich und musikalisch zu vergegenwärtigen:

Das Wohlwollen entspricht der Prim
Das Interesse entspricht der Sekunde
Das Vertrauen entspricht der Terz
Das Maßhalten entspricht der Quarte
Die Geduld entspricht der Quinte
Die Dankbarkeit entspricht der Sexte
Die Hingabe entspricht der Septime
Die Ehrlichkeit entspricht der Oktave

Weitere Schritte gibt es, sie werden in späteren Bänden der Schriftenreihe Selbstachtung dargestellt.

In verschiedenen Tonleiter-Arten, zum Beispiel Dur und Moll, bekommen die Stufen – aufgrund der unterschiedlichen Abfolgen von Halb-, Ganz- und übermäßigen Tonschritten – dabei eine unterschiedliche Gewichtung, doch das Prinzip von Grundton und Oktave bleibt gewahrt.

Die Verhältnisse lassen sich sowohl von der ersten zur achten Stufe hin (1–1, 1–2, 1–3 ...) als auch von der achten zur ersten Stufe hin 8–8, 8–7, 8–6...) herstellen. Aufwärts empfinden wir dabei wohl das entwickelnde, abwärts das bewahrende Prinzip. Wir finden diese Eigenarten auch in den Symbolen für das männliche Prinzip (Kreis mit Pfeil nach oben) und für das weibliche Prinzip (Kreis mit Kreuz nach unten).

39 Vergleiche Kapitel „Was hat Selbstachtung mit Entscheidungen zu tun?".

40 „Fragebereitschaft" steht für eine Teilbedeutung des Wortes „Interesse", welches aus dem Lateinischen stammt und ursprünglich besagte: „dazwischen

sein, dabei sein; teilnehmen; von Wichtigkeit sein". (Duden, Das Herkunftswörterbuch; Bibliographisches Institut & F. A. Brockhaus AG, Mannheim 2007)

In der ersten Auflage des vorliegenden Buches steht „Interesse" anstelle von „Fragebereitschaft". Zum genaueren Verständnis verwendet der Verfasser nach Möglichkeit deutsche Bezeichnungen.

41 Im vorliegenden Buch werden die Tugenden erwähnt ohne deren Entwicklung näher zu beschreiben. Eine vertiefende Auseinandersetzung mit den Gesetzmäßigkeiten der aktiven und passiven Tugenden, ihrer Hierarchie, Entwicklung und den damit verbundenen Möglichkeiten der Gestaltung seines Lebensweges und der positiven Einflussnahme auf andere findet sich im Band 2 der Schriftenreihe Selbstachtung, „Selbstachtung auf dem Weg in eine neue Zeit" vom selben Verfasser. Sie eignet sich für Leser, die mit den Übungen in Band 1 Fortschritte machen, von denen sie selbst überzeugt sind. Da die umfassende Beschreibung der Tugenden hilfreich ist, um diese zu üben, wird den betreffenden Lesern das Buch empfohlen.

42 Marcus Tullius Cicero, Zitat aus „Von den Grenzen im Guten und Bösen".

43 Vor dem Neid aus Faulheit gilt es sich zu hüten, denn er will den Fleiß und die Arbeit nicht sehen, die hinter dauerhaftem Wohlergehen stecken.

44 Flensburger Hefte, Heft 24, Direkte Demokratie, 200 Jahre Französische Revolution – 1789–1989; Verlagsgesellschaft Wolfgang Weihrauch & Partner GbR; Flensburg 1989.

45 Bei innerem Zwiespalt in der eigenen Persönlichkeit gilt es immer denjenigen Teil zu stärken, der bereit ist, sich um seine Herzensfragen zu bemühen. Dadurch wird der anderen Seite, wo die Bereitschaft zur Auseinandersetzung mit seinen Herzensfragen fehlt, Kraft entzogen und dafür eingesetzt, sie zur Vernunft zu bringen.

Jeder Mensch hat in seiner Persönlichkeit unterschiedlich entwickelte Anteile, bis hin zu krassen Gegensätzen, die miteinander kämpfen. Dies kann einen sehr erschrecken, wenn man sich des Ausmaßes der Gegensätze bewusst wird, die in der eigenen Persönlichkeit herrschen. Aber man sollte allein die Tatsache, dass man sich über den erschreckenden Gegensatz bewusst geworden ist, als etwas Positives, als einen bedeutenden Fortschritt sehen. Denn solange ich nur in meinen Verhaltensgewohnheiten gefangen bin, fehlt mir noch die Übersicht, um etwas ändern zu können. Übersicht kann sehr wohl erschreckend sein, aber sie ist die Voraussetzung, um etwas gezielt verbessern zu können. Dafür sollte man den Schrecken in Kauf nehmen!

46 Alles was wir erfinden, kommt daher, dass wir bewusst oder unbewusst Fragen stellen. Diese Fragen kleiden sich – abhängig von der erlernten Sprache – in bestimmte Fragewörter. Es gibt eine begrenzte Menge von Fragewörtern, mit denen wir unsere Gedanken in verschiedene Richtungen lenken können. Die folgende Aufstellung möge eine Übersicht darüber geben. Vergleiche hierzu auch die 43. Übung mit den zugehörigen Erläuterungen.

1. WAS? Ich stelle die Frage „Was", wenn ich wissen möchte, worum es sich handelt, welches Thema, welche Person oder Sache gemeint ist. Es geht hierbei um den Versuch, festzustellen, welches Objekt ich als Subjekt in mein Bewusstsein bringen will. „Was" muss ich fragen, um den Ausgangspunkt meiner Auseinandersetzung zu erörtern. Solange ich mit dieser Frage im Dunkeln bleibe und nicht konkret erfasse, worum es eigentlich geht, habe ich KEINE Möglichkeit, mich gezielt gedanklich zu betätigen. Ersatzfragen für die Frage „Was" sind Fragen wie: WOBEI, WODURCH, WOFÜR, WOGEGEN, WOHER, WOHIN, WOMIT, WONACH, WORAN, WORAUF, WORAUS, WORIN, WORÜBER, WORUNTER, WOVON, WOVOR, WOZU oder WER, WESSEN, WEM, WEN, WELCHER, WELCHE, WELCHES.

2. WARUM? Ich frage nach dem Sinn, dem Anlass, dem Grund, der Ursache dessen, was mich beschäftigt. Dadurch stelle ich mich auf den Hintergrund ein, auf dem sich meine Gedanken bewegen und hinterfrage meine Meinung. So gewinne ich Sicherheit in meiner Überzeugung und erweitere meinen Blickwinkel. Zunächst oft unscheinbar in der Wirkung, hinterlässt die Auseinandersetzung mit dem Warum nachhaltige Spuren in meinem Bewusstsein und treibt mich dazu, den Dingen, die mich beschäftigen, ernsthaft auf den Grund zu gehen. Gerade im Umgang mit Gefühlen werde ich dadurch ruhiger und klarer! Oberflächliche Abhandlung von Gefühlen wird so vermieden, was eine entscheidende Maßnahme für mehr Übersicht ist.

3. WIE? Die wichtigste der drei Fragen. Hier geht es um meine tatkräftige Hinwendung zur Lösung meines Problems. Ich baue Aufmerksamkeit und Willen auf, einen geeigneten Weg zu finden.

   Es kann bei der Wie-Frage sowohl auf den Ist-Zustand als auch auf den Soll-Zustand geschaut werden. Hier geht es darum, dass jeder von seiner eigenen Empfindung ausgeht und in die Wie-Frage das hineinfließen lässt, was ihn gerade mehr bewegt. Das kann einmal mehr der Ist-Zustand sein, also wie etwas gerade ist, ein andermal mehr der Soll-Zustand, also wie etwas werden soll. Wir haben es immer mit diesen beiden Seiten zu tun, das ist beschrieben in den Kapiteln „Sein-Wollen und Sein", „Haben-Wollen und Haben", „Tun-Wollen und Tun".

Wenn das Objekt meiner Auseinandersetzung schon klar ist, tritt die Wie-Frage an die Stelle der Was-Frage und die Warum-Frage kommt erst danach.

4. WANN? Hier wird der Bezug zwischen Thema und Zeit hergestellt. Dieser Vorgang kann in manchen Fällen gänzlich unsinnig sein, in anderen sehr nützlich. Immer wenn es um physische Dinge oder Maßnahmen geht, spielt das Wann eine große Rolle. Sobald wir diesen Schauplatz verlassen, wird es unbedeutend. In diesem Buch ist die Wann-Frage in der Regel nicht aufgeführt, weil es sich um eine thematische Einführung handelt, mit den Themen der Selbstachtung – die ja nichts Physisches ist – vertraut zu werden. In der Berufsorientierung hingegen (siehe Literaturverzeichnis) spielt die Bezugnahme zum Physischen eine gewichtige Rolle, somit auch die Wann-Frage.

   Die Arbeit mit der WANN-Frage setzt voraus, dass der Mensch mit sich im Reinen ist. Ansonsten besteht die Gefahr, dass er geleitet vom Verstand Dinge tut, hinter denen er gefühlsmäßig nicht wirklich steht. Deshalb sollte so intensiv mit der Selbstachtung gearbeitet werden, dass die WANN-Frage zur Herzensfrage (nicht bloß zur Kopffrage) wird. Erfahrungsgemäß ist das ein längerer Vorgang. Sagen Sie sich also, wenn Sie Ihre Zeit einteilen wollen, zunächst einmal die Fragen aus der 15. und dann aus der 20. Übung. Da wird die Zeit einbezogen durch das Wörtchen „jetzt". Damit ist man genügend bei sich selbst.

   Der Verfasser vertritt die Auffassung, dass Zeitplanung im Einklang mit dem Herzen stattfinden sollte. Um dazu fähig zu sein, muss der Mensch erst gelernt haben, aus dem Augenblick heraus seinem Herzen zu folgen. Die Frage „Was möchte ich jetzt am liebsten tun?" war bei ihm der Ausgangspunkt für die Erforschung des Prinzips Selbstachtung. Es erfordert durchaus große Aufmerksamkeit, im Sinne dieser Frage seinen gesamten Alltag zu gestalten. Natürlich wird der Mensch dabei seine Zeit einteilen und planen müssen. Schließlich verlangt das menschliche Zusammenleben zeitliche Vereinbarungen. Doch versuchen Sie diese erst einmal im Sinne der 20. Übung zu treffen. In Band 2 der Schriftenreihe Selbstachtung, „Selbstachtung auf dem Weg in eine neue Zeit", wird die WANN-Frage weiter abgehandelt.

Wir sollten uns die Verwendung der genannten Fragen klar machen, damit wir nicht ungeduldig werden, wenn sie sich immer wiederholen. Es gibt nur eine sehr begrenzte Menge von Fragewörtern. Über zwei Jahrzehnte fortlaufende Übung damit haben den Verfasser zu der sicheren Überzeugung gebracht, dass diese Abfolge von Fragen ein sehr zuverlässiges Mittel ist, die Gedanken gezielt dorthin zu lenken, wo wir sie brauchen, um dem eigenen Herzen gerecht werden zu können. Sollten Sie Widerwillen empfinden, die in dem Buch dargestellten Fragen zu bearbeiten, dann fragen Sie sich das, was in der 20. Übung aufgezeigt ist. Das hilft als Einstieg. Versuchen Sie immer diejenigen Fragen zu erfinden, die Sie am meisten bewegen. Nur geben Sie sich sehr viel Mühe damit. Sie werden es schwerlich bereuen, denn Sie lernen dabei das, was Ihnen wirklich etwas bedeutet, und setzen sich damit über die Oberflächlichkeiten hinweg, die uns von unseren Bedürfnissen ablenken. Wir dürfen nur nicht erwarten, dass Selbstachtung bloß unterhaltsam und angenehm ist. Den Willen zur Auseinandersetzung mit sich selbst muss schon jeder selbstständig aufbringen. Doch auch dabei kann die Selbstachtung helfen, wenn wir uns nur darauf einlassen.

47 Für die Selbstbefragung zum Thema „Lernen" sollte später die 39. mit der 17. Übung kombiniert werden, um das entwickelnde und bewahrende Prinzip zu verbinden; vergleiche Kapitel „Sein-Wollen und Sein". Dadurch wird das Lernbedürfnis einerseits, das Lernen andererseits geachtet.

Nur wenn es uns gelingt, ein positives Verhältnis zum Lernen zu bewahren oder neu zu entwickeln, haben wir den Willen, unser Leben liebevoll zu gestalten. Denn wohin führt ein Leben ohne Lernbereitschaft?

Wir können Themen unter verschiedenen Gesichtspunkten befragen und verinnern (Erklärung der Wortbedeutung von „verinnern" nach der 8. Übung, 1. Abwandlung). Auf die Dauer entwickelt sich daraus ein starkes Gefühl für den individuellen Verinnerungsbedarf. Dieses Gefühl ist von großer Bedeutung für die eigene Lebensführung und sollte gehegt und gepflegt werden!

48 Ohne näher darauf eingehen zu können, weil es den einführenden Charakter des Buches sprengen würde, sei folgendes erwähnt: Unverarbeitete, meist über längere Zeit angestaute Gefühle können sich zu Ketten zusammenschließen und den Blick für die wirklichen, die Lebensbedürfnisse derartig versperren, dass wir keine Möglichkeit mehr haben, die Lebensbedürfnisse wahrzunehmen, geschweige denn, ihnen bewusst zu folgen. Stattdessen halten wir an Wunschbedürfnissen fest und tun Dinge, die wir nicht bräuchten – als Ersatz für Dinge, die wir unterlassen, doch dringend nötig hätten. Ein sehr leidvoller Zustand, der in der Regel nur noch mit der Hilfe eines Kundigen gelöst werden kann! Es gibt Gefühlslagen im Leben, aus denen kommen wir aus eigener Kraft nicht mehr heraus. Nur mit ausreichender Übung in der wohlwollenden Selbstbefragung vermögen wir solche Ketten negativer Gefühle aufzulösen

und sie uns zu erklären. Ehrgeiz hält allerdings davon ab, sich das einzugestehen! Vergleiche Kapitel „Hemmnisse und ihre Überwindung“.

49 Nur weil ich mir ausmale, was ich gerne hätte, weiß ich noch lange nicht, ob es dem entspricht, was ich brauche und was mich glücklich macht. Vergleiche Kapitel „Wir leben für die Erfüllung unserer Bedürfnisse“ und „Anwenden der Selbstachtung im Alltag“.

50 Im Jahr 2008 warb eine große deutsche Telefongesellschaft mit dem Spruch: „An allem sparen, nur nicht an Worten“. Deutlicher lässt sich gezielte Fehlleitung von Aufmerksmkeit kaum ausdrücken.

51 Die Übungen in Großbuchstaben beschreiben Zusammenhänge, deren Vergegenwärtigung dabei hilft, sich sinnvoll in diesen Zusammenhängen zu verhalten.

Die betreffenden Sätze sind KEINE Behauptungen, wie ich sei, was ich hätte, erlebte, täte oder wie ich mich verhielte – sonst wären sie Selbsteinrede; vergleiche Kapitel „Anwenden der Selbstachtung im Alltag“. Selbsteinrede wäre beispielsweise der Satz: „Ich nehme meine Gefühle an.“ Zur Selbstanleitung können wir hingegen sagen: „Meine Gefühle annehmen.“

52 Wer an dieser Stelle Drogen statt wohlwollendes Fragen einsetzt, nimmt sich die Möglichkeit, sein Denken zu ändern und zu entwickeln; gleichzeitig schädigt er damit seinen Organismus.

53 Wenn ich nicht leben will, siehe 19. Übung.

54 Wir dürfen dabei ruhig versuchen, die schlechtesten Gefühle am intensivsten auszudrücken, dadurch entfalten wir unsere Fähigkeiten am besten. Denn unsere schlechtesten Gefühle hemmen am meisten. Durch ihren Ausdruck verwandeln wir die Hemmung ins Gegenteil: in Kraft der Entfaltung. Wer dieses Prinzip kennt, weiß, wie es ihn beflügeln kann und die Möglichkeit verschafft, sich neue Wege zu erschließen. In der Übung des natürlichen Ausdrucks entfaltet die Persönlichkeit ihre Fähigkeiten immer mehr. Das scheinbar Widersinnige dieser Vorgehensweise klärt sich, wenn wir uns bewusst machen, dass unsere schlechtesten Gefühle am meisten daran hindern, uns körperlich und gedanklich zu betätigen. Drücken wir sie aus, in Bewegung, Bild und Klang, machen wir uns fähiger, offener für das, was wir eigentlich wollen.

Wenn wir das Gefühl haben, etwas, das uns innerlich beschäftigt, nicht in Worte fassen zu können, sollten wir einen außersprachlichen Weg einschlagen.

Der ist natürlich so zu wählen, dass dabei niemand zu Schaden kommt, sonst bekommen wir Schwierigkeiten. Doch suchen wir ganz gezielt danach, unser Empfinden auszudrücken, werden wir es anschließend leichter haben, die Dinge auch in Worte zu fassen.

Sorgen Sie deshalb dafür, dass es künstlerische Freiräume in Ihrem Leben gibt, wo Sie ohne Leistungsdruck Ihre Gefühle ausdrücken. Suchen Sie dort nach Wegen, Ihr Inneres reden zu lassen in Farben, Formen, Bewegungen und Klängen. Sie stärken Ihre Selbstachtung dadurch auf ganz natürliche Weise.

55 Sollten wir nicht versuchen, das ständig neu herauszufinden, um den gegenteiligen Verhaltensweisen zu entgehen?

Grundhaltung abhängigen Genießens:
Wie bringe ich andere dazu,
mich von meiner Unlust abzulenken,
ohne dass sie es merken
und ohne dass es mich
viel Anstrengung kostet?

Grundhaltung verhinderten Lernens:
Was ich nicht kann,
will ich auch nicht!

Grundhaltung unterbundener Entwicklung:
Du bist nicht gut genug,
deshalb brauchst du gar nicht erst anzufangen.

Grundhaltung unfreiwilligen Arbeitens:
Ich bin der ich sein muss.

Grundhaltung unglücklichen Lebens:
Denke stets über das nach,
was du nicht willst.

Grundhaltung systematischer Verblödung:
Was mich nicht interessiert,
ist auch nicht wichtig.

Grundhaltung von Einbildung:
Was ich nicht wahrnehme,
gibt es nicht.

Grundhaltung von Selbstverachtung:
Wie lerne ich, mich für nichts
zu bewundern?

Grundhaltung von Sturheit:
Ich will mich nicht ändern,
das ist schon immer so gewesen,
und deshalb wird es auch so bleiben.

Grundhaltung von Hoffnungslosigkeit:
Bedaure dich für deine Vergangenheit,
bis du nicht mehr an die Zukunft denkst.

Grundhaltung von Gleichgültigkeit:
Ich weiß, wozu ich nicht lebe!
Warum muss ich dann wissen, wozu ich lebe?

Grundhaltung fehlender Verständigung:
Was ich schon weiß,
sollten andere auch schon wissen.

Wohlwollendes Fragen tut not...

56 Hier wird deutlich, wie notwendig es ist, über Bedürfnisse genügend nachzudenken; weil ansonsten die Gefahr besteht, dass ich sie in einer Weise auslebe, die nicht gut tut. Bedürfnisse bloß auszuleben ist keine Selbstachtung! Erst durch meine Fragebereitschaft im Umgang mit Bedürfnissen entwickle ich vorausschauendes Denken, das die Grundlage vernünftiger Entscheidungen ist; vergleiche 43. Übung.

57 Menschen, die darüber klagen, sie könnten sich mit ihren Bedürfnissen nicht behaupten, haben die Aufgabe, ihr Selbstvertrauen zu stärken. Dazu brauchen sie mehr Wohlwollen mit und mehr Interesse an sich selbst. Ansonsten kommen sie allenfalls zu aufgesetztem, scheinbarem Selbstvertrauen, das bei der nächsten Enttäuschung wieder zusammmenbrechen wird. Wenn ich mich selbst ablehne, habe ich auch keine Kraft, sorgfältig über meine Voraussetzungen nachzudenken, sondern verweile in Fehlurteilen über mich, die ich für zutreffend halte und die mich davon abhalten, mich unvoreingenommen anzuschauen. Wie soll auf diese Weise Verbesserung gelingen?

Wer den Beweis dafür will, dass echtes Selbstvertrauen durch die Übung von Wohlwollen und Interesse entsteht, der kann dieses erüben, durch Freundlichkeit zu sich selbst im Scheitel und durch wohlwollendes Fragen. Es gibt keine andere Möglichkeit, sich sicher zu überzeugen! Wie soll der eine beweisen, dass Wasser nass ist, wenn der andere seine Haut nicht hineintauchen will? Jede Erklärung wird ewig theoretisch bleiben, wenn ich nicht selbst die Erfahrung mache, wie sich Wasser anfühlt. Im Falle der Tugenden kann ich vielleicht durch positive Erfahrungen mit anderen Menschen, die wohlwollend und interessiert mit mir umgehen, etwas über die Wirkungen der Tugenden lernen, indem ich dadurch Vertrauen zu den Betreffenden fasse. Doch dann sind Grenzen der Überzeugungsmöglichkeit gesetzt, weil ich durch meine Selbstablehnung deren Einfluss zunichte machen kann und zudem meine Angst vor meiner Selbstablehnung bestehen bleiben wird.

58 Erklärung der Wortbedeutung von „verinnern" nach der 8. Übung, 1. Abwandlung.

59 Zum Thema „Lernen" vergleiche 39. Übung sowie 31. Übung, 2. Abwandlung.

60 **Bei Bauchentscheidungen ist immer Bequemlichkeit im Spiel**. Während das Herz das Zentrum unserer sozialen Bedürfnisse ist, ist der Bauch das Zentrum unserer körperlichen Bedürfnisse. Diese sind von Natur aus nur auf uns selbst gerichtet. Der Kopf als Zentrum unserer geistigen Bedürfnisse bewirkt im Zusammenspiel mit dem Herzen, dass die körperlichen Bedürfnisse eingebettet werden in die sozialen und geistigen Bedürfnisse. Dadurch gelingen Entscheidungen, die sozial veträglich sind. Der Kopf hat allerdings die Möglichkeit, sich direkt auf den Bauch zu konzentrieren und sich von dort aus – mehr oder weniger gedankenlos – treiben zu lassen, statt sich durch intensive gedankliche Beschäftigung am Herzen zu einer umfassenden Sichtweise aufzuschwingen. In krasser Form wird dieser Zusammenhang erkennbar, wenn jemand einen Jähzornausbruch bekommt, bei dem seine Gedanken nur noch reagieren auf die hervorbrechenden Willenskräfte, von diesen unfreiwillig gelenkt werden und der Betreffende keine Zeit mehr hat, sich zu besinnen. Der durch unbedachtes Handeln entstehende Schaden wird hier in der Regel sofort sichtbar. Hingegen bei Entscheidungen aus dem Bauch dauert es meist länger, bis die Folgen in Erscheinung treten; doch sie bleiben auf keinen Fall aus. Es handelt sich hier um Entscheidungen, deren Wirkungen einseitig und nicht zu Ende gedacht wurden und nachträglich durch Zerrüttung und Zerstörung überraschen. Vergleiche Kapitel „Wir leben für die Erfüllung unserer Bedürfnisse".

61 Dieses Thema wird durch die Selbstachtung mit der Zeit immer stärker hervorgehoben, weil nicht nur unsere Freiheit wächst, sondern auch die damit verbundene Verantwortung. Dadurch steigen die Anforderungen an die eigenen Tugenden!

Bei Neigung zum Zu-spät-Kommen ist zu untersuchen, ob
1. Kraftmangel,
2. mangelnde Motivation oder
3. Zeitmangel vorliegen.
Hilfreich ist auch die Frage: **Kann ich mich im Umgang mit Zeit besser orientieren, wenn ich in Zeitpunkten denke oder in Zeiträumen?**

62 Die Menschen neigen wohl dazu, in bestimmten Situationen ihre Herzensfragen nicht ernst genug zu nehmen. Diese Neigung kann schwerlich in die Verantwortung anderer gestellt werden, nach dem Motto: „Du bist schuld, dass ich meine Herzensfragen nicht ernst genug nehme!“ Denn der Grund dieses Verhaltens ist Mangel an eigener Aufmerksamkeit für die eigenen Herzensfragen. Deshalb befasst sich dieses Buch mit den Ursachen des Mangels – und kommt dabei zu einem klaren Ergebnis: Wird das Bedürfnis nach Anerkennung bei Kindern abgelehnt, dann lernen sie nicht, mit diesem Bedürfnis liebevoll umzugehen. Somit lernen sie auch nicht, ihm gezielt nachzugehen. Dadurch verlieren sie die Möglichkeit, zu einem späteren Zeitpunkt ihrer Entwicklung – etwa ab der Geschlechtsreife – dieses Bedürfnis selbst zu achten. Das wiederum hält sie innerlich in einer zu starken Abhängigkeit von ihrer Umgebung. Daraus entwickeln sich zwanghaftes Erfolgsstreben und Leistungsdenken, mit dem der Umgebung bewiesen werden soll, dass ich als Betroffener achtenswert bin. Doch genau in diesem Verhaltenskorsett kann ein Mensch nicht lernen das zu tun, was ihm aus dem tiefsten Innern entspricht. Allerdings nützt es nichts, anderen dafür Vorwürfe zu machen. Wer solche Schwierigkeiten bei sich erkennt, sollte seine Fragen achten, statt sich auf irgendwelche Umstände zu berufen, mit denen er sein eigenes Verhalten rechtfertigen will. Was ihn abhält seine Fragen zu achten, können Hemmnisse sein, die sich mit den in anderen Kapiteln genannten Übungen ausräumen lassen.

63 Das Achten seiner Fragen hilft Liebeskummer zu lösen und mit innerer Zuversicht den eigenen Weg zu gehen.

Wir haben an diesem Punkt vielleicht die heiligste Wirkung der Selbstachtung, weil wir in der Liebe am verletzlichsten sind. Die Hilflosigkeit, die ein Mensch empfinden muss, wenn er unglücklich verliebt ist und nicht weiß, wie er von seinem Leiden loskommen soll, kann durchbrochen werden mit der 21. Übung, wenn sie gewissenhaft verinnert wird und der Mensch dadurch in sich einen neuen Bezugspunkt findet, der an die Stelle der unglücklichen Liebe tritt. Das gelingt allerdings nur in dem Maße, wie Selbstbedauern überwunden wird. (Erklärung der Wortbedeutung von „verinnern“ nach der 8. Übung, 1. Abwandlung.)

Individuelle Hilfe finden Sie über das Institut für Lebensberatung, siehe Kapitel „Weitere Angebote zum Thema Selbstachtung".

64 Es möge jeder sein eigenes System entwickeln, das ihm am meisten entspricht. Der Verfasser kann nur raten, nach den eigenen Bedürfnissen vorzugehen und sich eine individuelle Ordnung zu schaffen, dabei konsequent vorzugehen, **mit Datumsangabe und Nummerierungen auf losen Blättern zu arbeiten, die nach Themen sortiert abgelegt werden.** Wer viel schreibt, wird schnell merken, wie hilfreich es ist, ein System zu nutzen, bei welchem Fragen thematisch sortiert aufbewahrt werden und die zugehörigen Antworten direkt an den Fragen anschließen. Es ist wohl am überzeugendsten, wenn jeder für sich in Erfahrung bringt, wie er dabei vorgehen möchte. Es macht eine gewisse Mühe, Ordnung herzustellen und sie einzuhalten; doch diese Mühe zahlt sich aus!

Der Verfasser verwendet selbst folgendes System zum Sortieren der bearbeiteten Themen:

1. Unterteilung in
   I Gesundheit
   II Beruf
   III Privatleben
   IV Sozialer Einsatz

Leitend ist bei allen Auseinandersetzungen immer wieder die Frage **Was ist meine Frage?** Sowohl meine Gefühle als auch meine Äußerungen, Aufzeichnungen und Lebensumstände unterziehe ich dieser Frage und werde dadurch sicher geführt, mich im Denken aufmerksam zu verhalten.

So gelangen wir von unseren Ausgangsfragen zu unseren Zielfragen, von der Oberfläche zum Hintergrund, vom Schein zur Wahrheit und erfahren, worum es in unserem Leben wirklich geht. So erhalten wir Hinweise, die von großer Bedeutung für unsere Entscheidungen sein können. Wir sollten den ganzen Vorgang täglich so lange fortführen, bis wir keine Antwort mehr geben können, sondern mit dem Herzen bei einer Frage stehen bleiben. Diese nehmen wir mit in den Alltag. So leben wir nach unseren Herzensfragen und sind mit demjenigen beschäftigt, was uns im Innersten am meisten interessiert. Dafür lohnt sich ein solcher Aufwand ganz gewiss.

(Für Fortgeschrittene, die viel schreiben, ist eine weitere Unterteilung für die Ordnung der Unterlagen sinnvoll. Folgendes System ist übersichtlich, vielseitig und unbegrenzt anwendbar:

2. Buchstabenkürzel zur Kennzeichnung des Themas, beispielsweise „Aut“ für Autor

3. Fortlaufende Nummer der Fragebearbeitung zu einem Thema, zum Beispiel 3 für die 3. Frage zum Thema Autor

4. Schrägstrich und Seitenzahl

5. Vollständige Nummerierung auf jeder Blattseite, etwa
   II Aut 3/1

6. Für Verinnerungsfragen, die sich bei der Bearbeitung der Ausgangsfrage ergeben, erfolgt die Unternummerierung mit Punkt und Ziffer nach der Fragenummer, wie
   II Aut 3.1
   Solche Fragen werden gegebenenfalls Grundlage einer getrennten Fragebearbeitung oder auch in eine Fragenliste im Terminplaner aufgenommen, um sie ständig griffbereit zu haben.

7. Letztendlich geht es darum, mit möglichst wenig Zeitaufwand volle Übersicht über alle laufenden Themen des Lebens zu haben, diese leicht sortieren und schnell finden zu können.)

65 Ohne Zielvorstellungen lässt man sich schnell ablenken. Diese Tatsache ist in der Mitarbeiterschulung der Wirtschaft allgemein bekannt. Daher wird zur Ausbildung von Zielvorstellungen angeleitet. Allerdings kommt es darauf an, die Zielvorstellungen aus den eigenen Herzensfragen zu entwickeln, sonst sind sie aufgesetzt und entsprechen der Lebensmotivation unzureichend. Solange Geldvermehrung als das Wichtigste erachtet wird, können die Herzensfragen nur bedingt interessieren. Dem Geldverdienen vorrangig sollte der Wille sein, Sinnvolles auf sinnvolle Weise zu schaffen. Daraus entstehen auch die richtigen Ideen, damit genügend Geld zu verdienen.

66 Erklärung der Wortbedeutung von „verinnern“ nach der 8. Übung, 1. Abwandlung.

67 Beachten Sie als Fortgeschrittener auch die Endnote zur 31. Übung und wenden Sie die erweiterte Frageform auf die 21. Übung an.

68 Erklärung der Wortbedeutung von „verinnern“ nach der 8. Übung, 1. Abwandlung.

69 Allein über innere Ruhe kommt man nicht zu genügend Gedankenaktivität, doch ohne innere Ruhe fehlt die Verbindung zum Gefühl. Deshalb muss über das aktive Üben von Wohlwollen einerseits innere Ruhe geschaffen, andererseits über das Formulieren seiner Herzensfragen die Gedankentätigkeit gesteuert werden. In diesem Wechselspiel läuft die gesamte Bewusstseinsentwicklung ab.

Weder das bloße Vollstopfen des Kopfes mit Wissen noch das bloß körperliche Genießen bringt uns Menschen weiter. Dies sind scheinbare Lebensinhalte, in Wahrheit sind sie innerlich tot. **Innerlich lebendig bin ich als Mensch nur in dem Maße, wie ich im Kopf das Empfinden und im Herzen das Denken kultiviere.** Dafür ist wohlwollendes Fragen unerlässlich. Für ein beseeltes Dasein brauche ich die Beachtung dieser Gesetzmäßigkeiten.

70 Theodor Stöckmann: Die Naturzeit. Der Schlaf vor Mitternacht als Kraft- und Heilquelle; Reichl Verlag, St. Goar. Diese empfehlenswerte ärztliche Studie an vielen Testpersonen beschreibt die Wirkung der Schlafzeit vor Mitternacht in eindrucksvoller Weise.

71 Die 24. Übung lässt sich auch auf andere Themen oder auf Personen anwenden, zu denen man seine Beziehung verbessern will. Gegebenenfalls muss dann Frage 24.10–11 abgewandelt lauten: Wie achte ich jemanden/etwas? Warum finde ich mein Achten von jemandem/etwas gut?

72 Wir sollten nichts wegen des Geldes tun. Wenn wir etwas tun, sollte es seinen Sinn haben, der UNABHÄNGIG vom Geld besteht und für den wir es tun. Was wir nur wegen des Geldes tun, verdirbt unser Leben und das Leben anderer. Denn wir tun es nur aus verstandesmäßigen, nicht aus Herzensgründen. Geld ist ein rein symbolisches Mittel ohne eigenen Wert. Wir erfüllen damit keine Bedürfnisse; es dient uns ausschließlich zur Vermittlung, es hat allein den Wert, den wir ihm jeweils beimessen. Was bedeutet aller finanzieller Reichtum der Welt, wenn ich mir nicht das davon kaufen kann, was ich unbedingt brauche? Ein Verdurstender in der Wüste mit prall gefülltem Geldbeutel wird sterben, weil keiner ihm Wasser für sein Geld geben kann. Ein vor unglücklicher Liebe Verzweifelter wird kein bisschen froher, nur weil er viel Geld hat. Ein unheilbar Kranker kommt mit keinem Reichtum der Welt zur Gesundheit. Geld ist nur das wert, was ich dafür bekomme und was mir das Erhaltene bedeutet. Wenn ich mir aus einem aufwändigen Auto nichts mache, wird es mich auch nicht beglücken zu wissen, wie teuer es war. Es kommt immer auf den Wert an, den etwas für mich hat. **Geld aus sich heraus hat keinen Wert. Wir müssen ihm seinen Wert immer erst geben durch die Art, wie wir es verwenden. Wenn wir etwas wegen des Geldes tun, hat es keinen Wert.** Tun wir es

trotzdem, handeln wir wertlos: Wir stehen innerlich nicht dahinter, es fehlt das Ich dabei.

Wer etwas wirklich nur wegen des Geldes tut, der tut es ohne Beziehung zu sich selbst, er handelt sinnleer. Sobald ich die Arbeit, die ich verrichte, mit meinem menschlichen Willen fülle, bekommt sie ihren Sinn, sei er noch so einfach. So wird mein Leben reich, innerlich reich. Dieser Reichtum ist unbezahlbar, doch an ihm entscheidet sich mein Glück.

Aus innerem Reichtum können wir äußeren Reichtum sinnvoll nutzen. Wir brauchen mehr inneren Reichtum, um mit dem äußeren Reichtum besser umzugehen! Das ist der wahre Sinn des Spruches „Wer den Pfennig nicht ehrt, ist des Talers nicht wert." Er bedeutet nicht „Geiz ist geil", sondern Achtsamkeit im Umgang mit äußerem Reichtum. Denn so gebe ich dem Geld seinen Sinn. Im Sinne der 45. Übung könnten wir auch sagen: **Wer Großes erreichen will, muss im Kleinen achtsam sein.** Man kann 10.000 Euro genauso vergeuden wie 50 Euro; deshalb ist es so wichtig, die Sorgfalt im Kleinen zu üben.

Das ist der wichtigste Leitspruch für alle, die sich zum Aufbauen, zum Führen und zum Herrschen berufen fühlen. Möge ihnen allen bewusst sein, dass es auf nichts stärker ankommt als auf diese Einstellung – denn sie bringt Segen. Auch Geldsegen. Der Spruch lässt sich auf alles anwenden, auch auf eine Liebesbeziehung, auf die Kindererziehung, die geistige Entwicklung. So bekommt das Geld den notwendigen Platz, der ihm gebührt. Es ist ein sehr wichtiger Platz.

73 Die wahre Selbsterziehung beginnt erst da, wo ich mich um die Führung meines Denkens kümmere. Alles andere ist nur Vorstufe. Viele erachten die Führung ihres Denkens als Nebenschauplatz der Selbsterziehung und glauben, der Hauptschauplatz sei das äußere Verhalten. Zweifellos hat auch dieses eine große Bedeutung, doch sie ist gering, gemessen daran, welche Wirkung die Führung des Denkens auf mein inneres UND äußeres Verhalten ausübt. Der Mensch ist zwar ein äußeres, doch viel mehr ein inneres Wesen. Nur durch die Führung seines Denkens kann er beide Seiten miteinander in Einklang bringen. Wer das einmal begriffen hat, dem vergeht die Lust, an Äußerlichkeiten sein Heil festzumachen – denn es ist unmöglich.

Die Vernunft zeigt sich gewiss nicht daran, dass ich Äußerlichkeiten verachte – sondern daran, dass ich sie in den Dienst des Inneren stelle, denn dort geht das Leben ja viel weiter als außen. So ist Umgang mit Geld im Sinne der Selbstachtung stets ein Thema des Loslassens, denn Geld hat nur Wert, wenn es fließt. Nicht am Geld sollten wir uns halten, sondern an der Selbstachtung.

Vor allem sollten wir Selbstachtung nicht durch Geld ersetzen. Das ist leichter gesagt als getan, aber es ist unerlässlich. **Guter Charakter zeigt sich dort, wo ich nichts wegen des Geldes und alles wegen der Selbstachtung tue.** Schlechter Charakter zeigt sich vor allem daran, dass ich behaupte, etwas wegen der Selbstachtung zu tun, während ich es in Wahrheit wegen des Geldes tue. Es gibt kein Gesetz, das verbietet, sich selbst etwas vorzumachen – doch die Türen des inneren Friedens bleiben dem verschlossen, der seine Meinung glaubt, statt sie zu hinterfragen, gewissenhaft und unablässig.

Je mehr Geld jemand hat, desto deutlicher zeigt sich sein Charakter. Anders gesagt: Freiwillige Arbeit am Charakter ist keine Selbstverständlichkeit. Vor allem solche Sätze wie: „Ich muss Geld verdienen, ich kann mich nicht um meine Selbstachtung kümmern" verraten schon alles. Dieser Karren wird an die Wand fahren. Wer einmal angefangen hat mit der bewussten Selbstachtung zu arbeiten, der sollte dran bleiben, jeden Tag bis zum letzten Atemzug.

Machen Sie mit? Es gibt für eine menschliche Zukunft große Aufgaben zu bewältigen, die ohne bewusste Selbstachtung nicht zu schaffen sind. Je mehr Pioniergeist erforderlich ist, um etwas zu erreichen, desto wichtiger ist sie. **Die Sicherheit in der täglichen Selbstachtung entscheidet über den dauerhaften Erfolg.**

74 Dr. Joseph Murphy: Die Macht Ihres Unterbewusstseins; Knaur Taschenbuch, München 2008.

75 Die Wann-Frage bezieht sich hier auf die zeitliche Abfolge in der Fantasie – nicht im Leben – und ist daher nur an Wünsche geknüpft, nicht an physische Verhältnisse. Vergleiche die Ausführungen zur Wann-Frage in Endnote 46.

Diese Übung lässt sich auf allen Gebieten, wo wir Mängel erleben, wunderbar anwenden, um unser Denken in eine positive Richtung zu lenken. Das Wort „Geld" ist dafür entsprechend zu ersetzen.

76 Vergleiche die Kapitel „Anwenden der Selbstachtung im Alltag" und „Wir leben für die Erfüllung unserer Bedürfnisse".

77 Wir können unser ganzes Leben mit Jammern und Schimpfen verbringen und unsere Gedanken fortwährend mit dem Vergangenen beschäftigen. Dabei vereinsamen wir, denn niemand kann solche Zeitgenossen lange ertragen. Es ist kein Wunder, wenn wir davon krank werden und unser Leben so verläuft, wie wir es nicht wollen; denn wer sich gedanklich um das dreht, was er nicht will, der verhält sich so, dass er nicht zu dem kommt, was er will.

Andererseits hilft es auch nicht, wenn wir die Dinge, die uns stören oder behindern und die unser Leben und Arbeiten beeinträchtigen, zu übergehen versuchen. Hemmnisse sollten ausgeräumt werden, statt Kraft damit zu verbrauchen sie zu verdrängen. Wenn mir etwas im Weg ist, sollte ich versuchen es beiseite zu räumen. Wenn das nicht geht, sollte ich mir einen anderen Weg suchen, wie ich um das Hindernis herumkomme. In jedem Fall ist eine Auseinandersetzung erforderlich, kein Verdrängen nach dem Motto: „Wenn ich kein gespültes Geschirr mehr habe, muss ich halt essen gehen; und wenn mir das Geld dazu fehlt, muss ich es mir eben leihen." Es besteht hier der Zusammenhang zwischen „Geschirrspülen" und „Geldleihen"! Solche absurden Verbindungen muss ich mir aber erst bewusst machen, wenn ich auf einem bestimmten Gebiet gewöhnt bin, mich so zu verhalten!

Da die Auseinandersetzung mit Ärger unangenehm ist und Mühe kostet, kann man geneigt sein, sie zu umgehen und sich mit angenehmeren Dingen zu beschäftigen. Das tiefste Verständnis vom eigenen Wollen entwickeln wir aber am Gegenteil, nicht an irgendwelchen Wunschvorstellungen, die wir aufbauen, weil wir keine Lust haben, unseren Ärger zu bearbeiten! Auch dieser Weg führt nicht weiter.

Alte schlechte Gewohnheiten lassen sich nicht von heute auf morgen auflösen, man kann nur versuchen sie allmählich umzuwandeln. Aber man muss es entschieden angehen, sonst geschieht nichts und man bleibt auf seinem Ärger sitzen!

78 Angestauten Ärger abzuarbeiten erfordert die Bereitschaft, einen Schritt nach dem andern zu tun und immer wieder neu zu fragen, worum es geht. Auf keinen Fall hilft der Anspruch weiter, mit einem Schlag allen Unmut loszuwerden. Ich kann aber lernen mich an kleinen Ergebnissen zu freuen und die dafür geleistete Arbeit wertzuschätzen. Damit befinde ich mich auf der richtigen Seite. Indem ich mir das jeweils Machbare vornehme und es entschlossen verfolge, erreiche ich auf Dauer das Gewünschte. Hierbei ist die 21. Übung in Verbindung mit der 25. und 31. Übung segensreich, um verschüttete, frühere Ziele wieder freizusetzen und neu zu verfolgen. Handelt es sich hierbei um Lebensaufgaben, bin ich unter Umständen über Jahre mit den Übungen beschäftigt, um mir meinen Weg zu bahnen. Hierbei lerne ich die ungeheure Kraft der bewussten Selbstachtung kennen und schätzen! Es ist wichtig, dass ich mir bewusst mache: Jeder Schritt, den ich tue in der Verarbeitung meines angestauten Ärgers, verringert diesen ein Stück; und jeder Schritt, den ich tue im Sinne meiner eigenen Herzensziele, baut nicht neuen Ärger, sondern neue Freude auf. Dennoch kann es sein, dass ich immer wieder neuen Ärger aufsteigen spüre, von dem ich vielleicht schon gedacht hatte, er sei überwunden. Ange-

stauter Ärger löst sich schrittweise, wenn wir die Türen zu ihm öffnen durch die Selbstachtung. Dieser Vorgang kann zuweilen entmutigend sein, deshalb ist es so wichtig zu unterscheiden, welcher Ärger aktuellen Anlässen entspringt und welcher nur als Erinnerung aufsteigt. Aufsteigende Erinnerungen sind hier immer Ausdruck von Verbesserung durch die Selbstachtung, wenn ich reif bin, etwas zu verarbeiten. Hingegen aktuell bedingter Ärger weist darauf hin, dass ich etwas in meinem Leben verändern sollte.

79 Vergleiche die Erläuterungen zur 43. Übung.

80 Wir machen uns leider oft nicht genügend bewusst, welche Wirkung offener und unterdrückter Hass auf unsere eigenen Fähigkeiten hat. Er beeinträchtigt nicht nur unser Vermögen, aus Übersicht heraus zu entscheiden, sondern er hat weitere Wirkungen, die niemand für gut heißen kann, wenn er sich darüber ernsthaft Rechenschaft abgibt. Hass führt nämlich dazu, dass ich nicht zur Ruhe komme, mich ständig ablenken oder zu hohe Anforderungen an mich stellen muss; dass ich einseitig lebe, weil derjenige Teil meiner Bedürfnisse, der vom Hass überdeckt wird, mir nicht genügend zugänglich wird. Die schlimme Folge daraus ist, dass ich zumindest teilweise keine Kontrolle über meine Handlungen habe, auch nicht über meine gedanklichen Handlungen. So kann sich hinter einem kriminellen Kalkül, einer eiskalten Berechnung eines Verbrechers, das scheinbar ganz bewusst gesteuert ist, außer Kontrolle geratener Hass verbergen, der sich unter Umständen nicht einmal offen zu erkennen gibt. Hassprediger und Kriegstreiber – egal unter welchem Vorzeichen sie antreten – sind selbst Opfer fehlender Achtung ihres Hasses, doch sie richten damit Dinge an, mit denen sie andere in die Folgen der eigenen fehlenden Selbstachtung hineinziehen.

Auch in den vielen Familientragödien, in denen die Kinder als Machtmittel benutzt werden, um am anderen Elternteil Rache zu nehmen, ist Hass der Antrieb des Geschehens – ohne dass sich die Verantwortlichen genügend bewusst machen, welche Schicksalskatastrophen sie damit bei ihren Kindern heraufbeschwören können. Es kann so schier unendlich mühsam sein, hier immer und immer wieder mit der Selbstachtung einzusetzen und durch das Achten seines Hasses die Voraussetzungen dafür zu schaffen, das eigene Wollen formulieren zu können, so wie in diesem Kapitel dazu angeleitet wird. Das Kind liebt Vater und Mutter (und seien sie noch so unvollkommen), weil es an ihren Vorbildern erwachsen wird. Und selbst wenn seine Liebe nicht oder nur erbärmlich erwidert wird, sollte sie nicht angerührt werden. Kindesmisshandlung mit Worten und Entscheidungen, die gegen seine Liebe zum anderen Elternteil gerichtet sind, sind ebenso verwerflich wie körperliche Misshandlung. Denn seelische

Vergewaltigung zerstört die natürliche Selbstachtung des Kindes, bevor es seine bewusste Selbstachtung entfalten kann. Achten des Ärgers ist gefragt!

81 Beispiele für die abgewandelte 25. Übung: Die Fragen 1–3 und 7–8 werden neu formuliert, die übrigen Fragen bleiben unverändert. Hier sind allein die geänderten Fragen aufgeführt, sie müssen durch die unveränderten Fragen 4–6 und 9–10 ergänzt werden!

Zorn: *Was macht mich zornig? Warum macht es mich zornig? Wie kann ich meinen Zorn überwinden?... Wie achte ich meinen Zorn? Warum finde ich das Achten meines Zorns gut?...*

(Falls weitere Bezüge hergestellt werden sollen, zum Beispiel „Zorn auf...", sind die genannten fünf Fragen entsprechend zu erweitern. Dies kann in manchen Fällen hilfreich sein, um gedanklich noch konkreter zu werden. Vergleiche die Endnote nach der 25. Übung.)

Hass: *Was hasse ich? Warum hasse ich es? Wie kann ich meinen Hass überwinden?... Wie achte ich meinen Hass? Warum finde ich das Achten meines Hasses gut?...*

Wut: *Was macht mich wütend? Warum macht es mich wütend? Wie kann ich meine Wut überwinden?... Wie achte ich meine Wut? Warum finde ich das Achten meiner Wut gut?...*

Unmut: *Was erzeugt in mir Unmut? Warum erzeugt es in mir Unmut? Wie kann ich meinen Unmut überwinden?... Wie achte ich meinen Unmut? Warum finde ich das Achten meines Unmuts gut?...*

Ekel: *Was ekelt mich an? Warum ekelt es mich an? Wie kann ich meinen Ekel überwinden?... Wie achte ich meinen Ekel? Warum finde ich das Achten meines Ekels gut?...*

Widerwille: *Was erregt meinen Widerwillen? Warum erregt es meinen Widerwillen? Wie kann ich meinen Widerwillen überwinden?... Wie achte ich meinen Widerwillen? Warum finde ich das Achten meines Widerwillens gut?...*

Gereiztheit: *Was macht mich gereizt? Warum macht es mich gereizt? Wie kann ich meine Gereiztheit überwinden?... Wie achte ich meinen Gereiztheit? Warum finde ich das Achten meiner Gereiztheit gut?...*

Aggressionen: *Was macht mich aggressiv? Warum macht es mich aggressiv? Wie kann ich meine Aggressionen überwinden?... Wie achte ich meine Aggressionen? Warum finde ich das Achten meiner Aggressionen gut?...*

Selbstablehnung: *Wofür lehne ich mich ab? Warum lehne ich mich dafür ab? Wie kann ich meine Selbstablehnung überwinden?... Wie achte ich meine Selbstablehnung? Warum finde ich das Achten meiner Selbstablehnung gut?...*

Ablehnung von Dingen: *Was lehne ich ab? Warum lehne ich es ab? Wie kann ich meine Ablehnung überwinden?... Wie achte ich meine Ablehnung? Warum finde ich das Achten meiner Ablehnung gut?...*

Ablehnung von anderen Personen: *Wofür lehne ich jemanden ab? Warum lehne ich ihn dafür ab? Wie kann ich meine Ablehnung überwinden?... Wie achte ich meine Ablehnung? Warum finde ich das Achten meiner Ablehnung gut?...*

Selbstverachtung: *Wofür verachte ich mich? Warum verachte ich mich dafür? Wie kann ich meine Selbstverachtung überwinden?... Wie achte ich meinen Selbstverachtung? Warum finde ich das Achten meiner Selbstverachtung gut?...*

Verachtung von Dingen: *Was verachte ich? Warum verachte ich es? Wie kann ich meine Verachtung überwinden?... Wie achte ich meine Verachtung? Warum finde ich das Achten meiner Verachtung gut?...*

Verachtung von anderen Personen: *Wofür verachte ich jemanden? Warum verachte ich ihn dafür? Wie kann ich meine Verachtung überwinden?... Wie achte ich meine Verachtung? Warum finde ich das Achten meiner Verachtung gut?...*

Unzufriedenheit: Vergleiche 25. Übung, 1. Abwandlung.

82 Bei Tätigkeiten, die sich aufs Physische beziehen, die Frage 25.6 fortsetzen gemäß der 43. Übung. Die nächste Frage heißt dann: Wann möchte ich es tun? Jedoch sollten Sie vorher auf jeden Fall die 25. Übung so lange bearbeiten, dass Sie die Wann-Frage nicht nur vom Kopf, sondern vom Herzen her stellen können! Daran entscheidet sich, ob man aus Ärger oder aus Übersicht handelt! Vergleiche die Ausführungen zur Wann-Frage in der Endnote nach der 8. Übung, 2. Abwandlung.

83 Erklärung der Wortbedeutung von „verinnern“ nach der 8. Übung, 1. Abwandlung.

84 Bei der Anwendung der Fragen ist es zuweilen sinnvoll, Bezüge zu Personen oder Dingen herzustellen. Dabei spielt es eine wichtige Rolle, welcher Art der Bezug ist. Da wir unsere Sprache im Alltag zuweilen ungenau verwenden, muss dringend darauf hingewiesen werden, dass bei der Verinnerung jedes Wort so genau wie nur möglich gewählt werden muss, um die gewünschte Wirkung zu erlangen.

Anhand der 25. Übung einige Beispiele für die Fragen 25.4–10:

25.1 *Was ärgert mich an meinem Mann?*
25.2 *Warum ärgert es mich an meinem Mann?*
25.3 *Wie kann ich meinen Ärger auf meinen Mann überwinden?*

1. Beispiel
Was möchte ich im Umgang mit meinem Mann tun?
Warum möchte ich es im Umgang mit meinem Mann tun?
Wie möchte ich es im Umgang mit meinem Mann tun?
Wie achte ich meinen Ärger im Umgang mit meinem Mann?
Warum finde ich das Achten meines Ärgers
im Umgang mit meinem Mann gut?
Wie achte ich meine Selbstachtung?
Warum finde ich meine Selbstachtung gut?

2. Beispiel
Was möchte ich tun gegenüber meinem Mann?
Warum möchte ich es tun gegenüber meinem Mann?
Wie möchte ich es tun gegenüber meinem Mann?
Wie achte ich meinen Ärger gegenüber meinem Mann?
Warum finde ich das Achten meines Ärgers gut gegenüber meinem Mann?
Wie achte ich meine Selbstachtung?
Warum finde ich meine Selbstachtung gut?

3. Beispiel
Was möchte ich tun hinsichtlich meines Mannes?
Warum möchte ich es tun hinsichtlich meines Mannes?
Wie möchte ich es tun hinsichtlich meines Mannes?
Wie achte ich meinen Ärger hinsichtlich meines Mannes?
Warum finde ich das Achten meines Ärgers gut hinsichtlich meines Mannes?
Wie achte ich meine Selbstachtung?
Warum finde ich meine Selbstachtung gut?

Bei wiederholtem Sprechen der Fragen dürfte jedem die unterschiedliche Wirkung der Verhältniswörter und der Satzstellung deutlich werden:
„Im Umgang mit" führt mich näher zu etwas hin;
„Gegenüber" bewirkt Abgrenzung und Entfernung;
„Hinsichtlich" verändert den bestehenden Abstand nicht.
Diese Wirkung ist von großer Bedeutung, denn sie entscheidet darüber, welchen Bezug ich zum andern herstelle.

Noch größer wird die Abgrenzung, wenn ich sage: „gegenüber dem Mann" statt „gegenüber meinem Mann". Die Formulierung kann sich durchaus auf einen einzelnen Mann beziehen, der für mich der Mann ist.

85 Diese Vorgehensweise ist auf Grund ihrer Unscheinbarkeit, die gar nichts Aufsehen Erregendes hat, ganz offensichtlich in Gefahr, übersehen zu werden in ihrer überwältigenden Bedeutung für die Lebensführung. Wenn sich die Menschen einerseits nach starken Wahrnehmungen, motivierenden Vorstellungen und Handlungsanleitungen sehnen, an denen sie sich orientieren können, muss andererseits die Frage erlaubt sein, wie sie ihr Denken ausbilden, um mit all dem Gewünschten gut umzugehen. Was ist, wenn mich ein starkes Erlebnis besinnungslos und daher leichtsinnig macht? Was geschieht, wenn ich mir Wunschvorstellungen bilde, die meinen Bedürfnissen oder meinen Möglichkeiten nicht genügend entsprechen? Was habe ich davon, wenn ich einer Handlungsanleitung blind folge und daher nicht ausreichend schaue, wie die Ausführung passt? **Wo bleibt bei allem das eigene Prüfen? Die Arbeit mit den Herzensfragen sorgt dafür, dass wir als selbstständige Menschen die Verantwortung für uns übernehmen, statt zum Spielball von Trieben, Wünschen und Vorstellungen zu werden. Erst das wohlwollende Fragen öffnet den Weg der Vernunft, sowohl mir selbst als auch den Verhältnissen gerecht zu werden!**

86 Sobald wir in Gefahr geraten, unser Wohlwollen zu verlieren, sind wir in Gefahr, noch mehr zu verlieren. Deshalb sollten wir unser Wohlwollen nicht überstrapazieren. Um Selbstüberforderung zu verhindern, müssen wir darauf achten, dass wir mit uns selbst wohlwollend bleiben. Wir büßen sonst die Unterscheidungsfähigkeit ein, wo unser Wohlwollen gut behandelt und wo es mißbraucht wird. Mangelndes Achten seines Ärgers führt zum Verlust dieser Unterscheidungsfähigkeit. So werde ich zum Spielball von Einflüssen, die ich nicht mehr durchschauen kann und denen ich mich mehr oder weniger schutzlos aussetze. **Bewahre ich Wohlwollen mit mir selbst – was manchmal furchtbar anstrengend sein kann, aber es ist unerlässlich! – habe ich genügend Zugang zu meinen Instinkten, die mich davor schützen, über meine Grenzen leichtsinnig hinauszugehen.** Für idealistische Menschen (wie wir

am Beispiel von „Faust“ sehen) ist das besonders wichtig, da ihr Idealismus sie immer wieder an ihre Grenzen treibt. **So wunderbar das einerseits ist, wenn sich Menschen mit aller Kraft um Ideale bemühen, so unerlässlich ist auf der anderen Seite, dass sie im Umgang mit ihrem Ärger so achtsam sind, dass sie rechtzeitig anhalten, denn sonst verlieren sie ihr Wohlwollen mit sich selbst und dadurch automatisch auch ihre Geduld.**

Ein Ausdruck solcher Entgleisung sind Nationalismus und Rassismus. Hier mangelt es an Wohlwollen mit den eigenen nationalen Gefühlen und Interessen, deshalb schlagen sie um in Gehässigkeiten gegen andere Nationen und Rassen. Geduldiger Umgang miteinander geht dabei natürlicherweise verloren. Er ist aber die Voraussetzung für ein friedliches Zusammenleben der Völker. **Nationalismus und Rassismus können nur überwunden werden, wenn wir nationale Gefühle und Interessen ernst genug nehmen.**

Hier sehen wir deutlich, dass das Achten unseres Ärgers in unsere Umgebung weiterwirkt. **Wohlwollen zu sich selbst ist der Schutzmantel, den jeder Mensch braucht und um den er gewiss auch kämpfen muss. Achten des Ärgers sorgt dafür, dass dieser Schutzmantel geschützt wird.** Aus der Technik wissen wir, dass empfindliche, wichtige Teile einer Einrichtung geschützt werden müssen und dass darüber hinaus auch die Schutzeinrichtung überwacht werden muss, damit sie stets erhalten bleibt. Und schließlich muss die Überwachung eine solche sein, dass wir sichergehen können, dass sie immer gewährleistet ist. Deshalb überwachen wir auch noch die Überwachung. Was in der Technik, von der wir unser Leben in bestimmten Situationen abhängig machen, eine Selbstverständlichkeit für uns ist, warum sollte es das nicht ebenso sein im Umgang mit uns selbst?

Genau so funktioniert das vierteilige Verinnerungsverfahren der Selbstachtung:

1. „Wie achte ich …?“ Damit bringe ich mir das notwendige Wohlwollen entgegen.
2. „Warum finde ich das Achten … gut?“ Hier mache ich mir die Notwendigkeit ihrer Bedeutung immer wieder neu bewusst.
3. „Wie achte ich meine Selbstachtung?“ Damit überwache ich meine Selbstachtung.
4. „Warum finde ich meine Selbstachtung gut?“ Damit überwache ich die Überwachung meiner Selbstachtung.

Der Fragenablauf schafft innere Sicherheit und Unabhängigkeit in dem Maße, wie ich ihn auf mein Leben anwende. Dadurch bin ich entscheidungs- und handlungsfähig im guten, weil liebevollen Sinne.

87 Schlimm ist es, wenn wir als Kinder regelmäßig Ärger anstauen mussten, weil wir nicht genügend Möglichkeiten fanden, ihn auszudrücken und dadurch abzubauen. In diesem Fall haben wir als Erwachsene Berge von Ärger zu überwinden; zumal wir dann erst einmal lernen müssen, mit Ärger besser umzugehen, als wir es in der Kindheit lernen konnten. Entsprechend viel Angst sitzt dann in uns!

88 Natürlich ersetzt das keine akut erforderliche medizinische Hilfe, da Dankbarkeit zu sich selbst allmählich wächst und wirkt!

Wenn Dankbarkeit zu sich selbst als natürliche Fähigkeit verloren gegangen ist, brauchen wir in bestimmten Lebenslagen Hilfe von außen. Wer sich diese nicht zugesteht, beweist damit, dass er seine eigenen Grenzen ablehnt. Falls sich ein solches Gefühl oder Verhalten bei Ihnen zeigt, gehen Sie bitte zum Kapitel „Warum kommt optimale Leistung nicht über Leistungsdenken, sondern über optimale Selbstachtung?“. Dort finden Sie weiterführende Erläuterungen, wenn Sie alles alleine schaffen wollen.

89 Da wir in einem Kulturkreis leben, der mit der Dankbarkeit zu sich selbst eine Menge Schwierigkeiten hat, haben wir Ersatzbefriedigungen aufgebaut, die mehr oder weniger schlecht helfen, den schrecklichen Mangel auszugleichen. Das Phänomen solcher Ersatzbefriedigungen ist, dass wir in Ermangelung von etwas Besserem ihre Hilfe suchen, sie jedoch nur bedingt helfen können. So benutzen wir den Stolz als Ersatz für Dankbarkeit zu sich selbst. Wir sprechen auch von „gesundem Stolz“ und meinen damit in der Regel, dass wir uns so viel wert sind, dass wir etwas Bestimmtes tun und etwas anderes statt dessen unterlassen. Das Verwirrende solcher doppeldeutigen Wörter liegt darin, dass sie gleichzeitig etwas Negatives besagen, hier nämlich Eitelkeit. Eitelkeit bedeutet, dass ich mir meine Grenzen nicht eingestehen kann und mehr sein will, als ich bin, mehr haben will, als mir gut tut, mehr tun will, als ich kann. Eitelkeit gehört zu den Untugenden und ist immer Zeichen von Undankbarkeit. Da will ich dem Vorhandenen nicht dankbar sein, will es nicht schätzen und anerkennen, weil ich den Verdienst für mich allein haben möchte. Doch genau dadurch bin ich weniger fähig, die Situation geschickt und sinnvoll zu nutzen. Eitelkeit ist wiederum nicht zu verwechseln mit Schönheitssinn!

So gut gemeint es also sein kann zu sagen, auf etwas stolz zu sein, so wenig geeignet ist es, Dankbarkeit durch Stolz zu ersetzen. Wir müssen uns nur bewusst machen: Es geht um die Dankbarkeit zu uns selbst. Statt zu sagen: „Ich bin stolz darauf“ können wir sagen: „Ich bin dankbar dafür“ oder „Ich bin mir dankbar dafür“. Denn wenn wir uns nicht dazu entschließen, Dankbarkeit und Eitelkeit – die beide im Stolz stecken können – voneinander zu trennen durch bewusste Unterscheidung, können wir die Dankbarkeit auch nicht gezielt üben und die Eitelkeit dabei überwinden. Das Wort „Stolz“ kann noch so positiv gemeint sein, es ist missverständlich und von daher ungeeignet, eine unersetzliche Tugend eindeutig zu benennen.

Wem der Begriff der Dankbarkeit zu schwach erscheint, um damit den Begriff des Stolzes zu ersetzen, der sollte im Üben von Geduld mit sich selbst noch gewissenhafter vorgehen. Dadurch findet er die Kraft, seine Dankbarkeit zu sich selbst zu vertiefen. Dieses Thema ist so stark belastet, dass es längere Zeit der sorgfältigen Übung bedarf, um die Denkgewohnheiten zu hinterfragen und die Lücke zu schließen, die wir gerne als „gesunden Stolz“ bezeichnen, weil wir Dankbarkeit zu uns selbst nicht oder nur wenig kennen und deshalb ihre Wirkung schwerlich ermessen können.

Fortgeschrittenen hilft hier besonders das Achten der Grenzen ihrer Geduld. Vergleiche hierzu die 31. Übung, 3. Abwandlung. Dort das Wort „Wohlwollen“ durch das Wort „Geduld“ ersetzen.

In der Tugendleiter führt das Achten der Grenzen einer Tugend immer zu einem sicheren Übergang zur nächsten Stufe, weil durch das Achten der Grenzen einer Tugend diese stabilisiert wird und somit eine festere Grundlage für die darauf aufbauende Tugend bildet. Dies ist im Falle der Geduld mit sich selbst besonders wichtig, um Störungen im Bereich der Dankbarkeit zu sich selbst aufheben zu können. Wie gesagt: Es kann dauern angesichts unserer Kulturgeschichte!

90 Die schwedische Sängerin Valborg Werbeck-Svärdström arbeitete in ihrem Buch „Die Schule der Stimmenthüllung“ die fundamentale Bedeutung des Lautes NG in Bezug auf das Singen und die Stimmausbildung heraus. In Bezug auf die Persönlichkeitsschulung und das innere Singen kommt diesem Laut eine vergleichbare Bedeutung zu.

91 Erklärung der Wortbedeutung von „verinnern“ nach der 8. Übung, 1. Abwandlung.

92 Auch für Menschen, die Angst davor haben, die Kontrolle zu verlieren, gibt es ein Zaubermittel: Das Achten seines Ärgers.

93 Den Ursachen von Selbstbedauern gilt es auf die Spur zu kommen, um sie auszutilgen. Dies können wir entweder freiwillig angehen oder wir werden von den Folgen des Selbstbedauerns gequält. Wer sich bedauert, lebt ja in dem Gefühl, vom Leben nicht gerecht behandelt worden zu sein oder es nicht zu schaffen sich selbst gerecht zu behandeln. Er ist also mit seinen eigenen oder den auferlegten Grenzen unzufrieden. **Folglich ist das Achten seiner Grenzen eine gesunde Möglichkeit, Selbstbedauern abzulegen.** Statt beispielsweise zu fragen „Warum bin ich so blöd?“ frage ich „Wie achte ich die Grenzen meines Erkennens?“ Ich bringe also Wohlwollen in meine Frage hinein. Vergleiche Kapitel „Warum kommt optimale Leistung nicht über Leistungsdenken, sondern über optimale Selbstachtung?“.

Auch bei größtem Bemühen erleben wir immer wieder Grenzen. Deren Achtung stabilisiert uns und hilft dabei, die bestehenden Möglichkeiten beharrlich auszuschöpfen. Für Selbstbedauern bleibt dann keine Zeit mehr - genau so soll es sein!

Eines der schwierigsten Gefühle, die uns zu Selbstbedauern treiben, sind Rachegefühle. Hier müssen wir erst einmal ärgerliche Gefühle achten, bevor wir zum Achten unserer Grenzen vordringen können. Je nach Veranlagung, Erziehung und Verhaltensgewohnheit kann es einem Menschen unter Umständen sehr schwer fallen, von Rachegefühlen loszukommen. Entscheidend sind hier die im Kapitel „Ärger oder Zielsicherheit?“ beschriebenen Maßnahmen.

94 Die große Lehre vom Verzeihen, welche im Christentum und im Buddhismus ihre Wurzeln hat, ist die Lehre des Mitgefühls. Selbstachtung hat zum Ziel, Selbstbedauern zu ersetzen durch Mitgefühl mit sich selbst. Diese Vorgehensweise führt dazu, dass wir lernen, das Mitgefühl nach außen hin zu tragen, also auch den andern zu verstehen und ihn in seiner Art oder Verirrung noch zu achten. Dabei vermeiden wir ein bloßes Verzeihen mit dem Kopf unter Missachtung unserer Gefühle. Stattdessen entwickeln wir echtes Verzeihen. Es kommt von Herzen! Und es geschieht so, dass wir uns dabei nicht zu sehr verausgaben, sondern unsere eigenen Grenzen respektieren.

Dazu gehört auch, dass wir uns selbst verzeihen. Es ist möglich durch die beschriebenen Übungen.

95 Der Mensch erlebt zu verschiedenen Zeiten seines Lebens unterschiedliche Bedürfnisse. Grundsätzlich ist wohl jedem bekannt, dass Kinder andere Dinge tun als Jugendliche, diese wiederum Interessen verfolgen, die älteren Menschen oft nicht wichtig sind und so weiter. Dementsprechend erwarten wir von verschiedenen Altersstufen unterschiedliche Dinge und setzen verschiedene

Maßstäbe bei der Beurteilung eines Verhaltens an. Darüber hinaus wandeln sich in der Kulturgeschichte Sitten und sind auch zwischen verschiedenen Kulturen unter Umständen sehr unterschiedlich. Nur beim Säugling sehen wir es als normal an, dass er an seinem Daumen nuckelt. Würde ein Schullehrer vor der Klasse stehen und dabei an seinem Daumen lutschen, könnte er wahrscheinlich jeden Versuch, Unterricht zu halten, einstellen. – Zu Martin Luthers Zeiten war es üblich, zum Ausdruck seines Wohlbehagens nach dem Essen zu rülpsen und zu furzen. Es galt als Bekundung der Zufriedenheit. Würde dies heutzutage jemand in Gesellschaft tun, wäre sein Ansehen schnell ruiniert. Wir empfinden es als unhöflich, ja beleidigend und in keinem Fall als Zeichen guten Geschmacks. – Während es in den Vereinigten Staaten von Amerika üblich ist, vollmundige Einladungen auszusprechen, ohne dass diese wörtlich zu nehmen sind, erregt ein solches Verhalten bei Deutschen Anstoß. Umgekehrt kann deren größere Zurückhaltung auf den Amerikaner so wirken, als sei er nicht erwünscht. – An diesen drei Beispielen zu unterschiedlichem Alter, Zeit und Kulturraum wird deutlich, dass es unmöglich ist, gleiche Erwartungen an alle zu stellen und an jeden die gleichen Maßstäbe anzusetzen.

Dieser Umstand kann verunsichern. Welche Erwartungen sind jeweils angemessen? Wann und wo ist das mir Gewohnte verfehlt? Was soll ich an die Stelle des mir Bekannten setzen?

Für den erwachsenen Menschen ist Hingabe in hohem Maße mit Prüfen verbunden. Das Hinterfragen seiner Ansprüche gibt ihm Sicherheit – auch die Gewissheit, sich bei Bedarf umstellen zu können. Weil Prüfen mit Mühe verbunden ist, gehört es zur guten Erziehung, Mühe nicht zu scheuen, um unterscheiden zu können. Von solcher Mühe will Einbildung und Wichtigtuerei nichts wissen – Unsicherheit betrachten sie als Zeichen von Schwäche. Dabei ist sie in Wahrheit fortwährender Bestandteil des Lebens. Wir haben als moderne Gesellschaft den Anspruch, dass jeder frei entscheiden darf, was er tun will, und dass er im Rahmen der geltenden Gesetze machen kann, was er will. Innere Freiheit ist allerdings davon abhängig, dass ich meine Ansprüche in Frage stelle und so beweglich im Denken bin, dass ich sie selbst bestimmen und verändern kann. **Ohne das Annehmen seiner Unsicherheit ist innere Freiheit unmöglich, weil die nur ausgelebte Unsicherheit zu zwanghaften Handlungen treibt.** Bin ich dort, wo ich mich unsicher fühle, in der Lage, in mich zu gehen, statt vor mir zu fliehen? Bringe ich diese Kraft wirklich auf oder bilde ich mir meine Übersicht mehr oder weniger ein, mit der ich glaube die Lage unter Kontrolle zu haben?

Viele Menschen ärgern sich über ihre Unsicherheit, weil sie sich davon behindert fühlen; doch niemand kann sich über seine Unsicherheit hinwegsetzen, ohne dadurch mehr oder weniger tiefes Missbehagen zu verspüren – denn Unsicherheit hat ja ihre Gründe! Um sie begreifen und die Ursachen beseitigen zu können, muss ich mich auf meine Unsicherheit einlassen. Wenn Ärger mich daran hindert, meine Unsicherheit anzunehmen, dann werde ich nicht daran vorbeikommen, erst mehr Geduld mit mir selbst zu entwickeln und meine Ärgernisse zu klären. Das Üben von Hingabe wird mir gar nicht erst gelingen, weil ich die Voraussetzungen dafür nicht habe! Wenn ich deswegen anfange zu hadern, statt meine Fragen zu stellen, schwäche ich mein Selbstvertrauen, statt es zu stärken. Ich muss schon so viel Fragebereitschaft aufbringen, dass ich mich besser kennen lernen will, statt nur nach meinen Vorstellungen funktionieren zu wollen.

Es ist sehr ärgerlich, wenn wir im Zusammenleben mit anderen deren Gehader ausgesetzt sind und in dem Gefühl leben, ihnen nichts recht machen zu können. Dem nachzugeben bewirkt jedoch genau das Gegenteil von Verbesserung: Die eigene Hingabe wird vom andern nur dazu missbraucht, sich von sich abzulenken, statt dass er genau prüft, was ihm zu mehr Zufriedenheit verhelfen würde. **Menschen können eine enorme Energie entwickeln, von andern etwas zu wollen, das sie sich selbst geben müssten, doch zu faul dazu sind.** In dieser Fehlhaltung werden viele Beziehungen zerstört. Der andere soll die eigene Unsicherheit zudecken, weil der Betreffende nicht den Willen aufbringt, sich ihr zu stellen. Hier ist es notwendig, seinen Ärger über den andern so intensiv zu bearbeiten, dass einem die Abgrenzung gelingt. Denn alles andere ist vergebens.

Wer also nicht die Geduld aufbringt seine Ansprüche in Frage zu stellen, dem wird es auch nicht gelingen, sich innerlich frei zu fühlen. Dass ihn dies verunsichert, liegt aber in seiner eigenen Verantwortung!

96 Unsicherheit zu achten heißt auch, im Angesicht des Todes zu leben. In früheren Zeiten starben allein schon so viele Kinder vor den Eltern weg, dass der Tod allgegenwärtig war. Leben ist lebensgefährlich. Der Unsicherheit begegnet unsere Zivilisation mit massiver Schwangerschaftsverhütung, Schwangerschaftsabbruch und ängstlicher Erhaltung des bestehenden Menschenlebens. Unsere vergreisende Gesellschaft sucht den idealen Menschen in jugendlicher Schönheit und hoher Leistungsfähigkeit und tut auch etwas für die Verwirklichung dieses Leitbildes – doch am Übergang ins Leben und am Übergang in den Tod verhält sie sich ängstlich. Warum? Womit fühlen wir uns unsicher?

Kann es sein, dass wir nach einer Sicherheit suchen, die es dort, wo wir sie suchen, nicht gibt? Würde es uns helfen, uns regelmäßig auf den Tod zu besinnen? **Sicheres Leben gibt es nicht, sicheren Tod schon; es ist nicht**

sicher, ob ich am Leben bleibe, aber sicher, dass ich sterben werde. Das heißt, die Sicherheit liegt außerhalb des Lebens. Dieser Umstand macht uns zu schaffen.

Der Text eines Liedes von Johann Sebastian Bach (1685–1750) an seine Frau lautet:

> Bist du bei mir, geh ich mit Freuden
> zum Sterben und zu meiner Ruh!
> Ach, wie vergnügt wär so mein Ende,
> es drückten deine lieben Hände
> mir die getreuen Augen zu!

(Die Zuschreibung ist nach neuerer Forschung unsicher, möglicherweise ist Gottfried Heinrich Stölzel der Autor.)

Vergleichbar sind typische Choraltexte jener Zeit, welche die Stimmung wiedergeben, in der die Menschen damals lebten, so etwa des Bach-Vorgängers Georg Neumark (1621–1681):

> Wer nur den lieben Gott lässt walten
> und hoffet auf ihn alle Zeit,
> den wird er wunderbar erhalten
> in aller Not und Traurigkeit.
> Wer Gott, dem Allerhöchsten, traut,
> der hat auf keinen Sand gebaut.
>
> Was helfen uns die schweren Sorgen,
> was hilft uns unser Weh und Ach?
> Was hilft es, dass wir alle Morgen
> beseufzen unser Ungemach?
> Wir machen unser Kreuz und Leid
> nur größer durch die Traurigkeit.
>
> Sing, bet und geh auf Gottes Wegen,
> verricht das Deine nur getreu
> und trau des Himmels reichem Segen,
> so wird er bei dir werden neu.
> Denn welcher seine Zuversicht
> auf Gott setzt, den verlässt er nicht.

Welch eine Hingabe! Es gibt nichts zu spotten über die religiösen Gefühle der Menschen, sie haben ihre Berechtigung wie alle Gefühle.

Wir sehen an unserem Umgang mit dem Tod und am Umgang mit dem nicht geborenen Leben, dass wir hier etwas zu ändern haben. Über das Achten unserer Unsicherheit haben wir die Möglichkeit dazu. Können wir die ersehnte Sicherheit innerlich finden, die es äußerlich nicht gibt? Der hier beschriebene Weg der Selbstachtung gibt eine Möglichkeit dazu, die über das Verstehen der Gefühle geht. Doch **nur wenn wir begriffen haben, dass Verstehen der Gefühle BEGINNT beim Achten der Gefühle, werden wir diesen Weg erfolgreich gehen können**.

97 Wir haben es hier mit einer Gesetzmäßigkeit zu tun, der wir neigen aus dem Weg zu gehen, weil das Thema Grenzen etwas Unangenehmes ist. Aber das Achten seiner Grenzen gibt Sicherheit; vergleiche Kapitel „Warum kommt optimale Leistung nicht über Leistungsdenken, sondern über optimale Selbstachtung?“.

98 **Entwicklung funktioniert auf Dauer nur, wenn die schwachen von den starken Seiten der Persönlichkeit mit einbezogen werden.** Das erfordert jedoch die Bereitschaft, Unsicherheit zuzulassen!

Ein sehr nützliches Mittel ist dabei das Selbstgespräch, indem ich mich selbst in verschiedene Seiten teile, ihnen Namen gebe und sie miteinander reden lasse. So kann ich Widersprüche in mir zur Klärung führen und dafür sorgen, dass ich dort, wo ich am entwicklungsbedürftigsten bin, mich nicht übergehe, sondern mir selbst helfe weiterzukommen. **Über das wohlwollende Fragen bekomme ich letztendlich jede innere Spaltung zu fassen und kann sie harmonisieren.** Es ist eine Frage der Übung und der Erfahrung. Schlechte Verhaltensgewohnheiten stelle ich dabei systematisch ab, auch die Erwartung, alles gleich können zu müssen!

99 Vergleiche die Hinweise im Kapitel „Angst oder Lebenswille?“ und in den zugehörigen Endnoten zum Verhältnis von Dankbarkeit und Stolz. Stolz verhindert den achtsamen Umgang mit Unsicherheit, setzt sich über sie hinweg und stellt dadurch einen Zustand her, der es von vornherein UNMÖGLICH macht, Unsicherheit als Wegweiser zu benutzen. Stolz bekämpft Unsicherheit, statt sie sinnvoll zu nutzen. Auf diesem Irrtum werden persönliche und gesellschaftliche Gebäude errichtet, die am Ende haltlos zusammenbrechen und die darin lebenden Menschen unter ihren Trümmern begraben.

100 Es mag Persönlichkeiten geben, die es als richtig ansehen, ihre Ansprüche nicht zu hinterfragen. Das Handeln bezeugt es, auch wenn mit Reden davon abgelenkt wird. **Am Handeln beweist jeder, was sein Denken taugt.** Es kommt also darauf an, das Handeln anzuschauen und sich von Worten nicht

betören zu lassen. Wir sollten dem, was wir sehen, mehr vertrauen als dem, was wir hören, dann lernen wir einzuschätzen, was das Gehörte wert ist und lernen mit den Ohren zu „sehen“.

Es gehört wenig dazu, von sich zu behaupten, ehrlich zu sein, zumindest zu sich selbst ehrlich zu sein. Welcher gebildete Zeitgenosse möchte nicht ehrlich zu sich selbst sein, möchte nicht die Motive seines Denkens und Handelns kennen? Er weiß: Nur wenn du über dich Bescheid weißt, hast du Kontrolle über deine Entscheidungen. Und wer wollte keine Kontrolle über seine Entscheidungen haben? Doch wie viele Skrupellosigkeiten sind möglich, während der Betreffende für sich in Anspruch nimmt, allenfalls andere zu belügen, aber auf jeden Fall ehrlich zu sich selbst zu sein? Hierbei handelt es sich um eine schreckliche Täuschung, der viele erliegen. Während das christliche Volk beispielsweise durch Vorstellungen von Fegefeuer und Hölle davor zurückschreckt, andere zu belügen und zu betrügen, lernen Buddhisten durch die Lehre der Wiederverkörperung, dass alle guten und schlechten Handlungen auf sie zurückkehren werden. Was macht jemand, dem solche Lehren egal sind? Kann er sich auf wissenschaftliche Weise davon überzeugen, dass sein Denken, Reden und Handeln Folgen hat? Kann die Einstellung „Nach mir die Sintflut“ überwunden werden durch Erkenntnis und Übung der Tugenden? Bringt das Streben nach Bequemlichkeit, Macht und Anerkennung den höchsten Genuss – oder gibt es etwas, das uns tiefer berührt?

Es geht hier um die Frage: Was ist der Unterschied zwischen Denken und Glauben? Etwas zu glauben heißt, dass ich mein Handeln daran ausrichte. Etwas zu bedenken heißt, Dinge in Frage zu stellen. Zweifellos fällt den Menschen das Glauben leichter, es ist einfacher. Glauben hat seine tiefe Berechtigung. Glauben ist die Grundlage, auf der wir das Denken lernen. **Solange wir an Dinge glauben, die wir empfinden, haben wir natürliche Liebe im Glauben; und solange wir Liebe im Glauben haben, ist er gesund, weil herzverbunden.** Doch je älter der Mensch wird, sowohl persönlich als auch kulturgeschichtlich, desto mehr Eigenständigkeit entwickelt der Kopf gegenüber dem Herzen. Der Mensch lernt unabhängig von seinem Empfinden zu denken. Darin liegen positive und negative Möglichkeiten. Negativ sind sie, weil gefühlloses Denken etwas Grauenvolles ist, womit die Menschheit sich selbst zerstören kann. Positiv sind sie, weil sie dazu befähigen, sich die Motive seines Verhaltens bewusst zu machen und dann zu entscheiden, wie man sich verhalten möchte.

Schwierig wird es immer dann, wenn Glauben und Denken miteinander verwechselt werden. Solange ich mein Glauben für Denken halte, habe ich noch nicht gelernt, meine Gedanken zu hinterfragen. Es spielt dabei keine Rolle, ob ich an materielle oder geistige Dinge glaube. Entscheidend ist vielmehr, wie ich mich meinen Überzeugungen gegenüberstelle. Daran zeigt sich, wie ehrlich ich bin. Ehrlichkeit ist etwas Heiliges, etwas unschätzbar Kostbares. Ehrlichkeit zu achten bedeutet, sich innerlich aufzurichten und anderen, vor allem Kindern, liebevollen Halt zu geben.

Von sich zu glauben, es sei ehrlich zu sich selbst, nur seine Überzeugungen durchzusetzen, zeugt von einem Mangel an Bereitschaft, seine Überzeugungen zu hinterfragen. Ein solcher Mangel beruht grundsätzlich auf fehlender Hingabe, über die von vielen gespottet wird. Also ist es nicht verwunderlich, dass es hier an der Einsicht und vor allem an der Fähigkeit fehlt, ehrlich zu sich selbst zu sein. Sich ehrlich zu glauben, ohne zu prüfen, ist schlimmere Heuchelei und Selbstbetrug als jede offene Lüge. Gespieltes Bemühen um Ehrlichkeit setzt diesem Gebaren nur noch die verächtliche Krone auf, ist allerdings die logische Folge einer Haltung, die vom Prüfen nichts wissen will. Umso wichtiger ist es, angesichts solcher Verachtung gegen die ureigenste menschliche Begabung, die uns von allen anderen irdischen Lebewesen unterscheidet, sein Prüfen zu achten. Vergleiche hierzu die Hinweise zum Achten der Grenzen seines Prüfens im Kapitel „Warum kommt optimale Leistung nicht durch Leistungsdenken, sondern durch optimale Selbstachtung?".

101 Ein Zeichen von Ehrlichkeit ist es, wenn ich in der Haltung lebe, immer wieder Neues über die Selbstachtung lernen zu können. Denn so vermeide ich den Dünkel, in der Selbstachtung so gebildet zu sein, dass ich dadurch automatisch erkenne, was ich brauche. Von solchen Automatik-Vorstellungen sollten wir größten Abstand nehmen. Es ist und bleibt immer eine Sache der Geistesgegenwart, sich sicher durchs Leben zu führen. Geistesgegenwart ist niemals etwas Automatisches. So verführerisch die Vorstellung auch ist, eines Tages von allein alles richtig zu entscheiden, so widersinnig ist sie doch. Denn was ich entscheide, sollte geprüft sein. Und Prüfen ist ohne bewusste Auseinandersetzung unmöglich.

102 Am besten ist es zwar, die Dinge bei der Befragung aufzuschreiben, um sie herauszusetzen, zu ordnen und zu überschauen; doch vielleicht ist dafür erst längeres Verinnern der Übung erforderlich. (Erklärung der Wortbedeutung von „verinnern" nach der 8. Übung, 1. Abwandlung.) Es geht nur mit Gedankenruhe. Wer zu wenig Geduld aufbringt, den Fragen nachzuspüren, der bleibt auf seinen falschen Ansprüchen sitzen. In diesem Fall ist es besser, zur 25. oder 36. Übung zu gehen, die einem helfen zur Ruhe zu kommen und sich weiter zu orientieren; oder einer körperlichen Betätigung nachzugehen, um sich sinnvoll abzureagieren, statt sich zu quälen. In diesem Fall versuchen, mit

Summen auch inneren Frieden zu schaffen; vergleiche hierzu die Hinweise vor der 26. Übung.

103 Weitere Erklärungen hierzu am Anfang des Kapitels „Zeitmangel oder Zeit?“.

104 Bei der Übung 31.5–6 wird eine Formulierung verwendet, die der Erklärung bedarf. Es geht hier um das Achten des Bedürfnisses nach Achtung, sei es das Bedürfnis nach Anerkennung von außen, sei es das Bedürfnis nach Selbstachtung; vergleiche 2. und 3. Übung. Es ist ein Unterschied, ob ich mein Bedürfnis nach Achtung achte oder ein anderes Bedürfnis. Ich wende mich mit der besagten Formulierung meinem Bedürfnis nach Achtung zu. Das bewirkt eine Vertiefung der Selbstachtung, die in fortgeschrittenem Stadium der Übung sehr hilfreich ist, um sich besser abzugrenzen und zu hinterfragen. Dieses Prinzip lässt sich auf das Fragen in der Selbstachtung überall anwenden.

So kann ich beispielsweise in der 25. Übung folgende Fragen anhängen:

25.11 Wie achte ich mein Bedürfnis nach Achtung meines Ärgers?

25.12 Warum finde ich das Achten meines Bedürfnisses nach Achtung meines Ärgers gut?

25.13 Wie achte ich meine Selbstachtung?

25.14 Warum finde ich meine Selbstachtung gut?

Dem Neuling erscheinen diese Fragen vielleicht unnötig – und in der Tat werden sie anfangs nicht benötigt. Wer jedoch viel verinnert hat, der kann das Verlangen entwickeln, solchermaßen zu fragen und dadurch seine Aktivität in der Selbstachtung zu vertiefen. (Erklärung der Wortbedeutung von „verinnern“ nach der 8. Übung, 1. Abwandlung.)

Im Falle der 31. Übung ergibt sich die betreffende Frageform allerdings von vornherein.

105 Es geht hier nicht um den Namen der Lehre, sondern darum, dass stattfindet, was hier mit bewusster Selbstachtung gemeint und erklärt ist!

106 Der Glaube, es gäbe nur physische und keine geistigen Gesetzmäßigkeiten, ist Ausdruck solchen Hochmutes. Fehlendes Achten seiner Grenzen führt ZWANGSLÄUFIG zu Niederlagen, weil wir glauben mehr zu wissen und zu können, als es der Fall ist. Die Ursache der missachteten Grenzen ist man-

geIndes Wohlwollen im Umgang mit sich selbst. Niemand kommt an diesem Gesetz vorbei – und sei er noch so groß und mächtig. Auch Spott ändert daran nichts.

107 Dennoch sollte das Prinzip Selbstachtung nicht zum Gott erhoben werden; denn wie wir es anwenden, ist und bleibt etwas Menschliches.

108 Wem die Lust an der Selbstachtung vergeht, kann jederzeit mittels der 20. Übung prüfen, was für ihn persönlich gerade ansteht.

109 Wenn die natürliche Selbstachtung verloren ist und kein Weg zur bewussten Selbstachtung gefunden wird, bleibt nur noch Leistungsdenken. Wehe es kommt dann keine Anerkennung von außen!

110 Vergleiche 17. Übung.

111 Das Achten der Grenzen seiner Tugenden spielt in der Selbstachtung eine zentrale Rolle. Auf dieses Thema wird für Fortgeschrittene in Band 2 der Schriftenreihe ausführlich eingegangen.

Die Tugenden bilden eine strenge Hierarchie; vergleiche Kapitel „Hemmnisse und ihre Überwindung". **Schwierigkeiten auf einer Stufe der Tugendleiter werden behoben durch das Achten der Grenzen seiner Tugend auf der darunterliegenden Stufe.** So hilft das Achten der Grenzen meiner Geduld, dass ich Dankbarkeit üben kann. Habe ich also Schwierigkeiten mit meiner Dankbarkeit, so brauche ich das Achten der Grenzen meine Geduld. Diese Gesetzmäßigkeit gilt für alle Stufen der Tugendleiter; sie zu beachten ist äußerst hilfreich, um sich im Alltag zu bewähren! Bei Bedarf mit dem Achten der Grenzen seines Wohlwollens beginnen und Stufe für Stufe nach oben verinnern.

112 Nicht „Grenzen seiner Fragen", sondern „Grenzen seines Fragens". Wir haben Grenzen des Fragens, die Fragen als solche sind unbegrenzt!

113 An diesen Beispielen möge klar werden, wie bedeutend das Achten seiner Grenzen ist. Vor allem nach längerer Auseinandersetzung mit der Selbstachtung kommt wohl keiner an diesem Thema vorbei.

Es sollten die Abwandlungen der 31. Übung immer so gemacht werden, dass sie sich auf etwas Positives beziehen. Der Verfasser rät beispielsweise davon ab, die Übung auf Ärger anzuwenden und „die Grenzen seines Ärgers" zu achten. Hier ist es besser, die 25. Übung intensiv zu verfolgen und gemäß der Endnote zur Übung 31.5 zu erweitern. Wenn ich meine Grenzen achte, sollte ich vom Erstrebenswerten ausgehen, mit dem ich mich zu meinen Grenzen bewege; statt von etwas auszugehen, das ich nicht will (in diesem Fall Ärger). **Erst muss ich mir eine genaue Vorstellung davon erarbeiten, was ich will, dann kann ich die 31. Übung sinnvoll anwenden!**

114 Für Fortgeschrittene bietet sich eine Erweiterung der Übung an:

35.3 Was empfand ich bei meinem Traum?

Die Frage hat folgenden Hintergrund: In unseren Träumen leben sich Gefühle als Bilder, Ereignisse und Handlungen aus. Wenn wir versuchen uns an die Gefühle zu erinnern, die wir beim Träumen hatten, bekommen wir direkten Zugang zu demjenigen, was uns im Schlaf am meisten beschäftigte. Wir können davon ausgehen, dass wir im Schlaf mit dem beschäftigt sind, was wir im Wachzustand nicht klären konnten. Folglich führt uns die oben genannte Frage dahin, unseren Gefühlen auf den Grund zu gehen. Das gelingt am besten beim Aufwachen.

115 Sprechkultur bedeutet unter anderem, Unangenehmes deutlich auszudrücken, doch nicht abfällig zu reden. Es ist wichtig, die Dinge beim Namen zu nennen, dagegen unsinnig, Absonderungen aus lebensnotwendigen Verdauungsvorgängen gleichzusetzen mit Ablehnung und Verachtung. Wir sollten Achtung vor der Verdauung und ihren Trennungskräften üben – ohne die wir nicht leben würden! – statt negative Gedanken hineinzulenken. Gleiches gilt für die englische Verwechslung von Ärger und Beischlaf. Es geht hier nicht um sprachliche Benimmregeln, sondern darum, Verwirrung im Denken zu vermeiden; denn sie wirkt negativ, auch auf die Gefühle, selbst wenn sie unbedeutend erscheint.

Ebenso ist unser Unterscheidungsvermögen auf eine verständliche Sprache angewiesen. Die klarsten Begriffe bildet der Mensch in seiner Muttersprache aus. Er braucht eine einzige Sprache, in der er alle Zusammenhänge herstellen kann. Deshalb sollten für neue Entwicklungen neue Wörter möglichst aus der Muttersprache geschaffen und deren vorhandene Wörter genutzt werden. Siehe zum Beispiel www.stiftung-deutsche-sprache.de.

116 Selbstachtung trachtet nach Gesunderhaltung, doch sie hat ihre Wurzeln im Bedürfnis nach Selbstachtung, nicht in der Gesundheit!

117 Jesus Christus lebte seine Selbstachtung bis in den Tod und folgte seiner ureigensten Berufung. Deshalb kann er als Mensch überzeugen.

118 Es ist wohl notwendig, dass wir uns darum bemühen, die Berufung des Elternseins neu zu begreifen. Selbstachtung hilft, mit der körperlichen Liebe und dem daraus entstehenden Leben verantwortungsvoll umzugehen, seine Kinder einfühlsam zu erziehen, notwendige Grenzen zu setzen – und ihnen dadurch Orientierung zu geben; sie hilft, sich selbst nicht zu überfordern, sondern so mit Kindern umzugehen, dass man unter gegebenen Umständen gerne mehrere möchte und sich die Verhältnisse dafür schafft. Selbstachtung fördert die Liebe zu Kindern, weil sie den Erwachsenen innerlich zu seinen Ursprüngen führt.

119 Über das Maßhalten wird auch positive Macht entfaltet.

120 Rudolf Steiner: „Die Philosophie der Freiheit", Schlusssatz.

121 Echtes Wohlwollen zeichnet sich gerade dadurch aus, dass ich IMMER danach suche es zu entwickeln und zu bewahren. „Wohlwollen" nach Lust und Laune ist kein echtes Wohlwollen, sondern nur Suche nach bequemen Wegen. Dies zu unterscheiden erfordert, dass ich die Grenzen meines Wohlwollens achten kann, also dort, wo ich merke, dass mein Wohlwollen zur Neige geht, mich in die behutsame Besinnung zurückziehe, statt mich zu verausgaben. Bedingungsloses Wohlwollen zu mir selbst setzt voraus, dass ich mich rechtzeitig von äußeren Anforderungen entferne und in mir danach suche, mir gut zu sein. Damit gestehe ich mir Grenzen zu, die ich zu Gunsten meines Wohlwollens einhalte.

Der umgekehrte Weg ist es, Wohlwollen von anderen zu fordern, ohne sich darum zu bemühen, es sich selbst zu schenken. Dadurch entstehen Leichtsinn, Skrupellosigkeit, Herzlosigkeit, Brutalität und Gleichgültigkeit. Ihre Ursachen sind nur verständlich, wenn wir uns bewusst machen, dass Wohlwollen stets an der eigenen Persönlichkeit geübt werden muss. Fehlt die Bereitschaft dazu, wird das Wohlwollen zwangsläufig von anderen gefordert, denn bekommen will man es ja trotzdem. So erklärt sich das absurde Verhalten, selbst gut behandelt werden zu wollen, während man andere missbraucht, verletzt und sogar ihres Lebens beraubt. Das Achten der Grenzen seines Wohlwollens ist der wirksamste Schutz dagegen.

Geheucheltes Wohlwollen ist verwirrend, denn keiner weiß dabei, welche Gesinnung der andere hat. Und das Allerschlimmste ist, dass der Heuchelnde durch seine Vorgehensweise Schritt für Schritt immer mehr die Übersicht verliert und am Ende die Wirkung seines Verhaltens nicht mehr überschauen kann. Boshaftigkeit macht kurzsichtig. Echtes Wohlwollen sucht immer nach Wahrhaftigkeit. Dies als Selbstverständlichkeit bei allen Persönlichkeiten vorauszusetzen ist zwar gut gemeint, aber mehr auch nicht. Das Achten seiner Fragen hilft damit fertig zu werden, vergleiche 21. Übung.

28. Weitere Einrichtungen und Angebote zum Thema Selbstachtung

Es gibt verschiedene Möglichkeiten, das Thema Selbstachtung zusammen mit anderen Menschen zu verfolgen. Dies bietet sich an, weil die Selbstachtung nicht nur sehr vielschichtig ist, sondern die gemeinsame Auseinandersetzung viele Vorteile bringt: Hilfe durch Erfahrene, Austausch mit Gleichgesinnten, andere Blickwinkel und gegenseitige Unterstützung. Folgende Einrichtungen und Angebote können Sie nutzen:

1. Lesekreis Selbstachtung
2. Fragen zum Buch
3. Institut für Lebensberatung
4. Wege der Hoffnung (Musiktheater)
5. Selbstachtung nach Uwe Friedemann ® (Zertifikat)
6. Forschungsgruppe Gegenwart e. V.

1. LESEKREIS SELBSTACHTUNG

Es hat sich als sehr hilfreich erwiesen, die Lehre der Selbstachtung in der Gruppe zu erarbeiten. Nicht nur eigene Verständnisschwierigkeiten lassen sich dort leichter beheben, sondern auch der Blick auf Fragen und Auseinandersetzungen anderer ist wohltuend. Die gemeinsamen Gespräche über individuelle Wege wie die Atmosphäre mit Gleichgesinnten üben auf die Beteiligten eine beflügelnde Wirkung aus. Diese ersetzt keinesfalls die persönliche Beschäftigung mit den eigenen Herzensfragen, vielmehr ist sie eine wertvolle Ergänzung. Daher ist es empfehlenswert, einem bestehenden Kreis beizutreten oder einen eigenen zu gründen.

Der Verlag ist gegen eine geringe Schutzgebühr bei der Bildung von Lese- und Gesprächskreisen behilflich. Um miteinander in Kontakt zu treten, erhalten Sie ein Kennwort, mit dem Sie in eine Liste folgende Einträge machen können:
1. Name Ihrer Wahl, 2. Wohnort mit Postleitzahl, 3. Netzpostadresse.
Die Liste ist den eingetragenen Lesern zugänglich. Siehe:

www.kalisto-media.de/lesekreis

2. FRAGEN ZUM BUCH

Mit Ihren inhaltlichen Fragen zum Buch wenden Sie sich gerne an:

selbstachtung@kalisto-media.de

3. INSTITUT FÜR LEBENSBERATUNG

Dr. med. Margarete Kresse, Uwe Friedemann und Jutta Fuchs

Auf der Grundlage der Selbstachtung bieten wir Ihnen
persönliche und telefonische Beratung zu verschiedenen Lebensbereichen an.

Ausführliche Hinweise finden Sie unter:

www.institut-für-lebensberatung.de

Auskünfte erhalten Sie unter:

Institut für Lebensberatung
Dieselstraße 7
69226 Nußloch

Dr. Margarete Kresse	06224 174945-2
Psychotherapie	
Homöopathie	
anthroposophische Medizin	
Uwe Friedemann	06224 174945-6
Umgang mit sich selbst	
Liebe und Beziehungen	
Stimmanalyse	
Jutta Fuchs	
Berufsorientierung	06224 174945-3
Mediation im Privatbereich	06224 172076

4. WEGE DER HOFFNUNG

ODER PARZIVAL IN DIESER ZEIT

Uwe Friedemann

Künstlerischen Ausdruck findet die Idee der Selbstachtung in dem Musiktheater für Schauspieler, Sprecher, Gesangsolisten, Frauenchor und Orchester. Die Aufführung ist auch konzertant und mit Klavier möglich. Geeignet ab 14 Jahren. Das Werk kann gleichermaßen im Theater wie in Schulen und Freizeitchören gespielt werden.

Durch Musik und Sprache wird das zentrale Thema der Selbstachtung besonders lebendig: Wer seine Fragen nicht dann stellt, wenn sie sein Herz bewegen, der landet auf Irrwegen. Mit dieser Botschaft dringt die Geschichte von Parzival auch in unserer Zeit in das Schicksal der einzelnen Menschen. Der „Unerfahrene" lernt, dass er ohne auf sein Herz zu hören, verloren sein muss. Ihm hilft einer – der klüger ist – nicht unterzugehen in Wahnsinn und Verzweiflung.

Du gehst einen Weg – wohin wird er dich führen? Du fühlst deine Sehnsucht – wohin wird sie dich leiten? Du verfolgst deine Ziele – warum willst du sie erreichen?

Da ist ein anderer auf seinem Weg. Eure Wege kreuzen sich und trennen sich wieder. Da ist einer, der geht hinter dir auf deinem Weg her. Doch er geht nicht neben dir, denn du bist schneller als er. Ein anderer Weg geht parallel zu deinem, nur ihr trefft euch nicht.

Jemand liebt dich, du ihn nicht. Jemand hasst dich, obwohl du ihn liebst. Wenn zwei einander lieben, verbinden sich ihre Wege. Die Liebe bringt sie zusammen. Woher kommt die Liebe?

Im Schauspiel stehen „der Erfahrene" und „der Unerfahrene" in der Auseinandersetzung miteinander. Der eine kämpft um sein Überleben, der andere trägt ihm das zu, was er braucht, um zu lernen sich zu behaupten. Ein ergreifendes Schicksal, in dem es um alles geht, was einen Menschen leben lassen will. Abgründe tun sich auf… und dabei die Erinnerungen an die Zeit, als der Unerfahrene nach dem Vorbild der Erwachsenen lebte, seinen Eltern und Lehrern. Was war falsch gelaufen?

Sein Bemühn für selbstverständlich halten
ist wie ein Fluch und doch Gewohnheit.
Bemühen, das ist Eigenheit
und niemals automatisches Verhalten.

Und Freude kann ich nur bewahren, wenn
ich das Bemühn zu schätzen weiß, mit dem
ich meinen Weg gestalte und mein Tun.
Wie kann ich anders in mir selber ruhn?

Das zu begreifen fordert Achtung sehr.
Nur kommt sie nicht alleine her,
nein, ich muss fragen, was das Herz bewegt.

In meinen Herzensfragen liegt der Weg,
in ihnen finde ich die ganze Kraft
für Glück, Zufriedenheit und Meisterschaft.

5. SELBSTACHTUNG NACH UWE FRIEDEMANN ®

Die vorangehende Forschungsarbeit zum Thema Selbstachtung bietet die Möglichkeit zu einer grundlegenden Erneuerung im Umgang mit sich selbst und in der Gestaltung unserer gesellschaftlichen Verhältnisse. Der Wert der Erneuerung liegt begründet im Wesen und Wirken der Selbstachtung. Wer dieses Buch sorgfältig gelesen und bearbeitet hat, dem dürfte das klar sein.

Eine der größten Aufgaben besteht darin, Selbstachtung als Lebensweg einerseits selbst zu verwirklichen, andererseits zu lehren und für Gemeinschaften nutzbar zu machen.

Umso wichtiger ist es, dass unter dem Namen „Selbstachtung" kein Unfug getrieben wird und damit ihre Bedeutung in Verruf gerät. Dieser Gefahr zu begegnen hält der Verfasser für seine Pflicht.

Aus den genannten Gründen wird er ein Zertifikat erarbeiten, welches als Nachweis dafür dient, Selbstachtung in dem Sinne umzusetzen und zu lehren, wie sie im vorliegenden Buch dargestellt ist. Dafür wird das Markenzeichen „Selbstachtung nach Uwe Friedemann ®" verwendet.

Auf der Grundlage einer umfassenden Prüfung kann das Zertifikat erworben werden. Es kann eingesetzt werden als Qualitätsmerkmal für Berater, Lehrer, Therapeuten, Schulen, Praxen, Firmen und deren Mitarbeiterführung.

Das Zertifikat bietet Kunden – welche die Arbeit von dergestalt ausgezeichneten Anbietern in Anspruch nehmen – die Sicherheit, dass hier in einer Weise vorgegangen wird, für die sich der Verfasser persönlich verbürgen kann.

Bei Interesse an einem Zertifikat wenden Sie sich bitte an den Verlag.

6. FORSCHUNGSGRUPPE GEGENWART E. V.

www.forschungsgruppe-gegenwart.de

29. Dank

Größter Dank geht an Frau Dr. med. Margarete Kresse, die dem Verfasser seit 1994 in der freien Zusammenarbeit am Thema Selbstachtung mit Rat und Tat zur Seite gestanden ist. Ohne sie wäre diese Veröffentlichung kaum möglich geworden, da sich durch die Zusammenarbeit eine Verbindung zwischen dem künstlerischen Ansatz des Verfassers mit dem wissenschaftlichen Ansatz der Neurologin und Psychotherapeutin ergeben hat. In der Verbindung beider Ansätze liegt die Möglichkeit, die Auseinandersetzung, welche zwischen Gefühl und Verstand über die Selbstachtung abläuft, in so mannigfacher Weise zu verfolgen, dass daraus ein besonders reicher Erfahrungsschatz entsteht. Aus diesem schöpfen sowohl das Bühnenwerk WEGE DER HOFFNUNG als auch das vorliegende Buch.

Besonderer Dank:

- an die Mitglieder der Forschungsgruppe Gegenwart e.V. für die ideelle, konzeptionelle, technische und finanzielle Unterstützung – ohne die es sehr viel länger gedauert hätte, die erste Auflage sowie die stark erweiterte zweite Auflage vorzulegen: Wolfram Ehrenfried, Jutta Fuchs, Katharina Hommes, Hermann Kopf, Dr. med. Margarete Kresse, Philipp Kuhn; für die Vorbereitung der ersten Auflage zusätzlich: Evelyn Siegert
- an die Mitglieder des Nußlocher Lesekreises, der sich seit 2005 nahezu vier Jahre lang mit der ersten Auflage befasste und durch seine Fragen und Anregungen dazu beitrug, deren Inhalte verständlicher zu machen und die zweite Auflage zu erweitern: Jutta Fuchs (Leitung), Sandra Hagmaier-Krämer, Katharina Hommes, Harald Hornyak, Hermann Kopf; für die Vorbereitung der ersten Auflage außerdem: Claudia Heitzer und Robert Schmitt
- für das Lektorat an: Katharina Hommes, Dr. med. Margarete Kresse und Kara Rick

- für die grafische Unterstützung an: Hermann Kopf, Andreas Mann und Jessica Padmanabhan
- für den Schriftsatz an: Kara Rick
- für die Texteingabe an: Peggy Blind, Katharina Hommes, Kara Rick und Anne Walaschek
- für die Organisation der Abläufe und die alltägliche Mitarbeit an: Katharina Hommes
- an alle, die mit Hilfe der ersten Auflage ihre Selbstachtung weiterentwickelt und dadurch auch dem Verfasser geholfen haben, das Werk weiter zu verbreiten

Liebsten Dank meinen Kindern für ihr lebendiges Beispiel.

30. Literaturverzeichnis

Die Musik Johann Sebastian Bachs, urheberrechtlich frei, daher bei verschiedenen Musikverlagen erhältlich, legte den Grundstock für dieses Buch.

Kurt Eigl: Nordische Götter- und Heldensagen, Parzival; Verlag Kremayr & Scheriau, Wien 1953

Uwe Friedemann: Die Gesangslehre von Valborg Werbeck-Svärdström und ihre Bedeutung für die Sängerausbildung; (unveröffentlicht)

Uwe Friedemann: Wege der Hoffnung oder Parzival in dieser Zeit; Musiktheater für Solisten und Frauenchor mit Klavier oder Orchester; Kalisto Media Verlag, Nußloch bei Heidelberg 2005

Uwe Friedemann: Berufsorientierung im Einklang zwischen Individuum und Gesellschaft. Ein praktischer Leitfaden; Kalisto Media Verlag (Veröffentlichung in Vorbereitung)

Uwe Friedemann: Selbstachtung auf dem Weg in eine neue Zeit; Kalisto Media Verlag (Veröffentlichung in Vorbereitung)

Johann Wolfgang von Goethe: Faust, erster Teil; Verlag C. H. Beck, München 1978

Friedrich Schiller: Die Worte des Glaubens. Aus: Schiller – Ein Lesebuch für unsere Zeit; Aufbau-Verlag, Berlin und Weimar 1984

Rudolf Steiner: Wie erlangt man Erkenntnisse der höheren Welten?; Rudolf Steiner Nachlassverwaltung, Dornach/Schweiz 1995

Rudolf Steiner: Die Philosophie der Freiheit; Rudolf Steiner Verlag, Dornach/Schweiz 1981

Valborg Werbeck-Svärdström: Die Schule der Stimmenthüllung; Philosophisch-Anthroposophischer Verlag, Dornach/Schweiz 1975

31. Stichwortverzeichnis

32. Übungsverzeichnis